Noor van Haaften

Wenn du dich nur noch machtlos fühlst

Noor van Haaften

Wenn du dich nur noch machtlos fühlst

BRUNNEN
Verlag Giessen · Basel

Eleonore (Noor) van Haaften (1948) ist Niederländerin, spricht Deutsch aber genauso fließend wie ihre Muttersprache. Ihre Stimme ist vielen Niederländern bekannt – ebenso wie ihr Gesicht: Viele Jahre war sie Redakteurin und Moderatorin des Senders EO (Radio und Fernsehen).

Sie studierte Pädagogik in Utrecht und absolvierte ein missionarisches Trainingscollege in England. Danach war sie für die IFES in Österreich in der Aufbauarbeit der Österreichischen Studentenmission tätig.

Seit 2002 arbeitet Noor van Haaften vorwiegend als Publizistin und ist zu Vortragsreisen in Europa und Eurasien unterwegs. Eines ihrer Hauptthemen ist auch Thema des vorliegenden Buches, das inzwischen weltweit in sechs Sprachen erschienen ist: der Umgang mit Krisen.

Deutsch von Dr. Friedemann Lux

4. Auflage 2013
1. Taschenbuchauflage

www.brunnen-verlag.de
Umschlagmotiv: Shutterstock
Umschlaggestaltung: Sabine Schweda
Satz: AbSatz Ewert-Mohr, Klein Nordende
Herstellung: CPI – Ebner & Spiegel, Ulm
ISBN 978-3-7655-4125-4

Meiner Mutter, Johanna Struik Dalm.
Sie lebt immer mehr in der Vergangenheit,
aber sie weiß, dass ihre Gegenwart und Zukunft
in Gottes Händen geborgen sind.

»Zuflucht ist bei dem alten Gott
und unter den ewigen Armen.«

5. Mose 33,27

»Lass mich wohnen in deinem Zelte ewiglich
und Zuflucht haben unter deinen Fittichen.«

Psalm 61,5

Inhalt

Zum Geleit

Haben Sie einen überwältigenden Verlust erlebt? Eine große Enttäuschung? Hat man Sie missverstanden, ungerecht behandelt oder nicht zu schätzen gewusst? Dann geht es Ihnen wie den meisten Menschen. Wenn Sie sich je mit der Frage nach dem Warum gequält oder darum gekämpft haben, eine Niederlage in Sieg zu verwandeln, dann ist dieses Buch für Sie.

Es ist keine nüchterne theologische Abhandlung; Noor van Haaften verpackt biblische Prinzipien in farbenfrohe Geschichten. Unter ihrer Feder erwachen biblische Personen wie Rut, Noomi, Josef, Lea und David zum Leben; fast können wir zuschauen, wie sie mit erdrückenden Sorgen, Enttäuschungen, Versagen und Kummer fertig werden. Die Einblicke, die die Autorin uns in ihre Reaktionen auf die Herausforderungen des Lebens gewährt, sind so frisch und aktuell wie die heutige Tageszeitung.

Jede dieser Seiten steckt voller neuer Einsichten und Erklärungen zu biblischen Prinzipien, die zum Nachdenken anregen; deshalb empfehlen wir ein aufmerksames, betendes Lesen. Das ist kein Buch, das man überfliegen könnte. Sicher werden Sie oft innehalten wollen, um nachzudenken, zu beten und langgehegte Überzeugungen neu zu überprüfen. Vielleicht werden Sie sich wie wir herausgefordert sehen, Gottes Wirken in Ihrem Leben aus einem neuen Blickwinkel zu betrachten und neue Möglichkeiten zu entdecken, darauf zu reagieren.

Obwohl dieses Buch tiefgehend und theologisch fundiert geschrieben ist, ist es frei von moralisierenden Untertönen und Schwerfälligkeit. Behutsam entfaltet die Autorin vor den Blicken des Lesers die Entscheidungsmöglichkeiten, vor denen er in den schwierigen Abschnitten seines Lebens steht. Die Entscheidungen selbst bleiben ihm überlassen. Doch genau das ist die Art von Hilfe, die wir uns schon seit langem gewünscht haben.

In diesen Seiten werden Sie selbst entdecken, was Noor van Haaften bei internationalen Konferenzen zu einer so gefragten Rednerin macht. Ihre journalistischen Beiträge im christlichen Medienspektrum schätzen wir außerordentlich; doch vor allem kennen und schätzen wir sie als Freundin.

Ditmar und Elisabeth Mittelstädt,
Herausgeber der Zeitschrift *Lydia –*
die christliche Zeitschrift für die Frau

Vorwort

Ich weiß nicht mehr genau, wann und wie jene beiden Frauen aus dem Alten Testament, Rut und Noomi, mich zu faszinieren begannen; ich weiß nur, dass der Anfall noch lange nicht vorüber ist. Die meisten Leute kennen ihre Geschichte als Happy-End-Romanze: Die junge Witwe Rut bekommt einen lieben neuen Mann und einen prächtigen Sohn, und ihre Schwiegermutter Noomi wird frei von ihrer Bitterkeit und freut sich über das Glück des jungen Paares. Und der Junge – ja, der ist einer der Vorfahren Jesu ...

Was mich am meisten an dieser Geschichte fasziniert, ist aber nicht ihr Ende, sondern das, was davor kommt. Rut und Noomi, beide verwitwet, ziehen nach Bethlehem. Wie kommt es, dass sie so ganz verschieden auf ihre Not reagieren? Wie kommt es, dass Noomi bitter darüber klagt, dass Gott ihr viel Bitteres angetan hat, während Rut sich gerade zu ihm flüchtet und ihm trotz allem vertraut? Und was heißt es denn, seine Zuflucht »unter seinen Flügeln« zu suchen, wie Rut das tut (Rut 2,12)?

Wir alle kennen Augenblicke, wo unsere Welt einzustürzen scheint, wo unsere Träume zerplatzt sind, wo nichts mehr geht. Wie reagieren wir dann? Die einen wollen das Verlorene wiederherstellen, koste es, was es wolle. Sie bäumen sich auf gegen ihr Los, werden bitter, klagen Gott an. Andere dagegen erfahren, wie gerade in der tiefen Grube des Leidens und der Enttäuschung ihr Glaube und ihre Beziehung zu Gott tiefer wird. Die einen sind gleichsam festgefahren, bei den anderen geht das Leben weiter und ihre Leidenserfahrung hat sie reicher gemacht.

In diesem Buch wollen wir uns fünf Personen aus der Bibel anschauen, die genauso Freud und Leid erlebten wie wir und die sicher vieles zunächst nicht verstanden. Dabei kommt uns, die wir die ganze Bibel zur Verfügung haben, natürlich die Perspektive des Rückblicks zugute. Wie in einem großen Panoramagemälde zeigt uns die Bibel Gottes Handeln an seinen Leuten, lässt uns einen überwältigenden Blick tun hinein in Gottes Heiligkeit und unerschütterliche Treue.

Sie hatten Stunden, wo sie mit leeren Händen dastanden, die fünf. Es gab dafür verschiedene Gründe, alle sind für uns erkennbar. Es waren Stunden, mit denen wir uns identifizieren können, und es ist überaus reizvoll, zu untersuchen, wie sie mit ihnen fertig wurden. Unwillkürlich fragen wir uns: Wie gehe *ich* mit meinen Nöten um? Wie wir noch sehen werden, hängt die Art, wie wir mit den dunklen Augenblicken unseres Lebens fertig werden, eng damit zusammen, ob wir mit oder ohne Gott durch sie hindurchgehen.

Das Leben ist nun einmal so, dass wir manchmal mit leeren Händen dastehen. Aber dann erleben wir, wie Gott sie wieder füllt. Er tut dies freilich zu seiner Zeit und auf seine Art – vielleicht ganz anders, als wir es uns vorgestellt haben. Noomi, Rut, Josef, Lea und David – sie sind fünf Fallbeispiele für die souveräne Hand Gottes. Er hält, leitet und segnet seine Leute; in der ganzen Bibel zeigt er sich immer wieder als der Allmächtige, dem wir total vertrauen dürfen. Er ist eine Zuflucht für jeden, der ihn sucht. Er begleitet uns durch die finsteren Täler unseres Lebens. David singt: »Gott, mein Herz ist bereit ... Denn deine Gnade reicht, so weit der Himmel ist, und deine Treue, so weit die Wolken gehen« (Ps 108,2.5). Sein Beispiel, wie das so vieler anderer, kann uns Mut machen.

Es ist eine Sache, Gottes Allmacht zu akzeptieren; es ist eine andere, bei ihm Zuflucht zu suchen. Das Erstere kann eine bloße Willenssache sein, die sozusagen auf unseren Kopf beschränkt bleibt. Das Zweite ist eine Sache des Herzens, der persönlichen Beziehung: Der Allmächtige wird mein Abba, mein Vater, den ich kenne und liebe. Erkennen wird kennen. Und Gott kennen – das bedeutet Geborgenheit in dieser unheilen Welt. Wir haben die Wahl: Friede oder Sorgen, an Gottes Hand weitergehen oder grübelnd um uns selber kreisen. Rut wählte das Bessere, und diese Wahl dokumentierte ihren Glauben an Gottes Güte und Allmacht. Ihr Gottvertrauen war eben stärker als ihr Kummer. Sie gab sich Gott hin, und ihr Herz fand Frieden und ein Zuhause.

Was heißt das genau – Zuflucht bei Gott suchen? Dies soll unser Thema in den letzten fünf Kapiteln sein. Es ist eines vom Schwierigsten, aber auch Kostbarsten, was wir erleben können. Schwierig, weil wir immer wieder versucht sind, zu denken, dass wir es schon selber schaffen werden; es ist ja so viel einfacher, uns selber, anderen Menschen oder den Umständen zu vertrauen als Gott. Schwierig auch, weil wir oft so meilenweit von Gott entfernt sind: Wir sind so beschäftigt mit der Welt, dass uns der Himmel fremd geworden ist, und für das kindliche Vertrauen auf Gott scheint sowieso kein Platz zu sein in unserer Schulweisheit. Vielleicht brauchen wir deshalb Augenblicke in unserem Leben, in denen uns alles, was uns Sicherheit gab – liebe Menschen, Dinge, Umstände – aus der Hand geschlagen wird und wir nackt und hilflos dastehen und uns nach Trost, Geborgenheit und Heilung ausstrecken. Oft sind es gerade die dunklen Lebenstäler, die uns in Gottes Arme treiben. Sie sind tief, diese Täler – aber sie können unsere Beziehung zu Gott vertiefen. Wenn er unsere Zuflucht ist, werden wir Heilung, Geborgenheit und neue Kraft erfahren. Unter den Flügeln des Allmächtigen schmecken wir etwas von seiner Güte, die »besser als Leben« ist (Ps 63,4).

Der Hauptteil dieses Buches entstand in Österreich, dem Land, wo ich als Achtzehnjährige Gott begegnete. Dort begann auch mein geistliches Wachstum, auf internationalen Konferenzen, wo große Bibellehrer mir und anderen anhand der Bibel, aber auch durch ihr eigenes Leben zeigten, was es heißt, mit Gott zu gehen. Später konnte ich als IFES-Mitarbeiterin sieben spannende Jahre lang am Aufbau der Österreichischen Studentenmission teilnehmen. Seitdem sind viele Jahre ins Land gegangen – Jahre des Wachstums als Christ (mit Siegen und Niederlagen), Jahre des aktiven Dienstes, der Arbeit mit jungen Menschen, mit Studenten und Frauen, an Rednerpult, Schreibtisch und in den Medien. Anfang 1995, über 25 Jahre nach meiner Bekehrung, kehrte ich zu einem kurzen Studienurlaub zurück an den Ort, wo damals alles begonnen hatte. Vor der Kulisse der Alpen, die so majestätisch Gottes Größe bezeugen, begann ich dieses Buch zu schreiben, in welchem ich mich dem Zeugnis der Glaubenshelden der Bibel anschließen möchte, die solche Beispiele für Gottes Güte und Treue sind. Es ist mein tiefer Wunsch, dass wir zusammen mit David sagen können: »Schmecket und sehet, wie freundlich der Herr ist. Wohl dem, der auf ihn trauet!« (Ps 34,9)

Sehr zu Dank verpflichtet bin ich meinen Freunden, die das Manuskript durchlasen und mir mit Rat und Tat zur Seite standen, darunter Dr. Paul van der Laan und Wil Doornenbal, MA, die mir als Kirchenhistoriker bzw. Psychologin wertvolle Anregungen und Hilfen gaben. Der Alttestamentler Dr. Carl Armerding half mir bei den theologischen Recherchen. Es ist eine ganz besondere Freude für mich, dass dieses Buch jetzt in der deutschen Sprache erscheint, nicht zuletzt, weil ich damit auch meinen lieben Freunden in Österreich sagen kann, wie mich der Herr seit meiner Rückkehr nach Holland weitergeführt und immer wieder seine unerschütterliche Liebe und Treue gezeigt hat. Mein aufrichtiger Dank an euch alle – und an all die vielen weisen Männer und Frauen, die mich im Laufe der Jahre durch ihre Vorträge, ihre Bücher und ihr Leben beeinflusst und mir gezeigt haben, wer Gott ist.

Soest, 1997

Teil I

1. Leere Hände

Solange wir auf dieser Erde leben, werden wir Enttäuschung und Kummer erfahren. In einer gefallenen, von unvollkommenen Menschen bewohnten Welt sind leidvolle Erfahrungen etwas Unvermeidliches. Immer wieder kommt es anders, als wir dachten und hofften. Immer wieder steht sie vor uns, die Frage: Was nun? Nicht alle werden gleich gut mit ihr fertig. Es gibt Menschen, die scheinen eine schier unbegrenzte Anpassungsfähigkeit zu besitzen, während andere in der gleichen Situation fast verzweifeln. Die einen trägt ihr Glaube durch, die anderen greift der Zweifel an; den einen scheint Gott näher zu sein als je zuvor, den anderen unendlich fern.

Jeder Mensch ist anders, und das macht es so schwierig, die Probleme, Kämpfe und Nöte unserer Mitmenschen wirklich zu verstehen. Wir bilden uns vielleicht ein, sie zu verstehen – haben wir oder unsere Nachbarin oder unser Onkel nicht vor ein paar Jahren etwas ganz Ähnliches durchgemacht? Aber bei allen Ähnlichkeiten – jeder Mensch und jeder einzelne Fall ist nun einmal anders, neu, einzigartig.

Manches Leid trifft uns, ohne dass wir eine genaue Ursache erkennen könnten. Da bekommt jemand Krebs oder erblindet, das lang ersehnte Kind wird tot geboren, ein guter Freund stirbt. Wir sehen, wie der Nachbar seine Frau, die Alzheimer hat, so mühsam pflegt und wie sie beide leiden – und hilflos stehen wir davor, wie bei einem Erdbeben oder Blitzeinschlag. Das Unheil nimmt seinen

Lauf, und wir können es nicht stoppen. Es sind solche Situationen, die wir weder begreifen noch beherrschen können, die uns unsere menschliche Hilflosigkeit so recht zu Bewusstsein bringen.

In den ersten drei Kapiteln dieses Buches wollen wir uns Noomi und ihre Schwiegertöchter Rut und Orpa anschauen, die am eigenen Leib das Los der Witwenschaft und der Kinderlosigkeit erfuhren. In Kapitel 4-9 werden uns die Leiden von Josef, Lea und David beschäftigen – Leiden, die teils selbst-, teils von anderen verschuldet, teils sogar das Ergebnis des Gehorsams zu Gott waren. In jedem Kapitel werden wir auf Dinge stoßen, die peinlich verblüffend sind und uns ins Fragen bringen, und unser Leitgedanke wird sein: Wie sind diese Menschen mit ihrer Situation umgegangen, und wie ist Gott mit ihnen umgegangen?

Noomi, Rut und Orpa

Die Geschichte von Noomi, Rut und Orpa ist im Alten Testament aufgezeichnet, im Buch Rut. In ganzen vier Kapiteln erfahren wir Freud und Leid im Leben dieser eigentlich ganz gewöhnlichen Menschen. Die Geschichte beginnt mit einer Hungersnot in Juda, die einen Mann namens Elimelech mit seiner Frau und seinen beiden Söhnen ins benachbarte Moab auswandern lässt. Elimelech stirbt, und seine Söhne nehmen sich moabitische (also heidnische) Frauen. Beide Ehen bleiben kinderlos, und in beiden stirbt nach etwa zehn Jahren der Mann. In fünf Verse drängt der Erzähler diese Ereignisse zusammen (Rut 1,1-5). Was übrig bleibt, ist ein Drei-Frauen-Haushalt: Noomi und ihre beiden Schwiegertöchter.

»Sie blieb übrig«, heißt es über Noomi nach dem Tod ihres Mannes (Rut 1,3); ähnlich nach dem Tod ihrer beiden Söhne (V. 5; die Elberfelder Übersetzung hat beide Male »Sie blieb zurück«). »Sie blieb übrig« – diese drei Worte fließen über von Herzeleid, Leere, Schock. Allein in einem fremden Land, fern von allem, was ihr Geborgenheit und Heimat gewesen war – es muss schrecklich gewesen sein für Noomi.

Ohne Zweifel ging es ihren Schwiegertöchtern nicht viel besser, auch wenn der Text das nicht ausdrücklich erwähnt. Es kann gut sein, dass die Ehe mit den jüdischen Ausländern sie zu Fremdlingen in der eigenen Heimat gemacht hatte; und jetzt, nach zehn kinderlosen Jahren, stehen sie allein da, ohne Identität und Zukunft. Wo findet man in einer solchen Situation einen Halt? Worauf kann man noch bauen, wer wird einem helfen?

Sie stehen mit völlig leeren Händen da, die drei Frauen. Ja, es ist so, wie Noomi es nach der Rückkehr nach Bethlehem ausdrückt: »Voll zog ich aus, aber leer hat mich der Herr wieder heimgebracht« (Rut 1,21).

Warum? Warum?

Wenn uns ein schweres persönliches Leiden überfällt, kommt automatisch die Frage: »Warum ist mir das passiert?« Wir haben ein Grundbedürfnis danach, die Dinge zu verstehen; sobald wir etwas »einordnen« können, hat es schon einen Teil seiner Schrecken verloren, und wir können viel leichter daran gehen, einen Weg zur Behebung oder wenigstens Linderung unserer schmerzlichen Lage zu finden. Das Problem ist nur, dass gerade bei den ganz großen Katastrophen – etwa Tod oder Kinderlosigkeit, wie bei Noomi und ihren Schwiegertöchtern – die Ursache oft gar nicht so klar ist, meistens überhaupt nicht! Nicht selten bohren und grübeln wir uns bei unserer Suche nach einer befriedigenden Antwort buchstäblich krank – besonders dann, wenn wir, nachdem wir alle anderen Möglichkeiten erschöpft haben, auf den Schuld-Trip gehen: Bestimmt habe ich etwas getan, für das Gott mich jetzt bestraft ...

Es ist sicher gut, Bilanz zu ziehen und sich selbst zu prüfen – vorausgesetzt, es geschieht auf eine gesunde Art und Weise, die neben unserer eigenen Rolle auch äußere Ursachen einbezieht und nicht endlos auf Gespensterjagd geht. Wir müssen einsehen, dass wir nun einmal nicht immer die ganze Antwort finden und dass manche unserer Warum-Fragen vielleicht nie eine Antwort bekommen (aber dafür vielleicht im Laufe der Zeit weniger brennend werden). Ganz besonders gilt dies für jene Wechselfälle des Lebens, die mit Urgewalt über uns hereinbrechen und uns in nackter Hilflosigkeit zurücklassen.

Die Bibel sagt uns nicht, ob Noomi jemals sich selbst oder Gott gefragt hat, was sie denn Böses getan hatte, dass ihr Mann und beide Söhne (und damit die Zukunft der Familie) von ihr genommen wurden. Manche Bibelleser behaupten, dass Noomi und Elimelech, die doch zu Gottes Volk gehörten, nie in das heidnische Moab mit seinem Götzenkult hätten ziehen sollen; mit diesem »Ungehorsam« habe ihr Elend begonnen und dieses Elend sei Gottes Strafe gewesen. Wir wissen nicht, ob Noomi selber oder ihre Bekannten die Sache je so sahen. Hat Noomi damals gedacht: »Wären wir nur nie aus unserem schönen Bethlehem nach Moab gezogen«? Hat sie es bereut, dass ihre Söhne heidnische Frauen geheiratet hatten? Betrachtete sie den Tod von Ehemann und Söhnen und die Kinderlosigkeit der Schwiegertöchter als Strafe Gottes? Nichts dergleichen wird im Buch Rut erwähnt.

Aber man findet es häufig, das Schuld-Argument. Es ist so verführerisch, ja, natürlich; wenn alle anderen Erklärungen versagen, bleibt doch wohl nur diese. Wenn Sünde bestraft wird und diese Strafe leidvoll ist, dann muss doch wohl auch die Umkehrung gelten: Wo Leiden ist, da ist Strafe und folglich Sünde. Denken wir. Aber wenn wir einmal in diesem Geleise fahren, landen wir bald im Morast der selbstquälerischen Suche nach vergangenen Fehlern und Sünden, die irgendwie unsere Not erklären könnten. Nichts gegen Bilanzziehen, nichts gegen Selbstprüfung, aber wenn es zum fruchtlosen Ringkampf mit lauter »Hätte ich nur ...« entartet, hat es seinen Sinn verfehlt.

Irgendjemand findet sich meistens, der den geistlichen Meisterdetektiv spielt und unser Elend zielsicher auf diese oder jene besondere Sünde in unserem Leben zurückführt. Tun wir es nicht selber, tut es halt jemand anderes. Als Hiob Hab und Gut und Kinder verloren hatte, kamen seine Freunde zu ihm. Zuerst saßen sie sieben Tage lang einfach bei ihm, ohne ein Wort zu sagen (Hiob 2,13). Die tröstenden Worte und klugen Erklärungen erstarben ihnen auf den Lippen. Hut ab vor ihrer Weisheit! Doch als Hiobs Elend weiterging und nach wie vor keine Lösung oder Antwort in Sicht kam, brachen sie ihr Schweigen und kamen mit allerlei ebenso wohlmeinenden wie quälenden und verletzenden Ratschlägen (Hiob 19,2). Klar: Hiob musste sich versündigt haben, und die Lösung hieß Buße (Hiob 22,5.21). Dergleichen Worte sind oft ein Ausdruck von Hilflosigkeit: Es muss sie doch geben, die große Erklärung, wir wollen unseren leidenden Freunden doch helfen... Aber still den Arm um den Leidenden zu legen ist gesegneter, als laut mit unseren Patentantworten zu tönen.

Glauben und Vertrauen

Wenn wir die Ursachen unseres Leidens nicht ausmachen können, kann unser »Warum? Warum?« uns überwältigen. Wir versinken in Bitterkeit und Depression, ja, schlimmer noch: Unser inneres Auge für Gott trübt sich, unser Glaube nimmt Schaden. Und dann klagen wir manchmal Gott selber an: Das hast du mir angetan!

So war es bei Noomi. In Rut 1,13 klagt sie: »Des Herrn Hand ist gegen mich gewesen«, in Vers 20: »Der Allmächtige hat mir viel Bitternis angetan«, in Vers 21: »... leer hat mich der Herr wieder heimgebracht« und »... da doch der Herr gegen mich gesprochen und der Allmächtige mich betrübt hat«. Noomi hatte in ihrem Grübeln den Punkt erreicht, wo ihr Glaube an Gottes Güte ins Wanken geriet. Sie sah Gott als jemanden, der das Böse in unserem Leben nicht nur zulässt, sondern es uns regelrecht auferlegt. Was sie nicht sah, war, dass in Gottes Allmacht das Gute gleichsam hinter dem Bösen versteckt sein kann – eine Wahrheit, die wir in den dunklen Tälern unseres Lebens nur zu leicht vergessen.

Vertraute Noomi noch auf den Gott Israels? Bezeichnenderweise nannte sie ihn mitten in ihren Anklagen immer noch »Herr« und »Allmächtiger«. Sie glaubte nach wie vor an die Existenz und Allmacht Gottes – aber an seine Güte konnte sie, jedenfalls soweit es sie selber betraf, nicht mehr glauben. In Rut 1,8-9 sagt sie zu ihren Schwiegertöchtern: »Der Herr tue an euch Barmherzigkeit«, und: »Er gebe euch wieder einen Mann und lasse euch ein neues Zuhause finden« (Gute Nachricht). Aber für sich selbst erlebte sie Gott als den, der sich gegen sie gewandt hatte und ihr das Leben bitter machte.

Ja, das gibt es: Dass wir keine Hoffnung mehr für uns selber haben, aber immer noch an Gottes Güte zu unseren Mitmenschen glauben. Wo das geschieht, lassen wir unsere Lebenswunden unser Gottesbild prägen. Gott wird der große Willkürliche – zu den einen seiner Kinder ist er gut, zu den anderen grausam. Wenn es uns schlecht geht, wissen wir: Uns liebt er nicht mehr, und es wäre unrealistisch, noch etwas von ihm zu erwarten. Mit einer solchen Meinung bauen wir eine Mauer zwischen uns und Gott.

In Rut 1,13 vergleicht Noomi ihr eigenes Leid mit dem ihrer Schwiegertöchter und kommt zu dem Ergebnis, dass sie am meisten zu tragen hat: »Mein Los ist zu bitter für euch, denn des Herrn Hand ist gegen mich gewesen.« Sie hat nicht nur ihren Mann und ihre Söhne verloren, Gott selber ist gegen sie. Von ihrem doppelten Leid überwältigt, kann Noomi nur noch die Reise nach innen antreten, hinein in Bitterkeit, Selbstmitleid und Anklagen gegen Gott. So kann es auch uns ergehen, wenn unser Leid zu stark wird und wir zu lange keine Antworten auf unser »Warum? Warum?« bekommen.

In Bethlehem angekommen, sagte Noomi zu ihren Nachbarinnen: »Nennt mich nicht Noomi, sondern Mara, denn der Allmächtige hat mir viel Bitteres angetan« (Rut 1,20). *Noomi* bedeutet »lieblich«, *Mara* »bitter«. Noomis Lieblichkeit war nicht mehr sichtbar. Sie war eine geschlagene, bedauernswerte Frau, ein Bild des Jammers. Bitterkeit kann einen Menschen zutiefst verändern. Die Frauen von Bethlehem erkannten Noomi zuerst nicht wieder (Rut 1,19).

Zuflucht bei Gott

Aber nun zu Rut. Sie reagierte ganz anders auf diese Prüfungen. Als sie beschließt, mit ihrer Schwiegermutter nach Bethlehem zu gehen, sagt sie klar und deutlich: »Dein Gott ist mein Gott« (Rut 1,16), und in Rut 2,12 heißt es, dass sie unter Gottes Flügeln Zuflucht suchte. Hier finden wir es, das wunderbare Hauptthema dieses Buches: Zuflucht suchen in Gott.

Dass Rut entdeckte, dass Gott ihre Zuflucht sein konnte, zeigt, dass sie, anders als ihre Schwiegermutter, nicht ihren Glauben an Gottes Güte verloren hatte, sondern ihm nach wie vor vertraute. Dass sie unter Gottes Flügeln Zuflucht sucht, ist nichts weniger als eine Proklamation des Vertrauens auf Gott: Rut kann sich und all ihre Sorgen Gott hinlegen; ihre Worte reden von einer ganz persönlichen Beziehung zu ihm. Bei Gott seine Zuflucht suchen ist mehr, als zu sagen: »Ich glaube, dass Gott existiert.« Wer nur rein abstrakt die Allmacht Gottes anerkennt, ohne jemals sein Leben Gott anzuvertrauen und Gottes Freundschaftshand, die er seinen Kindern bietet, zu ergreifen, wird leer ausgehen.

»... dass du unter seinen Flügeln Zuflucht hättest« (Rut 2,12) – jedes Mal, wenn ich diese Worte lese, bewegen sie mich aufs Neue. Sie fließen über von einem reichen, wunderbaren Geheimnis, das sich nicht leicht fassen lässt. Schlimme Begebenheiten können uns unseren Glauben an andere Menschen nehmen. Manchmal verlieren wir unseren Glauben an uns selber. Und zuweilen – vor allem dann, wenn wir uns so richtig hilflos fühlen – kann unser Gottvertrauen bis ins Mark erschüttert werden. Wenn wir so nackt und schutzlos dastehen wie Noomi, kann die große innere Leere uns überfallen, werden die bangen Fragen in unserem Herzen zu einer erstickenden schwarzen Wolke, die uns Gott nicht mehr sehen lässt und uns den Glauben abwürgt; wir kommen nicht näher zu Gott, sondern rutschen immer weiter weg von ihm. Aber bei Gott seine Zuflucht finden, das ist das genaue Gegenteil: eine innige Nähe und Geborgenheit, die sich schier nicht in Worte fassen lässt; unser vertrauensvolles Hineinschlüpfen in die bedingungslos ausgebreiteten Vaterarme, die nur darauf warten, uns mit all unserem Schmerz und allen Fragen einzuhüllen, zu schützen und zu trösten!

Zuflucht finden unter Gottes Flügeln: Wir dürfen uns gleichsam hineinkuscheln in Gottes Arme, dürfen zu Hause sein bei ihm. Wir vertrauen dem, der unser vollstes Vertrauen wert ist. Dies muss nicht immer eine bewusste Entscheidung sein; oft ist es in unserer Not der einzige Ausweg, der uns überhaupt bleibt. Es ist oft so, dass unsere Suche nach Gott in Notzeiten beginnt und dann einen Wachstumsprozess in Gang setzt, in welchem unsere Beziehung zu ihm immer tiefer wird und wir es immer besser lernen, in ihm geborgen zu sein.

Wir wissen doch alle, wie elend und ermüdend der Kampf mit unserem »Warum? Warum?« sein kann. Solche unbewältigten Fragen können wahre Folterknechte werden, unter deren Peitsche wir ruhelos immer nur im Kreis gehen und keine Lösung, keinen Frieden, keine Ruhe finden. Wir erfahren, dass nicht nur unser Denken, sondern unser Herz und ganzes Wesen aufgewühlt sind. Als Christen wissen wir, dass wir all unsere Sorgen auf Gott werfen können – aber wenn es dann ernst wird, wissen wir manchmal nicht so recht, wie wir das anstellen sollen. Wie macht man das: seine Zuflucht bei Gott suchen?

Die Art, wie wir Gott unsere schmerzlichen Fragen bringen (oder eben nicht bringen), sagt viel über unser Verhältnis zu ihm aus. Es ist so ähnlich wie mit unseren menschlichen Freunden: Einem bloßen guten Bekannten erzähle ich das eine oder andere aus meinem Leben, aber ich lasse ihn nicht wirklich in mein Herz hineinschauen. Einem echten Freund dagegen vertraue ich alles an: meine Probleme und das, was dazu gehört, meine Gefühle, meine Tränen und Frustration; ich gebe ihm nicht nur ein paar Informationen, ich gebe ihm mich selber, ich öffne mich ihm. So kann ich auch zu Gott ein eher distanziertes Verhältnis haben, wo ich ihm knapp sage, was es in meinem Leben so gibt, und ihm meine Fragen und Bitten abliefere. Vielleicht schüttele ich sogar wütend die Faust, wenn ich das Leben wieder einmal nicht verstehen kann – aber an meinen tiefsten Schmerz lasse ich Gott nicht heran, dazu ist er mir zu fern. Wie der ältere Bruder im Gleichnis vom verlorenen Sohn will ich nicht ins Haus zu meinem Vater gehen, sondern bleibe wütend und aufgewühlt draußen stehen. Kenne ich aber Gott als meinen Freund und Vater, dann gehe ich zu ihm hinein und lege ihm nicht nur meine Fragen, sondern mich selber hin. Ich lasse ihn an mich heran, begebe mich in seine Gegenwart und verweile dort, so dass er mich anrühren und heil machen kann.

Wenn wir es lernen, so zu Gott zu kommen, werden wir die Worte des Psalmisten nachsprechen können: »Ich hatte viel Kummer in meinem Herzen, aber deine Tröstungen erquickten meine Seele« (Ps 94,19). Der Psalmist sagt nicht, dass Gott seine Fragen beantwortet oder seine Probleme gelöst hat, aber er bezeugt, dass Gott ihn so tief angerührt und getröstet hat, bis in sein Herz und seine Seele hinein, dass seine Last leichter geworden und aus Kummer und Not Freude geworden ist.

Es ist interessant, dass das in der Bibel gebrauchte hebräische Wort für »Herz« viel mehr bedeutet als nur den Sitz unserer Gefühle. Es schließt unser ganzes Sein ein – Gefühle, Gedanken, alles. Der Trost, von dem Psalm 94 spricht, ist total, umfassend; es ist ein Friede für Gedanken und Gefühle. Hier hat jemand aus ruheloser Grübelei zu einer Oase der Ruhe und Erfrischung gefunden, die seine Kräfte wiederherstellt, so dass er weitergehen kann. Die Heilung besteht nicht so sehr in Antworten und Lösungen (was ganz gut so ist, werden doch viele unserer Fragen in diesem Leben nie beantwortet werden), sondern in der Gemeinschaft mit Gott: »... so hielt mich, Herr, deine Gnade« (Ps 94,18).

Den gleichen Gedanken finden wir im Brief des Paulus an die Philipper. In Philipper 4,7 spricht er vom »Frieden Gottes«, der unsere »Herzen und Sinne« in Christus Jesus bewahrt. Es ist schon erstaunlich: Wenn wir mit unseren Fragen zu Gott gehen, dann ist es ihm nicht so sehr darum zu tun, unserem Kopf alles plausibel zu machen, sondern unser Herz zu trösten – und gerade damit erfasst er den Kern unserer Not, die ja tief unter unsere grauen Zellen hinabreicht; nicht umsonst reden wir davon, dass wir jemandem unser Herz (und nicht unseren Kopf!) ausschütten. So tief hinein in uns will Gott seinen heilenden Frieden gießen, der alles Verstehen übersteigt, und er tut dies im stillen Kämmerlein der ganz persönlichen Begegnung mit ihm, wo wir erfahren, dass der Trost, den Gott in unsere Herzen gibt, viel stärker ist als all unsere Fragen. In Psalm 131, 2 drückt David dies so aus: »Fürwahr, meine Seele ist still und ruhig geworden wie ein kleines Kind bei seiner Mutter; wie ein kleines Kind, so ist meine Seele in mir.«

Vom Segen des Annehmens

Wenn uns etwas Schlimmes passiert ist, wünschen wir uns vor allem eines: dass alles wieder gut wird – so wie früher, vor der Katastrophe (wenn nicht sogar besser). Aber Tatsache ist nun einmal, dass manche Dinge unwiderruflich sind; wir können sie nicht ungeschehen machen, wir können den alten Zustand nicht oder nur teilweise wiederherstellen. Wenn ein geliebter Mensch gestorben oder ein Kind mit einer schweren Behinderung zur Welt gekommen ist, dann können wir das nicht mehr ändern; wir können nur versuchen, damit zu leben. Der erste Schritt dazu besteht darin, dass wir den Tatsachen ins Auge sehen, d. h. erkennen; der zweite ist, dass wir sie akzeptieren. Erreichen wir diese zweite Stufe nicht, werden wir, wie einst Noomi, in unserer Bitterkeit stecken bleiben.

Die Erkenntnis, dass wir etwas nicht ändern können, bedeutet nicht automatisch, dass wir es auch annehmen bzw. akzeptieren. Es ist durchaus möglich, dass wir etwas in unserem Kopf als real anerkennen, aber in unserem Herzen ablehnen, und dann kämpfen und strampeln wir endlos weiter, versuchen zu ändern, was sich doch nicht ändern lässt, klammern uns an alten Träumen fest. Und solange wir das tun, geht der Schmerz nicht weg, sondern brennt und brennt, und wir erfahren am eigenen Leib, dass nichts einen mehr auspumpt als weiterzukämpfen, obwohl man tief drinnen genau weiß, dass es nichts bringt.

Dies ändert sich erst, wenn wir unsere Situation akzeptieren. Jetzt bekommen wir endlich inneren Frieden, jetzt öffnet sich unser Blick für die Möglichkeiten und Chancen, die vor uns liegen. Wir kommen viel besser mit unserer Situation zurecht, und auf einmal entdecken wir, dass wir nicht mehr leer und ausgepumpt sind, sondern ungeahnte neue Kräfte und Mut bekommen.

Ich lernte einmal einen Mann kennen, dessen Frau die Alzheimersche Krankheit hatte. Gewisse Anzeichen hatte es schon seit einiger Zeit gegeben, und schließlich kam, schwer und niederschmetternd, die endgültige Diagnose. In den ersten Monaten nach der Diagnose setzte dieser Mann alles daran, das Blatt zu wenden. Er machte seine Frau auf jeden Fehler, jede neue kleine Vergesslichkeit aufmerksam. Er las fieberhaft in medizinischen Büchern und Artikeln; gab es nicht doch irgendwo eine Therapie? Es war für alle Beteiligten eine traurige, angespannte Situation. Wider alles bessere Wissen stemmte der Mann sich gegen die Krankheit seiner Frau, gegen seine eigene Hilflosigkeit, gegen die furchtbare Tatsache, dass er dabei war, seine Frau als Gegenüber zu verlieren. Seine Bekannten begannen, ihn zu meiden, denn jeder Besuch endete unweigerlich in Streit und Stress.

Doch dann machte dieser Mann eine Kehrtwendung und stellte sich endlich der ganzen herzzerreißenden Realität der Krankheit seiner Frau, und damit änderte sich das Bild. Er akzeptierte die Diagnose »Alzheimer«: Jawohl, die Diagnose war korrekt. Jawohl, es ging seiner Frau immer schlechter; sie war dabei, ein Pflegefall zu werden, sie würde nicht nur körperlich, sondern auch geistig immer mehr verfallen. Er würde lernen müssen, nicht mehr so sehr ihr Mann und Geliebter zu sein, als vielmehr ihr Pfleger, und er würde bei der Pflege die Hilfe anderer Menschen brauchen.

Es war eine große Befreiung für diesen Mann, als er seine Situation endlich annahm, und diese Befreiung machte ihn fähig, sich nicht mehr von seinen Sorgen überrollen zu lassen, sondern jeden Tag neu so zu nehmen, wie er kam. Die Situation hatte sich nicht geändert, aber dafür er: Er war nicht mehr hilflos auf die Krankheit seiner Frau fixiert, er war nicht mehr ein Gefangener seiner eigenen Frustration und Angst. Er konnte wieder leben und sich für andere Dinge interessieren. Er besorgte sich Hilfe bei der Pflege und suchte wieder die Gesellschaft seiner Freunde, was die Lage merklich entschärfte.

Solches Annehmen unserer Situation kommt selten über Nacht. Meist ist es die Frucht eines allmählichen Veränderungsprozesses in unserem Denken und Fühlen. Man verwechsle es nicht mit Resignation! Der Resignierende gibt auf; er hat (oder sieht) keine Hoffnung mehr. Ein Markenzeichen echten Annehmens dagegen ist, dass es freiwillig erfolgt; darum ist es ja so befreiend. Wer sich nur gezwungenermaßen in sein Los fügt, wird sich weiter damit abquälen, es rückgängig machen zu wollen, und ein Leben haben, das kaum den Namen verdient. Wir tun gut daran, uns dessen bewusst zu sein und uns geduldig durch unseren Schmerz und unsere Situation hindurchzuarbeiten, um wirklich freie Leute zu werden.

Der Zusammenstoß mit dem Leiden bringt automatisch Kummer und Trauer mit sich. Nicht nur, wenn wir einen unserer Lieben zu Grabe tragen, sondern auch dann, wenn wir Gesundheit, Stellung, Ansehen, finanzielle Sicherheit, Freunde oder Zukunftspläne verloren haben, müssen wir Trauerarbeit leisten, müssen wir ganz bestimmte Stufen durchlaufen, bevor wir unsere Lage annehmen können. Es kann gut sein, dass wir dabei mit Unglauben, Verdrängung und Wut zu kämpfen haben – lauter ganz normale Reaktionen in unserem Trauerprozess, die wir aber unter die Füße bekommen müssen, wenn wir uns nicht in uns selber verheddern wollen. Wenn wir, mit der Hilfe lieber Mitmenschen, den Punkt erreicht haben, wo wir unser Los annehmen, können wir immer mehr von dem, was vergangen ist, loslassen, sogar die Zukunftsträume, die wir hatten – und werden so frei, neue Schritte nach vorne zu tun. Mögen unsere Hände auch leer sein, wir können sie wieder hochheben und für Gottes Segen öffnen. Recht verstandenes Annehmen ist zukunftoffen und hat nichts mit Fatalismus zu tun.

Aber zurück zu Noomi, Orpa und Rut. Wie ging es weiter mit ihnen? Orpa kehrt zu ihrem Volk in Moab zurück, womit sie in dem Buch Rut von der Bildfläche verschwindet; was aus ihr geworden ist, erfahren wir nicht. Doch Noomi und Rut bleiben zusammen. Sie beschließen, die Vergangenheit hinter sich zu lassen und in Bethlehem einen neuen Anfang zu machen.

Für Noomi wie Rut markierte die Reise nach Bethlehem das Ende eines Lebensabschnitts. Noomi muss ohne Mann und Söhne weiterleben und beschließt, dies in ihrer alten Heimat zu tun. Und Rut? Auch sie bekommt ihren Mann nicht zurück – und zieht darüber hinaus in ein Land, das sie noch nie gesehen hat. Ihr Leben bekommt eine ganz neue Richtung – ein großer Glaubensschritt.

Noomi und Rut: Sie haben jede ihre ganz individuelle Leidenserfahrung, und sie gehen ganz verschieden damit um. Beiden ist klar, dass sie jetzt allein auf das Meer des Lebens hinausgeworfen sind, aber ihre Haltung dabei ist völlig unterschiedlich. Noomi hat den Weg nach innen angetreten, sie ist gefangen in Selbstmitleid und Bitterkeit; Rut hat bei Gott Zuflucht und Freiheit gefunden. Noomi ist ruhelos; Rut hat mitten im Sturm einen Anker für ihre Seele. Noomi keucht unter der drückenden Last der Enttäuschung; Rut hat ihre Last bei dem Gott, der ihre Zuflucht ist, abgegeben und kann aufrecht und voller Hoffnung weitergehen. Sie wird in Bethlehem diejenige sein, die die Initiative ergreift; ihr unerschütterlicher Mut steckt schließlich auch ihre Schwiegermutter an.

Woher bekam Rut diese Kraft? Daraus, dass sie sich in Gottes Arme flüchtete. Da fand sie die Kraft, die sie brauchte, um durchzuhalten und positiv weiter zu können. Sie akzeptierte ihre Situation, und dies machte sie frei; in und mit Gott hatte sie eine Zukunft.

Wenn Leid und Not in unser Leben kommen, kann uns das in zwei Richtungen führen. Der eine versinkt in Depressionen und rebelliert gegen Gott, der andere findet inneren Frieden. Der eine entfernt sich von Gott, der andere wird geradezu zu ihm hingetrieben. Das eine macht einen traurig, über das andere können wir nur staunen. Nur einer bleibt unter allen Umständen der Gleiche: Gott selber. Während der ganzen Geschichte von Rut und Noomi erleben wir ihn als den, der die Lage unter Kontrolle hat. Auch wo seine Kinder leiden müssen – nie ist Gott hilf- oder ratlos.

Gott ist nicht nur immer da, er ist aktiv, er handelt und schafft, führt und leitet. Die Geschichte von Noomi und Rut enthüllt uns einen Gott, dessen Wege wahrlich wunderbar sind – kostbarer und höher und tiefer, als wir je begreifen können. Seien wir also vorsichtig mit unseren Antworten (oder unseren Schuldzuweisungen an Gottes Adresse), wenn wir Dingen gegenüberstehen, die wir nicht begreifen können. Vielleicht sind sie uns wirklich zu hoch ...

Nein, wir wissen nicht, was sich alles hinter den Kulissen abspielt. Als Christen wissen wir jedoch, dass – manchmal sichtbar, häufiger vielleicht unsichtbar – immer Einer da ist, der auf uns Acht hat und unser Leben sicher in seinen Händen hält. Der Augenblick, wo wir bei ihm unsere Zuflucht suchen, ist der Augenblick, wo unsere leeren Hände wieder voll werden. Das Wunder der Gemeinschaft mit Gott erneuert unsere Kraft und stärkt unsere schwachen Knie, so dass wir neue Schritte tun können auf dem Pfad, den er uns führt. Rut fand Frieden und neue Kraft – nicht nur für sich selber, sondern auch für andere. Sie verließ Noomi nicht, ja, sie wurde ihr eine Quelle der Kraft und des Trostes. Denn auch das ist wahr: Wer sich in Gott geborgen weiß, kann selber anderen zum Segen werden, und wenn sein Lebensweg noch so schwer ist.

Ein Gebet um Gelassenheit

Gott, gib mir die Gelassenheit,
das anzunehmen, was ich nicht ändern kann,
den Mut, zu ändern, was ich ändern kann,
und die Weisheit, beides zu unterscheiden.

Lass mich den Tag leben, der vor mir liegt,
den Augenblick genießen, in dem ich bin,
und in Mühsal den Pfad zum Frieden finden.

Lass mich, wie Jesus tat, diese sündige Welt
so nehmen, wie sie ist,
und nicht, wie ich sie gerne hätte,

darauf vertrauend, dass Er alles recht machen wird,
wenn ich mich Seinem Willen ergebe,

auf dass ich ein Stückchen glücklich sei in diesem Leben,
und grenzenlos glücklich in dem kommenden,
wenn ich bei Ihm bin.

Reinhold Niebuhr

2. Das Leben geht weiter

Wenn wir, aus welchem Grund auch immer, mit leeren Händen dastehen, stellt sich früher oder später die Frage, wie es weitergehen soll. Es ist unmöglich, hier allgemein gültige Regeln aufzustellen; jeder Mensch und jede Situation ist nun einmal anders.

Noomi, Rut und Orpa saßen in gewisser Weise im gleichen Boot. Seit vielen Jahren waren ihre Lebensgeschichten miteinander verknüpft – durch die Männer, die sie liebten und geheiratet hatten. Die beiden jüngeren Frauen hatten noch mehr gemeinsam: Sie werden mehr oder weniger gleichaltrig gewesen sein und kamen aus der gleichen Kultur; beide waren sie in Moab aufgewachsen. Ihre Männer waren Brüder, und sie hatten beide keine Kinder bekommen.

Anders Noomi. Sie war älter. Sie war Jüdin, in Juda aufgewachsen und erst später ins Ausland gezogen. Als ihre Söhne starben, war sie bereits seit Jahren verwitwet, und wir haben oben schon gesehen, wie der Tod ihrer Söhne der letzte in einer Serie von Schicksalsschlägen war und wie ihre Trauer wurzelte und immer bitterer wurde. Ihre Schwiegertöchter hatten ihr eigenes Päckchen zu tragen, und alle drei reagierten sie anders.

Sie ist so richtig lebensrealistisch, die Geschichte dieser drei Frauen. Sie zeigt uns, wie jeder von uns in seiner ganz eigenen Situation steckt und seine persönlichen Weichenstellungen für die Zukunft vornehmen muss. Nein, es lässt sich nicht vorhersagen, wie ein vom Leben gebeutelter Mensch reagieren wird; jeder Fall ist anders.

Weichenstellungen

In Rut 1,6 erfahren wir, dass einige Zeit nach dem Tod der beiden Söhne Noomis die Hungersnot in Juda, die Elimelech und Noomi nach Moab hatte ziehen lassen, zu Ende war, worauf Noomi sich mit ihren beiden Schwiegertöchtern auf den Weg zurück nach Bethlehem machte. Ohne Zweifel trieb sie das Heimweh. Was hatte sie noch in Moab zu suchen? Sie hatte keinen Mann mehr dort, keine Söhne, keine Enkelkinder, nichts.

Man hört oft – und das völlig zu Recht –, dass man nach traumatischen Ereignissen im Leben keine übereilten Entscheidungen treffen sollte. Nur zu leicht handelt man aus einem Impuls heraus, ohne sich die Zeit zu nehmen, die nächsten Schritte gründlich zu überlegen, und bereut dann später seine Entscheidung. Eine überstürzte neue Ehe oder ein plötzlicher Umzug sind typische Beispiele dafür. Die Betroffenen machen die schmerzliche Entdeckung, dass sie ja noch gar nicht reif für diesen Schritt waren und jetzt eine doppelte Last tragen müssen: fortgesetzte Aufarbeitung der hinter ihnen liegenden Katastrophe und mühsame Einarbeitung in die neue Lebenssituation. Oft fühlen sie sich wie in einer Falle und würden alles darum geben, ihren Fehler rückgängig machen zu können.

Und nicht nur sie selber leiden, sondern auch ihre Umgebung: So mancher, der einen noch nicht sehr lange verwitweten oder geschiedenen Menschen geheiratet hat, steht erschrocken vor ganz unerwarteten Spannungen, nur um entdecken zu müssen, dass ihre Ursache in einem verspäteten, heftigen Trauerprozess liegt, der die Seele seines Partners schier zerreißt.

Doch auch das Umgekehrte ist möglich. Der Schock eines Schicksalsschlags kann so groß sein, dass man wie gelähmt ist. Man trifft keine übereilten Entscheidungen, man trifft überhaupt keine. Manche Menschen ziehen sich ganz in ihre eigene Welt zurück. Ich kannte einmal einen Mann, der nach dem Tod seiner Frau wochenlang die Vorhänge in seiner Wohnung nicht zurückzog, um nicht das Leben und den Frühling draußen sehen zu müssen. Warum sollte er überhaupt aufstehen, wenn die wichtigste Person seines Lebens nicht mehr da war?

Es ist auch möglich, die Realität zu leugnen, indem man alles beim Alten lässt. Ich erinnere mich, wie liebe Freunde von mir in einem Akt seelischer Schwerstarbeit endlich die letzte Schmutzwäsche ihres verstorbenen Sohnes in die Waschmaschine steckten und seine Bücher und Aufzeichnungen durchgingen. Es zerriss ihnen schier das Herz, aber es musste getan werden. Manchmal lässt man die Kleider und sonstigen Besitztümer eines lieben Verstorbenen ja zu lange unberührt, so dass sein Zimmer fast ein Heiligenschrein wird – oder auch den Eindruck vermittelt, als sei ja gar nichts geschehen und als könne der Verstorbene jeden Augenblick wieder zur Tür hereinkommen. Dergleichen ist ungesund und wirkt auf Dauer blockierend auf die seelische Bewältigung des Trauerfalls; die Betroffenen können nicht die nötigen Schritte nach vorne machen und nehmen Schaden.

Eines ist sicher: Das Leben geht weiter. Die frisch verwitwete Frau kann zwar so von Schmerz überwältigt sein, dass sie allen Ernstes glaubt, dass das Leben vorbei ist. Ähnlich der Patient, dem die Unheilsbotschaft des Arztes noch im Ohr klingt: Wir können nichts mehr für sie tun. Die Eltern, deren Kind schwer behindert zur Welt gekommen ist, der junge Mann, der sich nach seinem Autounfall im Rollstuhl wiederfindet, oder die Ehefrau, die vom Seitensprung ihres Mannes erfährt. Auf einmal scheint alles stillzustehen, man erlebt den Rest der Welt nur noch wie durch eine Milchglasscheibe, nur der eigene Schmerz ist real. Statt »Leben im Überfluss« (Joh 10,10) hat man Elend im Überfluss; das bloße Weiterleben wird zur Schwerstarbeit.

Eine junge Witwe berichtete mir einmal, wie dankbar sie war, dass sie kleine Kinder hatte, um die sie sich kümmern musste. »Als mein Mann gestorben war, wäre ich am liebsten im Bett geblieben und nie mehr aufgestanden. Aber ich musste doch jeden Tag die Kinder fertig machen, ihnen zu essen geben, ihre Kleider waschen, ihnen bei den Hausaufgaben helfen. Das half mir, wieder Boden unter die Füße zu bekommen!« Ihr Beispiel zeigt uns, dass es immer einen Punkt gibt, wo wir zurück in den Alltag müssen, wieder selber – vielleicht anfangs mit etwas Hilfestellung von anderen – unser Leben leben müssen. Dies ist nach jeder Lebenskatastrophe der unabdingbare erste Schritt.

Wir wissen nicht, wie lange Noomi wartete, bis sie den Weg zurück nach Bethlehem antrat. Wahrscheinlich brauchte es einige Zeit, bis ihr Entschluss reifte. Aber eines Tages war es so weit: Sie packte ihre Sachen und ging los. Es war in ihrer Situation wohl das Naheliegende. Welche weitreichenden Folgen es haben sollte, ahnte sie sicher nicht; sie folgte einfach der Stimme ihres Kopfes und Herzens. Manchmal ist das Naheliegende auch das Richtige!

Wir müssen uns dabei darüber klar sein, dass Noomi durch die Rückkehr ins Land ihrer Väter nicht nur zu ihren familiären, sondern auch zu ihren geistlichen Wurzeln zurückkehrte. Juda war das Land des Gottes Israels, und dort wollte sie für sich und ihre beiden Schwiegertöchter ein neues Leben aufbauen.

Aus Rut 1,7 geht klar hervor, dass die drei Frauen sich gemeinsam auf den Weg machten. Aber irgendwo unterwegs bekam Noomi Bedenken und bat ihre Schwiegertöchter, zu ihren Sippen zurückzugehen. Denn was konnte sie ihnen denn bieten? Sie war eine mittellose Witwe, die ihren eigenen Verwandten würde zur Last fallen müssen; würden diese Verwandten auch noch diese beiden Ausländerinnen durchfüttern wollen? Und selbst wenn jemand sie aufnehmen würde – was für eine Zukunft konnte sie Rut und Orpa denn bieten? Keine neue Ehe, keinerlei Sicherheit. Welcher Verwandte würde bereit sein, eine Nichtjüdin zu heiraten, damit Elimelechs Name nicht erlosch (Rut 4,5)?

Solche Fragen müssen Noomi durch den Kopf gegangen sein, als sie ihren Schwiegertöchtern sagte: »Kehrt wieder um! Geht zurück zu euren Müttern. Der Herr ... gebe euch wieder einen Mann und lasse euch ein neues Zuhause finden.« (Rut 1,8-9; Gute Nachricht) Sie müssen Noomi furchtbar schwer gefallen sein, diese Worte, aber sie sah keinen anderen Ausweg. Ihr Rat entsprang aus ihrer Hilflosigkeit. Es kann keine Rede davon sein, dass sie ihre Schwiegertöchter »loswerden« wollte; in dieser Familie herrschte Liebe (vgl. Rut 1,8.14.16).

Noomis Rückkehr nach Bethlehem war das Naheliegende – und auch, wie sich zeigen sollte, das auf Dauer Richtige. Noomis Rat an Orpa und Rut, zu ihren Familien zurückzugehen, sah genauso logisch und richtig aus. Aber in Gottes Augen war er glatt falsch und ein Schritt zurück. Praktisch waren Rut und Orpa vor die Wahl gestellt, entweder zu ihren alten Verwandten und Göttern zurückzugehen oder mit Noomi in das Land und zu dem Gott Israels zu ziehen. Den alten falschen Göttern dienen oder dem einen wahren Gott – das waren im Grunde genommen die Alternativen (Rut 1, 15 - 16). Letztlich ging es um Fortschritt oder Rückschritt, Gebundenheit oder Freiheit.

Es war eine Entscheidungssituation mit gewaltigen Konsequenzen, und sie zeigt uns, wie enorm wichtig es ist, Gott um seine Leitung und Weisheit zu bitten, selbst und gerade dort, wo wir vor Schritten stehen, die ganz natürlich und naheliegend erscheinen. Wir müssen unsere gesamte Situation vor Gott bringen und die gut gemeinten (aber nicht immer weisen!) Ratschläge, die uns unsere Mitchristen geben, dabei sorgfältig abwägen. Manchmal müssen wir Entscheidungen treffen, deren Folgen wir überhaupt nicht abschätzen können. Mehrere mögliche Wege liegen vor uns, und wir wissen nicht, welcher gut und welcher schlecht für uns ist. Was für einen Platz hat Gott in unserem Entscheidungsprozess und in dem Weg, den wir schließlich gehen?

Orpa wählte den Weg, der ihr der sicherste schien. Sie nahm ihr Schicksal in ihre eigenen Hände und kehrte zurück in den relativ sicheren Schoß ihrer alten Familie und in eine Umgebung ohne Gott. Womit sie für immer aus dem Buch Rut verschwindet. Ganz anders Rut: Sie machte klar, dass sie dem Gott Israels folgen wollte – ein radikaler Schritt von größter Tragweite, bedeutete er doch, dass sie ihre Identität als moabitische Frau aufgab, um stattdessen eine Frau Gottes zu werden. Sie weigerte sich strikt, ihre Schwiegermutter im Stich zu lassen (»Rede mir nicht ein, dass ich dich verlassen und von dir umkehren sollte«, Rut 1, 16).

Menschlich gesprochen ging Rut mit ihrer Entscheidung, mit nach Juda zu gehen, ein großes Risiko ein. Hatte das Leben mit ihren angeheirateten Verwandten ihr etwas über den Gott Israels gezeigt, dass sie so ihre Zuflucht zu ihm nahm (Rut 2,12)? Ich glaube, ja. Ruts Mut kam nicht einfach aus ihr selber, sondern aus dem, was sie in Gott gefunden hatte. Er selbst war es, der ihr die Kraft gab, weiterzumachen und sich dieser so ganz neuen Situation zu stellen. Ihre Einstellung zeugt von einem inneren Frieden, wie ihn nur Gott geben kann, dem Frieden, der höher ist als alle Vernunft und der unsere Herzen und Sinne in Jesus Christus bewahrt (Phil 4,7). Wie sehr brauchen wir sie doch, diese gelassene Geborgenheit, die unsere ängstlichen Gedanken im Zaum hält und uns in den schlimmsten Situationen, ja, im Angesicht des Unbekannten, ruhig weitergehen lässt.

Für Rut bestand das Unbekannte in dem, was in Bethlehem auf sie wartete, aber auch schon in der langen Reise dorthin, die die Gesellschaft ihrer so verbitterten Schwiegermutter noch anstrengender gemacht haben mag. Aber sie blieb bei ihr, und in Bethlehem angekommen, gingen die beiden Frauen daran, sich nach einer Bleibe und einem Lebensunterhalt umzusehen (Rut 2).

Trauer und Bitterkeit

Es gibt Menschen, die glauben allen Ernstes, dass ein rechter Christ pausenlos froh und dankbar zu sein hat. Hat Paulus uns nicht angewiesen, »allezeit fröhlich« zu sein (1. Thess 5,16)? Sind Christen nicht Leute, die »triumphieren« (Röm 8,37; Gute Nachricht)? Sieghaft zu lächeln hat der Christ, und das in allen Lebenslagen, koste es, was es wolle. Tränen sind unchristlich, und wenn jemand länger oder intensiver trauert, als wir erwartet haben oder ihm zugestehen wollen, dann – ja, dann muss wohl etwas nicht stimmen mit seinem Glauben. Trauer = Niederlage, Fröhlichkeit = Sieg lautet die einfache Gleichung mancher Gläubigen. Sie haben die Worte des Paulus zu einseitig interpretiert.

Wer mit Menschen spricht, die durch Leiden hindurchgehen, der merkt rasch, wieviel Schaden durch gut gemeinte »christliche«

Ratschläge entsteht, die das Leiden einfach ignorieren. Da soll die trauernde Witwe ein fröhlicheres Gesicht machen, um »ihren Glauben zu bezeugen«. Die Eltern eines tot geborenen Kindes haben sich damit zu trösten, dass sie doch schon ein gesundes Kind haben oder jung genug sind, um noch eines zu bekommen. Die Ehefrau, deren Mann fremdgegangen ist, soll gefälligst dankbar sein, dass er doch mit der Anderen gebrochen hat und wieder zu ihr zurück will. Das Unfallopfer, das halb gelähmt im Rollstuhl sitzt, soll Gott danken, dass es noch am Leben ist ...

Eine Frau, die Krebs im letzten Stadium hatte, bekam einen Brief, in dem es hieß, dass es eine Schande sei, dass sie so über ihren bevorstehenden Tod und den Abschied von ihren Lieben trauere; als gläubige Christin könne sie sich doch freuen, dass sie schon so bald bei ihrem Herrn sein werde. Eigentlich meinte der Briefschreiber: »Ich hätte ein positives Zeugnis von dir erwartet, ich bin enttäuscht von deinem schwachen Glauben.«

Dergleichen kurzsichtige Bemerkungen können tief verletzen. Sie sehen nur die eine Seite der Medaille und lassen keinen Raum für den Prozess des Leidens und Trauerns, den wir nun einmal durchlaufen müssen, um mit unserer Situation fertig zu werden.

Wie gut ist es da, zu wissen, dass unser Herr Jesus Christus eine andere Sicht vom Trauern und Weinen hatte. Er bekam in seinem irdischen Leben sein Quantum an Leid ab; man denke nur an seine Tränen über den Tod seines Freundes Lazarus oder über die Treulosigkeit und Blindheit der Menschen, oder wie er von einem seiner engsten Jünger verraten wurde und ganz allein ans Kreuz ging. Er war »ein Mann der Schmerzen und mit Leiden vertraut« (Jes 53,3; Elberfelder). Bei ihm durfte man weinen. »Frau, was weinst du?«, fragt er die an seinem leeren Grab weinende Maria von Magdala (Joh 20,15). Er sagt nicht: »Hör auf, lass deine Tränen«, sondern fühlt behutsam nach, was die Ursache ihres Kummers ist, und lässt sie ihr Herz ausschütten.

Gerade so ging Gott auch mit Noomi um. Er ließ ihr Zeit und Raum für ihre Gefühle, auch für die allerbittersten. Wie ein roter Faden ziehen sie sich durch das ganze Buch Rut: Gottes so unendlich geduldig und treu zu dieser in sich selber und ihrem Kummer gefangenen Frau ausgestreckten Arme. Nie wirft er ihr ihre »verkehrte Haltung« vor; er lässt ihr ihre Tränen, ja mehr noch: Er begegnet ihr in ihrer Situation und segnet sie.

Wenn die anderen uns vorhalten, dass wir uns endlich zusammenreißen und mit dem Trauern aufhören sollen, dann dürfen wir wissen, dass Gott genügend Raum für unseren Kummer und genügend Eimer für unsere sämtlichen Tränen hat. Aber auch dies ist wahr: Wenn wir mit unserem Kummer zu Gott kommen und seiner Gnade begegnen, dann können wir wieder atmen. Es verändert sich etwas: Unser Kummer bekommt eine Gefährtin. Wo ich Gottes Gegenwart erfahre, da keimt Dankbarkeit auf, und der Kummer verwandelt sich – ob Gott ihn nun wegspült oder mitten in ihn hinein seine Arme um mich legt.

Ich glaube, Freude und Trauer sind gar keine Gegensätze; sie können nebeneinander existieren, ja, miteinander verschmelzen. Wenn ich mich in größter Traurigkeit zu meinem himmlischen Vater flüchte, dann kann ich mitten in meinem Leid eine schier überwältigende Dankbarkeit erfahren, die schon fast Freude ist – und dies nicht wegen meiner Situation, sondern allein dadurch, dass ich mich in Gott berge und seiner Güte und Größe begegne. Mit anderen Worten: Ich bin dankbar, dass Gott so ist, wie er ist, und kann mich sogar in der Not an ihm freuen. In seiner Gegenwart verwandelt sich mein Schmerz; der Stachel geht weg, Gottes unendliche Liebe und Trost lindern und überschatten meinen Schmerz und schenken mir Frieden.

Es gibt in meinem Leben eine sehr schmerzliche Situation, die ich nicht ändern kann. Meine Mutter leidet an Altersschwachsinn. Früher war sie eine starke Frau, voller Schwung und ansteckender Begeisterung für Gott und für das Leben. Sie war unternehmungslustig, gerne unter Menschen und nahm regen Anteil an meinem Leben. Sie war schon über 60, als sie Christin wurde, aber von dem Elan, mit dem sie Gott diente, konnte mancher Jüngere sich eine Scheibe abschneiden. In den Jahren, die ich im Ausland verbrachte, gab ich Menschen, die viel reisten, immer Mutters Adresse. Ich wusste: Bei ihr bekamen sie nicht nur Kost und Logis, sondern echte, warme Gastfreundschaft.

Heute sitzt meine Mutter hilflos im Rollstuhl, in einem Pflegeheim für Senioren mit Altersdemenz. Gelegentlich kann man sich einigermaßen normal mit ihr unterhalten – meistens nicht. Manchmal erkennt sie mich, manchmal nicht. Es tut mir weh, sie zu besuchen. Manchmal komme ich gut mit ihr zurecht, ein anderes Mal weine ich wieder während der ganzen Rückfahrt in meinem Auto.

Anfangs wusste ich nicht mehr, wohin vor Hilflosigkeit, Frust und Bitterkeit. Es kochte und brodelte in mir: Warum muss ein so wertvoller Mensch so abbauen? Warum muss meine Mutter selber so unter ihrem Elend leiden? Das ist jetzt anders geworden. Nicht, dass meine Fragen sich in Wohlgefallen aufgelöst hätten oder die Situation mir keine Probleme mehr bereiten würde; manchmal fühle ich mich geradeso hilflos und frustriert wie früher. Aber ich habe jetzt, mitten in allem Leid, dennoch Frieden. Meine Besuche bei meiner Mutter sind nicht mehr so wie früher. Ich kann ihren Zustand jetzt meistens akzeptieren. Wo ich früher ungeduldig und frustriert war und nur das Negative sehen konnte, bin ich jetzt dankbar für die positiven Augenblicke und finde mich damit ab, dass das Mutter-Tochter-Verhältnis sich umgekehrt hat. Es ist nicht so, wie ich oder Mutter es gerne hätten, und dieser Schmerz wird vielleicht für den Rest unseres Lebens bleiben. Aber der Friede, den Gott geschenkt hat, gibt Raum zur Freude aneinander, zum dankbaren Genießen der kostbaren Augenblicke des Zusammenseins mit einem lieben und wertvollen Menschen.

Dieser innere Friede ist eine Frucht des Sich-Bergens in Gott; von mir aus hätte ich ihn nie zustande gebracht. Wenn ich, derart eingehüllt in den Mantel der beschirmenden Liebe Gottes, in schmerzliche Situationen wie diese Besuche bei meiner Mutter hineingehe, dann erlebe ich ganz greifbar, wie Gott mich trägt, und das gibt mir mitten im Schmerz Freude und Dankbarkeit.

Wenn uns negative Gefühle überrumpeln

Gott gab Noomi Raum zum Trauern; sie durfte ihm die dunkelsten Ecken ihres Herzens ausschütten. Welch eine Gnade Gottes, dass wir immer zu ihm kommen dürfen, egal in welchem Zustand wir sind! Wenn wir Christen uns doch nur mehr von seiner bedingungslosen Liebe aneignen würden, wenn wir nur aufhören würden mit unserer Ungeduld, die jeden, der sich nicht ganz so verhält, wie wir das erwarten, gleich verurteilt. Vielleicht brauchen unsere Mitmenschen weniger energisch-kluge Ratschläge und Ermahnungen, sondern mehr Verständnis und Mitgefühl.

Sicher: Man muss den negativen Gefühlen auch Grenzen setzen, damit sie uns nicht in eine endlose Abwärtsspirale der Verzweiflung ziehen, in der unser Glaube, wir selbst und unsere Mitmenschen Schaden nehmen. An diesem Punkt war Noomi angekommen, als sie, unfähig mit ihrem dreifachen Verlust fertig zu werden, in ihren hilflosen »Warum?«-Grübeleien anfing, Gott die Schuld zu geben. Ihre Trauer hatte sozusagen Wurzeln geschlagen und war zu einem mächtigen, giftigen Unkraut geworden.

Jemand hat Bitterkeit als »geronnene Trauer« definiert, und ich glaube, Noomi ist ein gutes Beispiel dafür. Trauer ist an sich eine gesunde und notwendige Gefühlsreaktion auf Leiden; aber wo sie nicht richtig verarbeitet wird und man ihr keinen Schlusspunkt setzt, frisst sie sich fest und kippt in Verbitterung um. Der Trauerprozess beginnt gleichsam aus dem Ruder zu laufen; destruktive Gefühle wie Wut und Bitterkeit schleichen sich ein und wachsen und wachsen, bis sie, wie das Unkraut den Weizen, unsere seelische Verfassung ersticken. Wie und wann dies genau geschieht, ist sehr schwierig zu sagen, aber ein wichtiger Wachstumsfaktor für destruktive Gefühle ist schlicht der Raum, den wir ihnen geben. Wir brauchen Gottes Weisheit, um in diesen nicht einfachen Dingen einander helfen zu können.

Und noch etwas: Bitterkeit gegen Gott schadet nicht nur unserer seelischen Gesundheit. Das Hauptübel ist, dass wir uns bei ihr zum Richter über Gott selbst machen. Menschen haben nie das Recht, Gott auf die Anklagebank zu setzen. Der bloße Gedanke, dass Gott uns in irgendeiner Weise Rede und Antwort zu stehen habe, ist lächerlich, unmöglich, unzulässig. So etwas dürfen wir einfach nicht – aber Gott lässt es zu. Er lässt es zu, dass wir ihm unsere tiefsten, bittersten, verworrensten Gefühle bringen. Er hört sie sich an, so lange er will. Aus purer Gnade erlaubt er uns, unsere Protestschreie zum Himmel zu schicken, und sorgt dafür, dass sie sogar ankommen. Ein Recht darauf haben wir aber nicht.

Es ist erstaunlich, wie oft wir in den Psalmen Worte, ja, Schreie der bitteren Anklage finden. Gott, warum schweigst du? Gott, das ist ungerecht ... Der Psalmist schüttelt seine Faust gegen den Himmel – und Gott lässt ihn. Aber dann kommt es immer wieder zum Umschlagen der Gefühle, der Protest verstummt und der Beter steht in anbetender Ehrfurcht vor Gott. In Psalm 73 ereifert sich Asaph darüber, dass es den Gottlosen so gut geht: Was bringt es denn, Gott zu dienen, wenn diejenigen, die sich keinen Deut um ihn scheren, in Saus und Braus leben? In drastischen Bildern beschreibt Asaph in Vers 21 - 22 seine Verbitterung: »... da war ich wie ein Narr und wusste nichts, ich war wie ein Tier vor dir.« Bis – ja, bis er in das Heiligtum Gottes ging (V. 17), d. h. Gottes Nähe suchte und mit seinen Fragen bei ihm seine Zuflucht nahm. Da wurden seine Augen geöffnet, er erkannte die Wahrheit und er machte eine Kehrtwendung: »Das ist meine Freude, dass ich mich zu Gott halte und meine Zuversicht setze auf Gott den Herrn ...« (V. 28).

Uns zu Gott halten – das ist das Beste, was uns passieren kann. Hier ist Leben, hier können wir das tödliche Gift der Bitterkeit loswerden. Wir dürfen Gott unser »Warum?« als Herzensschrei »vorwerfen«, aber nie als fordernde Anklage. Wir dürfen fragen, aber nie so, dass es unser Denken beherrscht und unser Herz erstickt. Bringen wir alle unsere Fragen dahin, wo sie hingehören: vor Gott. Schütten wir sie »im Heiligtum« vor ihm aus.

3. Gott füllt unsere Hände

Unsere menschliche Hilflosigkeit wird uns nie deutlicher als in Situationen, die wir nicht selber beherrschen können. Ein geliebter Mensch wird von uns genommen, der Arzt diagnostiziert Multiple Sklerose, eine Katastrophe raubt uns Heim und Herd, und wir erkennen: So klein und schutzlos ist der Mensch. Die Situation rückgängig machen – unmöglich. Die einzige Möglichkeit, die uns bleibt, ist, in der neuen Situation unseren Weg zu finden. Oft fühlen wir uns wie in einer Sackgasse, aber in Wirklichkeit stehen wir an einem Scheideweg, der uns durchaus Möglichkeiten bietet. Um sie zu ergreifen, müssen wir, wie wir oben schon sahen, zunächst unsere Lage, so schmerzlich sie auch sein mag, akzeptieren. Der nächste Schritt ist dann, dass wir auf sie reagieren, indem wir uns anpassen, und das verlangt Mut und Flexibilität.

Wir haben im letzten Kapitel gesehen, wie Noomi und ihre Schwiegertöchter ihren Scheideweg erreichten. Zwei der drei Frauen blieben dem Gott Israels treu und gingen mutig voran. Ihre Entscheidung war richtig – aber, so könnte man fragen, garantierte sie auch, dass alles wieder gut werden würde? Füllt Gott automatisch unsere leeren Hände wieder, wenn wir ihm folgen, und wenn ja, was bedeutet das alles? Dieser Frage wollen wir in diesem Kapitel nachgehen.

Begleiten wir also Noomi und Rut weiter. Falls Sie es nicht schon getan haben, sollten Sie jetzt vielleicht eine Pause einlegen und das ganze Buch Rut durchlesen. Sie werden dann einen Überblick über die Geschichte haben und ihre Lehren besser verstehen können.

Kann man also sagen, dass Noomis und Ruts leere Hände wieder voll wurden? Ich glaube, ja – wenn auch nicht ganz so, wie sie sich (oder wir uns) das vorgestellt hatten! Vielleicht stellen wir etwas enttäuscht fest, dass »nur« Rut einen neuen Mann bekam, und nicht auch Noomi. Aber auch Noomi bekam ein neues Zuhause – nicht nur dadurch, dass sie zurück zu ihren alten Freunden in Bethlehem kam, sondern auch in dem viel tieferen Sinne, dass sie zurück zu einem freudigen Vertrauen auf Gott fand. Und nicht zuletzt wurde sie endlich Großmutter. Als Rut ihren Obed zur Welt bringt, heißt es: »Und Noomi nahm das Kind und legte es auf ihren Schoß und wurde seine Amme. Und die Nachbarinnen gaben ihm einen Namen, indem sie sagten: Ein Sohn ist der *Noomi* geboren!« (Rut 4,16.17; Elberfelder) (Gut, dass Rut und Noomi sich so gut verstanden, sonst wäre Rut noch eifersüchtig auf ihre Schwiegermutter geworden ...)

Überraschungen

Der amerikanische Psychologe Dr. Larry Crabb erzählte einmal, wie er sich als Vierjähriger aus Versehen im Badezimmer einschloss. Man versuchte vergeblich, die Tür von außen zu öffnen. Schließlich beruhigten ihn seine Eltern durch das Schlüsselloch: »Keine Angst, Papa holt dich gleich raus!« Der entsetzlichen Möglichkeit, den Rest seines Lebens zwischen Toilette und Badewanne verbringen zu müssen, wohl eingedenk, starrte Larry angestrengt auf die Türklinke, über die ja wohl seine Rettung kommen würde. Aber die Klinke rührte sich nicht. Seine Angst wollte zur Panik werden. Da hörte er plötzlich ein Geräusch hinter sich – es war sein Vater, der auf einer Leiter vor dem Fenster stand. Riesige Erleichterung. Die Hilfe war gekommen, aber aus einer ganz unerwarteten Richtung.

So ähnlich wie Larry mit seinem Vater geht es uns manchmal mit unserem himmlischen Vater. Wir stehen mit leeren Händen da, schreien um Hilfe und haben sehr genaue Vorstellungen davon, wie die Hilfe auszusehen hat. Wir brauchen einen neuen Ehepartner, wir brauchen Gesundheit, unsere Geldsorgen oder der schwierige Kollege oder Nachbar haben wegzugehen. Gott erfüllt uns diese Wünsche nicht automatisch, aber er ist immer treu, ob unsere äußere Lage sich ändert oder nicht. Er schaut uns aus seinen Vateraugen an, er sehnt sich danach, uns zu segnen und unsere leeren Hände zu füllen. Manchmal kommt seine Hilfe aus einer völlig unerwarteten Richtung, manchmal ist sie unseren Augen fast verborgen. Wir können so auf das fixiert sein, was *nicht* geschieht, dass wir Gottes Segnungen gar nicht wahrnehmen.

Und jetzt schauen wir uns Noomi an, die so blind vor Bitterkeit war und doch so reich gesegnet von Gott. Ich möchte vier Arten des Segens nachgehen, die wir, wenn wir uns in den Kokon des Selbstmitleids einspinnen, nur zu leicht übersehen und ungenutzt lassen.

a) Trost durch Freunde

Eine der großen Segnungen in Noomis Leben war zweifellos, dass ihre Schwiegertochter Rut so treu bei ihr blieb. Noomi hat, halb blind vor Verzweiflung, wie sie war, vielleicht gar nicht gemerkt, dass hier mehr als nur menschlicher Trost war – dass durch Rut Gott selber seine Arme zu ihr ausstreckte.

Wir erfahren nicht, was auf der langen Reise nach Bethlehem alles geschah. Wir wissen nur, dass Rut hartnäckig bei ihrer Schwiegermutter blieb (Rut 1,14-17). Noomi hat ihre Entscheidung schließlich akzeptiert. Offenbar hat sie keine weiteren Worte darüber verloren; was sollte es auch, sie fühlte sich so oder so einsam und verlassen. Aber sie war nicht verlassen, denn Rut ging ja mit ihr. Der Name *Rut* bedeutet »Gefährtin«, und ich glaube, genau das sollte Rut nach Gottes Willen für Noomi sein. In Rut hatte Noomi eine Freundin, durch die Gott ihr seine Liebe und Treue zeigte. Manchmal, wenn Bitterkeit und Schmerz uns blind gemacht haben, schickt Gott uns solche Freunde über unseren Lebensweg, als sichtbare Erinnerung an ihn selber.

Wie begegnet man einem Trauernden? Was heißt es, einem Menschen in Gottes Namen zu begegnen, ihm gleichsam Christus zu sein? Eine Mutter, deren Sohn bei einem Schulunfall starb, schrieb das folgende Gedicht, das etwas von den heilenden Kräften ausdrückt, die Trost und Freundschaft in unserer Not entfalten können:

Freunde

Sie blieben,
als das Lachen verstummte
und Trauer unsere Gesichter furchte,
als es nur noch eine Geschichte gab,
immer dieselbe,
wieder und wieder:

Von dem Jungen,
so fröhlich und begabt,
erinnert ihr euch,
erinnert ihr euch,
und dann …

Als andere,
die wir für treu gehalten hatten,
verschwanden,
da blieben sie,
ihre Hände fest auf unseren Schultern.

In jenen Tagen
wurden wir hundert Jahre älter.

Und sie?
Sie bewahrten uns vor dem Untergang
im Sturm des Elends,

im Orkan der Trauer,
und durch sie
wussten wir:
Gott hatte uns nicht verlassen.

(Riec Kolman)

Wer waren diese Menschen, die diese von Trauer überwältigten Eltern so trösten konnten? Es waren nicht die, die dauernd nach Antworten schürften oder zur Unzeit versuchten, sie aufzumuntern. Es waren nicht die Menschen, die in ehrlicher Hilflosigkeit verkündeten, dass es jetzt aber genug war mit dem Trauern. Auch nicht die, die enttäuscht feststellten, dass sie von gläubigen Christen etwas Besseres erwartet hatten als diesen überwältigenden Schmerz, oder die sagten: »Jetzt schaut doch mal auf das, was ihr alles noch Schönes in eurem Leben habt!« Nein, es waren die Menschen, *die bei ihnen blieben.* Die Menschen, die nicht redeten und redeten, sondern die *zuhörten* und *das Wagnis der Stille* eingingen. Menschen der Berührung, des warmen Händedrucks, der tröstenden Umarmung. Menschen, die eine innere Freiheit kannten, durch die sie anderen Luft zum Atmen geben konnten. Oft sind dies solche Menschen, die selber Leid erfahren haben und wissen, dass der Trauernde eine Zuflucht braucht.

Auch Rut wusste das. Auch sie hatte ihr Leidenspäckchen zu tragen, aber irgendwie blieb ihr noch genügend Kraft, um ihrer Schwiegermutter Trost und Stütze zu sein, ohne selber ins Loch der Depression und des Negativismus zu stürzen. Die jüngere Generation gibt der älteren Kraft, eine Frau aus heidnischem Land zeigt einer Tochter Abrahams Barmherzigkeit – dies war nur möglich, weil Rut zu Gott ihre Zuflucht genommen hatte. Noomi schrieb ihm ihr Leid zu, aber Rut hatte bei ihm den richtigen Ort für ihre Fragen und ihren Kummer gefunden: Sie fand ihre Zuflucht unter den Flügeln des Allmächtigen (Rut 2,12), dem Ort, wo Gottes Güte in all ihrer liebenden, tröstenden, heilenden Fülle greifbar wird. Aus ihrer neuen Identität und Geborgenheit in Gott heraus konnte Rut anderen helfen, ihnen tiefen Trost und Hoffnung bringen.

Ist dies nicht genau das, was Riec Kolman in ihrem Gedicht ausdrücken will? Als die Eltern den Verlust ihres Jungen betrauerten, da verschwanden manche ihrer Freunde. Sie konnten diese bodenlose Trauer, die ihnen so schmerzlich ihre eigene Hilflosigkeit bewusst machte, nicht aushalten. Sie ertrugen es nicht, immer und immer wieder die gleiche Elendsgeschichte anhören zu müssen. Und so gingen sie. Aber andere gingen nicht. Sie blieben – treu, stumm, tröstend. Es brauchte auch keine großen Worte, der tröstende Arm war viel wichtiger. Keine Antworten, keine klugen Argumente. Aber eine Nähe und mitfühlende Wärme, in der diese Eltern ein kostbares Stück Gegenwart und Trost Gottes erlebten.

Genau so verfährt Gott so oft in unserem Leben: Er begegnet uns in unseren Mitmenschen, in ihren barmherzig ausgestreckten Armen und Händen. Ja, das gibt es: dass wir bei einem anderen Menschen ein Stück Zuflucht finden, etwas von Gottes Wesen geoffenbart bekommen. Und auch wir selber können zur Zuflucht für andere werden – wenn wir in Gott unsere Zuflucht haben, im Gebet unsere eigene Not wie auch die unserer Mitmenschen vor seine Füße legen. Menschen, die das gelernt haben, haben meist auch gelernt, zu schweigen.

Noomi hatte in Rut eine kostbare Gefährtin. Es war einer der Kanäle, über die Gott ihre leeren Hände wieder füllte. Freundschaft ist ein kostbares Gut. Mögen wir den rechten Blick dafür bekommen und das, was wir an unseren Freunden haben, mehr schätzen lernen.

b) Der Segen der Fürbitte

Ein ganz besonderer Bereich, in dem Freunde einander sehr zum Segen werden können, ist das Gebet. Wo jemand in seiner Not nur noch dunkle Wolken über sich sieht, können seine Freunde ihn im Fürbittengebet durch diese Wolken hindurch zum Thron Gottes emporheben. Ob wir selber für andere beten oder andere für uns – durch das Gebet zapfen wir göttliche Quellen an, die tiefer und reiner sind als das Allerbeste, das Menschen einander geben können.

Wo wir am Ende unserer Kraft angekommen sind und hilflos vor der Realität unseres Elends stehen, ist Gott immer noch der Allmächtige und der große Helfer. Wenn wir verwirrt dastehen und doch dringend Wege wählen, Vergangenes bewerten, Gegenwärtiges abwägen und Entscheidungen treffen müssen, können wir im Gebet zu Gott kommen, ihm uns selber und andere hinlegen und uns auf seine Gegenwart und Nähe verlassen. Er will seine Kinder in die Wahrheit und Freiheit hineinführen. Es kann sein, dass unser Blick zu Gott getrübt wird, weil unser Schmerz zu groß ist oder unsere Fragen uns blockieren. Vielleicht sind wir zu aufgewühlt und schockiert, um zu beten. Wo dies bei uns oder anderen geschieht, können Freunde die rettenden Helfer sein – nicht so sehr durch gute Ratschläge, sondern dadurch, dass sie uns treu zur Seite stehen und beharrlich für uns beten.

Ich kenne mehrere Menschen, die regelmäßig für mich beten. Mindestens zwei tun es jeden Tag. Ihre Gebetstreue ist für mich einer der stärksten und tiefsten Beweise ihrer Freundschaft. Wo Menschen einander im Gebet vor Gott bringen, entsteht eine tiefe Verbundenheit in Gemeinschaft, in der man selbst das schlimmste oder peinlichste Leid mit dem anderen teilen kann. Es ist etwas Kostbares, zu wissen, dass da jemand ist, der mein Leben und meine Sorgen kennt – sofern ich sie ihm freiwillig mitteile, natürlich, denn echte Freundschaft ist frei von Zwang – und für mich betet. Regelmäßige Fürbitte ist das größte Geschenk, das Freunde einander machen können.

Doch Vorsicht! Fürbitte bedeutet Verantwortung, sie nimmt uns in die Pflicht. Versprechen wir sie nicht voreilig. Es ist wesentlich einfacher, zu sagen oder zu schreiben: »Ich bete für dich«, als es auch tatsächlich zu tun. Das Versprechen mag aufrecht sein, halten tun wir es manchmal nur halb. Fragen wir uns lieber vorher: Werde ich das auch tun – treu für den anderen beten?

Es ist direkt überwältigend, wenn man daran denkt, dass unser Herr Jesus Christus ständig für uns bittet. Er ist das perfekte Beispiel für treue Fürbitte, sowohl während seines irdischen

Lebens als auch jetzt, wo er unser Hohepriester im Himmel ist. Es ist faszinierend, wie wichtig und selbstverständlich Jesus während seines Wirkens auf der Erde das Beten war; es hatte für ihn höchste Priorität. Besonders das Lukas-Evangelium berichtet von mehreren Gelegenheiten, wo Jesus sich an einen einsamen Ort zurückzog, um sich Zeit für das Gespräch mit seinem Vater zu nehmen.

Ich habe mich oft gefragt, worüber er mit seinem Vater in diesen Stunden der innigsten Gemeinschaft redete, aber das geht mich wohl nichts an. Doch ich bin sicher, dass Jesus seine Freunde in seine Gebete einschloss. Seine Worte an Petrus, dessen Verleugnung er bereits voraussah, zeigen uns das. In Lukas 22,31-32 sagt Jesus ihm: »Simon, Simon, siehe, der Satan hat begehrt, euch zu sieben wie den Weizen. Ich aber habe für dich gebeten, dass dein Glaube nicht aufhöre.«

Man stelle sich das vor: Hier betet jemand für einen, von dem er weiß, dass er ihn bald verleugnen wird! Er bittet Gott, ihn durchzubringen, obwohl er selber kurz vor dem furchtbarsten Leiden steht! Das ist Freundesliebe, das ist treues Mittragen!

Johannes 17 berichtet, wie Jesus kurz vor seiner Gefangennahme betet – nicht nur für sich selber, sondern auch für seine Jünger, ja, für alle Gläubigen. Er betet darum, dass sie alle eins sein mögen und dass der Vater sie bewahren und heiligen möge. Unser Herr Jesus schaut uns nicht aus der Ferne zu, er nimmt unsere Nöte und Leidenswege nicht bloß zur Kenntnis; er ist ständig bei uns und nimmt Anteil an unserem Los.

Auch jetzt, nach seiner Himmelfahrt, ist er unser großer Fürsprecher. Im Hebräerbrief lesen wir, dass Jesus als unser ewiger Hohepriester zur Rechten Gottes sitzt und für alle bittet, die durch ihn zu Gott kommen (Hebr 7,25). Woher weiß er, wie und um was er für uns bitten soll? Nun, es geht vor allem um unser Heil, so wie damals bei Petrus. Jesus weiß genau, was alles unseren Glauben und unsere Nachfolge behindern will. Sollte er, der selber als Mensch auf der Erde lebte, nicht verstehen, welche Dinge uns beschäftigen oder bedrücken? Hebräer 4,15 sagt eindeutig: »Denn wir haben nicht einen Hohenpriester, der nicht könnte mit leiden mit unserer Schwachheit, sondern der versucht worden ist in allem wie wir ...« Und der Satz geht noch weiter: »... doch ohne Sünde.« Das ist der springende Punkt: Nie hat Jesus sich der Versuchung ergeben, und das macht ihn zu unserem vollkommenen Hohenpriester, vor dessen Gnadenthron wir »mit Zuversicht« treten können, »damit wir Barmherzigkeit empfangen und Gnade finden zu der Zeit, wenn wir Hilfe nötig haben« (Hebr 4,16). Hier begegnen wir einem Gott, der nicht hilflos die Hände ringt vor dem, was in unserem Leben geschieht. Er kann und wird bei uns bleiben und uns in der Stunde der Not helfen.

Als unser Hohepriester betet Jesus für uns und lädt uns ein, selber zu beten und so daran mitzuwirken, dass der Himmel sozusagen mobilisiert wird, dass die Gnadenkräfte des Himmels in unsere notvolle Situation hineingegossen werden. Aber es geht noch weiter. Unser Herr weiß wohl um unsere Schwäche, wenn es ans Beten geht. Er sah dies sehr deutlich im Garten Gethsemane, wo er seine Jünger »schlafend vor Traurigkeit« fand (Lk 22,45). Die Parallelstellen (Mt 26,36-46 und Mk 14,32-42) berichten, dass Jesus sie dreimal aufwecken musste und dabei jedesmal in sie (besonders Petrus) drang, zu wachen und zu beten, um nicht in Versuchung zu fallen. Schläfrige, gebetslose Jünger sind schwache Jünger; ebenso Jünger mit einem unterentwickelten Wischiwaschi-Gebetsleben, die nicht so recht wissen, wie und wofür sie überhaupt beten sollen. Nun, wir Christen sind heute nicht viel anders als damals! Aber Jesus wirft deswegen nicht das Handtuch. Im Gegenteil: Er will uns durch seinen Geist helfen. Hier ist sein Versprechen: »Desgleichen hilft auch der Geist unserer Schwachheit auf. Denn wir wissen nicht, was wir beten sollen, wie sich's gebührt; sondern der Geist selbst vertritt uns mit unaussprechlichem Seufzen« (Röm 8,26).

Jesus hilft uns beim Beten, und er fordert uns auf, zu beten – mit hoch erhobenen Händen des Lobens und Dankens, aber auch mit ganz leeren Händen, wenn wir nicht wissen, wie es weitergehen soll. Und selbst in unserer Schwäche dürfen wir, als Gottes »königliche Priesterschaft« (1. Petr 2,9), für andere Menschen vor Gott eintreten.

c) Gottes Führung

Nach dem Tod ihrer Söhne war für Noomi die Rückkehr nach Bethlehem die natürlichste Sache der Welt. Nichts hielt sie mehr im Land Moab, und der ursprüngliche Grund für die Auswanderung aus Juda, die Hungersnot, hatte aufgehört. Noomi brauchte nicht lange zu überlegen.

Leider sind nicht alle Entscheidungen so einfach, besonders, wenn es in unserem Leben drunter und drüber geht oder wir mitten im Leid stecken. Wenn die Trümmer unserer Welt uns um die Ohren fliegen, ist es uns fast unmöglich, unsere Lage klaren Kopfes zu analysieren und die richtigen Schritte zu tun. Oft stecken wir in einem lähmenden Nebel der Unsicherheit; wir beten und beten um Gottes Fingerzeig und Führung, aber wir wissen einfach nicht, welchen Weg wir wählen sollen, und haben Angst, auch nur einen Schritt zu tun. Wie können wir Gottes Stimme hören und verstehen? Mal ehrlich: In manchen Situationen (vielleicht eben nur in manchen!) wäre es uns doch das Liebste, wenn Gott hörbar zu uns reden und uns haarklein sagen würde, was wir tun sollen.

Meistens kommt es anders. Sicher, einige unserer Freunde aus der Bibel hatten das Vorrecht, direkt Gottes Stimme zu vernehmen. Als Gott Abraham den Auszug nach Kanaan befiehlt, heißt es einfach: »Und der Herr sprach zu Abram« (1. Mose 12, 1). Über Mose lesen wir: »Der Herr aber redete mit Mose von Angesicht zu Angesicht, wie ein Mann mit seinem Freunde redet« (2. Mose 33, 11). Als der Prophet Elia ausgebrannt und lebensmüde war, sprach ein Engel zu ihm, und danach hörte er auf dem Berg Horeb Gottes Stimme (1. Kön 19). Der junge Samuel wurde von Gott selber zum Propheten berufen (1. Sam 3). Die Apostelgeschichte berichtet, wie der »Engel des Herrn« bzw. »der Geist« Philippus zu dem Kämmerer aus Äthiopien dirigiert (Apg 8, 26. 29), und in Apostelgeschichte 10 hören Kornelius und Petrus direkt Gottes Stimme. Dies sind nur einige Beispiele.

Ich glaube, dass dergleichen auch heute geschieht, aber realistischerweise muss man doch sagen, dass wir uns zwar oft wünschen, Gott möge mit hörbarer Stimme zu uns reden, dass er dann aber meist ganz anders zu uns redet. Da dies kein Buch zum Thema »Führung« ist, will ich jetzt nicht zu sehr in die Einzelheiten gehen. Aber ein paar Worte möchte ich doch sagen, einfach weil es so ungeheuer wichtig ist, dass wir dort, wo wir ratlos dastehen, Gottes Weg erkennen können.

Erstens: Oft scheint gerade in solchen Krisensituationen, wo wir uns richtig danach sehnen, dass Gott uns etwas – irgendetwas – sagt, der Himmel verschlossen zu sein. In solchen Stunden merken wir, wie lebenswichtig es ist, Gottes Wort in unserem Herzen gespeichert zu haben; sein Wort ist wie ein Rettungsfloß, an das wir uns klammern können, wenn alle unsere Sicherheiten in den Wellen untergegangen sind. Wenn unsere Gefühle nicht mehr funktionieren und unsere Augen blind vor Tränen sind, können wir, bildlich gesprochen, mit dem Autopiloten des Wortes Gottes weiterfliegen und trotz allem wissen, was gut und was böse, was recht und was unrecht ist. Wir müssen mit aller Kraft das festhalten, was wir über Gott wissen. Und wir können auf die Gegenwart des Heiligen Geistes zählen, der versprochen hat, uns zu leiten – zu leiten auch durch unsere ganz »eigenen« Entscheidungen.

Wenn wir uns hilflos auf der Stelle drehen, ist es wichtig, dass wir ausbrechen aus dem Kreisel und irgendetwas tun – und wenn es etwas ist, das uns platt und selbstverständlich erscheint. Manchmal erkennen wir dann im Rückblick, wie Gott scheinbar ganz Unwichtiges oder Alltägliches in unserem Leben dazu benutzt hat, seinen ganz speziellen Plan für uns durchzuführen. Meist geht er gar nicht auf die spektakuläre Art vor, sondern sachte und im Verborgenen.

So auch bei Noomi und Rut. Auf den ersten Blick sehen die Ereignisse nach ihrer Ankunft in Bethlehem wie eine Kette glücklicher, aber belangloser Zufälle aus. Doch für den, der Augen hat, entpuppen sich diese »Zufälle« als Kernstücke eines groß angelegten Planes. In Rut 2 lesen wir, wie Rut auf das Feld geht, um Ähren für sich und ihre Schwiegermutter aufzulesen, und wie »es sich traf«, dass dieses Feld einem gewissen Boas gehörte (V. 3).

Boas war ein Verwandter von Noomis verstorbenem Mann, einer von mehreren »Lösern« (V. 20) – und damit jemand, der die

Zukunft dieser beiden Witwen entscheidend wenden konnte.* Als Rut auf seinem Feld arbeitet, bemerkt er sie und lädt sie ein, sich zu seinen Mägden zu halten (V. 8). Er erlaubt ihr auch, mit seinen Erntearbeitern zu essen (V. 14), die sie im Übrigen nicht bei ihrer Arbeit behindern, ja, sogar extra Ähren für sie liegen lassen sollen (V. 9.15 - 16). Kein Wunder, dass Rut hoch erstaunt sagt: »Womit habe ich Gnade gefunden vor deinen Augen, dass du mir freundlich bist, die ich doch eine Fremde bin?« (V. 10). Ich glaube, die Antwort ist, dass Gott selber Boas' Augen und Herz zu ihr gelenkt hatte!

Als es so weit ist, dass Boas sich in Rut verliebt und sie heiraten will, ist ein Problem da: Ein anderer »Löser«, der an sich zuerst an der Reihe wäre (Rut 3, 12). Als Boas sich ins Stadttor setzt, wer kommt da vorbei? Dieser andere Löser (Rut 4, 1)! Sollte auch das noch Zufall sein? Es zeigt sich, dass er zwar bereit ist, Elimelechs Land zu kaufen, nicht aber, Rut zu heiraten (Rut 4, 5 - 6) – womit für Boas und Rut der Weg in die Ehe offen steht.

Interessant auch die Worte der im Tor anwesenden Zeugen: »Der Herr mache die Frau, die in dein Haus kommt, wie Rahel und Lea, die beide das Haus Israel gebaut haben« (4, 11). Es sind bewegende und erstaunliche Worte, denn ein jüdischer Mann durfte eigentlich keine nichtisraelitische Frau heiraten. Hier wird Rut, die Ausländerin aus dem heidnischen Moab, als Glied des Gottesvolkes anerkannt! Kein Zweifel: Hier hatte Gottes Hand nicht nur den Gang der Ereignisse, sondern auch die Herzen der Beteiligten bewegt.

---

* Eine jüdische Witwe konnte ihre Zuflucht zu dem nächsten Verwandten (meistens ein Bruder) ihres verstorbenen Mannes nehmen. Er hatte als »Löser« die Pflicht, sie zu heiraten und auch das Land des Verstorbenen zu übernehmen. Die Kinder aus dieser Ehe trugen den Namen des Verstorbenen weiter (vgl. 5. Mose 25, 5 - 10). Rut 4, 4 - 10 bezieht sich auf diesen Brauch; Vers 6 zeigt, dass er für den potenziellen Löser nicht immer günstig war.

d) Neue Perspektive

Manchmal nimmt das Leid uns unsere Hoffnung. Wir können nicht mehr glauben, dass wir noch eine Zukunft haben. Der Hoffnungslose steht, ebenso wie der Hilflose, mit leeren Händen da. Wenn dann mitten in unser Elend plötzlich ein Funke der Hoffnung und Freude hereinleuchtet, kann uns das ein Zeichen von Gottes Treue sein: Gott will uns Hoffnung geben, wo wir keine mehr sehen, er will unser Trauern in Freude verwandeln. Die Wolken reißen auf, und wir sehen mitten durch unsere Tränen hindurch ein Stückchen von Gottes Gegenwart und Liebe und wissen, dass doch nicht alles aus ist. Dass es, trotz allem, weitere Perspektiven gibt!

Genauso geschah es bei Noomi. Als Rut von ihrem Ährenlesen zurückkehrt, bringt sie einen ganzen Scheffel Gerste mit (Rut 2, 17), mehr als genug, um ihrer Schwiegermutter und ihr selber Brot zu geben, ein wahrer Segen Gottes. »Nur ein paar Ähren«, mag einer einwenden; aber Gott selber war dabei, seine Pläne für die beiden Frauen auszuführen.

Wie wichtig ist es doch, dass wir die richtigen »inneren Augen« bekommen, die fähig sind, Gottes Wege zu erkennen. Seine Führungen sind nicht immer ohne weiteres sichtbar, aber dass wir sie nicht sehen können, bedeutet nicht, dass er untätig ist. Es ist faszinierend zu sehen, wie Noomi, die in ihrer Bitterkeit gar nicht mehr viel Glauben an Gottes Güte hatte, plötzlich merkt, dass hier Gottes Hand im Spiel ist. Als Rut mit ihrer so unerwartet reichen Ernte nach Hause kommt, fragt Noomi sie freudig überrascht, auf wessen Feld sie gewesen ist: »Gesegnet sei, der dir Freund gewesen ist!« (Rut 2, 19) Rut erzählt ihr, dass sie auf Boas' Feldern war, und es dämmert Noomi: Dieser Mann könnte ein Werkzeug in der Hand des Allmächtigen sein. Und auf einmal erinnert sie sich wieder an all das Gute, das Gott ihr und ihrer Familie in der Vergangenheit geschickt hat (V. 20).

Wir stehen hier an einem Wendepunkt in Noomis innerem Leben. Ihre Apathie weicht, aus der Grube der Bitterkeit keimt Hoffnung empor. Sie kann wieder nach vorne blicken, hinaus über das Hier und Jetzt; bald spielt sie eine aktive Rolle in der spannenden Romanze zwischen Boas und Rut. Ich finde es riesig ermutigend, dass selbst die so bittere und verzweifelte Noomi ein Werkzeug in Gottes Plan für diese beiden jungen Menschen werden konnte – einem Plan, der weit über die gegenwärtige Situation hinausgriff in die zentralen Kapitel von Gottes großer Heilsgeschichte.

e) Überfließender Segen

Mit Boas bekommt Rut einen neuen Mann, und diese zweite Ehe wird bald mit der Geburt eines Sohnes, Obed, gesegnet (Rut 4,13). Mit Obed aber wird Rut, die Moabiterin, die sich so mutig für den Gott Israels entschied und dann einfach das Naheliegende tat, ein Glied in einer Kette von Ereignissen, die die Welt veränderten und in der Geburt des Erlösers Jesus Christus gipfelten. Ihr Name erscheint im Stammbaum Jesu in Matthäus 1, eine von nur vier Frauen, die dort namentlich erwähnt werden.

Und Noomi, die sich Mara nennen ließ, weil Gott ihr Leben so bitter gemacht hatte? Sehnte nicht auch sie sich nach der Geborgenheit einer neuen Ehe? Vielleicht. Aber sie fand keinen neuen Mann. Warum nur Rut und nicht sie? Dergleichen Fragen können uns plagen. Wir wissen doch oft ganz genau, was Gott alles in unserem Leben tun sollte, damit wir glücklich werden: »Ohne einen neuen Ehepartner schaffe ich es nicht.« – »Ich möchte so gerne wieder gesund sein.« – »Wenn ich nur wieder richtig Geld auf meinem Konto hätte.« Aber oft gibt Gott uns nicht das, was wir so gerne hätten.

War Noomis neues Leben nur noch zweitrangig im Vergleich zu dem, was sie vorher hatte? War sie enttäuscht? Rut 4,16-17 macht sehr klar, dass sie reichen Anteil an Ruts Segen hatte. Mit Obed bekam sie einen Enkel, der den Zweig im Familienstammbaum, der durch den Tod ihrer beiden Söhne so grausam abgehackt worden war, wieder aufblühen ließ. Die Nachbarinnen, die Mutter und Kind besuchen kommen, gratulieren Noomi (nicht

Mara!) und preisen Gott für das, was er für sie getan hat: Dieses Kind »wird dich erquicken und dein Alter versorgen«; kein Wunder bei so einer Schwiegertochter, »die dich geliebt hat« (Rut 4,15). Noomi wusste sich geborgen in einer Familie, deren Glieder durch feste Liebesbande miteinander verbunden waren.

Nach dem dunklen Tal der Tränen und Fragen die Sonne der Freude und Dankbarkeit. Wieder sehe ich, wie Gott leere Hände füllt – auf seine Art und zu seiner Zeit. Vergessen wir doch nie, dass wir keinem Geringeren folgen als dem Allmächtigen. Er sitzt im Regiment, er lässt uns nicht los. Er geht uns voran und führt uns, er begleitet uns als unser treuester Freund, der unsere leeren Hände mit Gnade, Barmherzigkeit und Segen füllt. An der Hand dieses Gottes können wir voller Zuversicht unseren Lebensweg gehen.

4. Wachstum in Leiden

In den ersten drei Kapiteln haben wir uns mit Rut und Noomi beschäftigt, zwei Menschen, die sozusagen von höheren Gewalten überfahren wurden. In diesem Kapitel wollen wir uns *Josef* zuwenden und damit einem ganz anderen Fall von Lebenskrise. Josef, der Sohn Jakobs und Rahels, hatte in seinem Leben (mindestens) drei große »Ganz unten«-Erfahrungen, und jedes Mal waren es böse Mitmenschen, die das Unglück über ihn brachten.

Was für Situationen gibt es, wo wir durch die Schuld anderer Menschen leiden müssen? Da verliert jemand seinen Arbeitsplatz, weil die Firma sein Gehalt einsparen möchte oder ihn für »zu alt« hält – ein wachsendes Problem im Zeitalter der Hochtechnologie und gnadenloser Konkurrenz. Da wird jemand das Opfer eines Raubüberfalls oder Einbruchs. Ein anderer wird von einem leichtsinnigen Autofahrer angefahren. Ein Ehemann betrügt oder verlässt seine Frau, Kinder werden von ihren Eltern missbraucht oder wachsen nach einer Scheidung ohne Vater oder ohne Mutter auf. Es gibt tausend Arten, wie Menschen Menschen weh tun oder schaden können. Der eine bekommt durch eine schlampige Bluttransfusion AIDS, der andere trägt das Kreuz eines drogensüchtigen Teenagers oder alkoholkranken Ehepartners. Kein Zweifel: Oft sind an unserem Elend »die anderen« schuld.

Aber es sind nicht immer *nur* die anderen. Nur zu leicht erklären wir uns einseitig zum armen Opfer, das überhaupt nichts für das, was da geschehen ist, kann. Aber die Realität ist meistens komplizierter, besonders, wo es um Krisen im Bereich der zwischenmenschlichen Beziehungen geht. Wenn wir uns zutiefst getroffen und verletzt fühlen, fällt es uns nicht leicht, zuzugeben, dass wir vielleicht selber ja auch ein Stückchen mit schuld sind; der bloße Gedanke erscheint uns unanständig, ja, bedrohlich. Es braucht eine tüchtige Portion Mut, seine Situation wirklich nüchtern und ehrlich zu betrachten. Aber solche Ehrlichkeit zahlt sich aus; sie kann uns enorm helfen, mit unseren Problemen und unserem Schmerz fertig zu werden.

Wo »höhere Gewalt« unser Leben in die Katastrophe stürzt, lautet die Strategie: Nimm an, was du nicht ändern kannst. Viele, wenn nicht die meisten Fragen werden unbeantwortet bleiben. Anders, wo unsere Mitmenschen – oder auch wir selber – *Schuld* an der Katastrophe haben: Hier heißt der große Schlüssel, den wir zur Bewältigung unserer Situation und zu unserer inneren Heilung brauchen, *Vergebung*. Die erste Grundvoraussetzung dafür, dass wir frei werden, eine gesunde Haltung anzunehmen, damit wir unsere Situation mit gesunden Augen sehen können, ist freilich die gleiche wie bei Rut: dass wir unsere Zuflucht bei Gott suchen, unter den Flügeln des Allmächtigen.

Nicht weniger als dreimal in seinem Leben stand Josef mit leeren Händen da. Sein erstes Trauma, im jungen Alter von 17 Jahren, war zweifellos, dass seine Brüder ihn so grausam aus allem, was ihm lieb und wert war, herausrissen und ihn seinem Schicksal überließen. Die Vorzugsbehandlung Josefs in der Großfamilie war großteils schuld an diesem Ereignis und an dem, was folgte: Josef wurde an eine Händlerkarawane verkauft und von ihnen weggeführt. Es muss ein Herz und Verstand zerreißendes Erlebnis gewesen sein. Wir folgen dem verkauften Josef nach Ägypten, wo er nach Jahren treuen Dienstes für seinen Herrn ins Gefängnis geworfen wird, weil er einer bösen Frau nicht zu Willen sein wollte. Und dort im Gefängnis erlebt er seine dritte große Enttäuschung, als der Mensch, auf den er all seine Hoffnung auf Freilassung gesetzt hatte, ihn glatt vergisst. Im Laufe von 13 Jahren drei Erlebnisse von der »Ganz unten«-Sorte – und dann kommt es: Der Pharao ernennt Josef zu seinem Stellvertreter.

Seien wir einmal ehrlich: Wir können es nicht begreifen, wie Gott das namenlose Elend, das Josef erleben musste, für seine Pläne mit ihm gebrauchen, geschweige denn selber steuern konnte. Wenn Menschen uns so erniedrigen oder verraten, wie es Josef geschah, dann begehren wir doch auf, schreien nach Gerechtigkeit, Rache, Wiedergutmachung – aber Gottes Hand in unserem Los sehen? Doch Josefs Geschichte zeigt uns, dass Gott möglicherweise ein paar dicke Überraschungen für uns auf Lager hat!

Wir alle haben unsere Vorstellungen davon, wie unser Leben verlaufen sollte. Die Realität hält sich nur selten daran. Wir haben weiter oben bereits gesehen, dass Gott in der Tat heilt und wieder gutmacht, aber nicht immer so, wie wir uns das dachten. Für ihn bin *ich selber* das Wichtigste, und nicht meine augenblickliche Situation. Gottes Heilung besteht darin, dass er uns durch die Ereignisse in unserem Leben nach und nach zu den Menschen macht, die wir nach seinem Willen werden sollen. Er will, dass wir immer mehr so werden wie sein Sohn – Leute nach seinem Bild und Willen. Er will uns nicht »glücklich«, sondern heilig machen; das zeigt uns die Bibel von A bis Z. Eine ernüchternde Wahrheit, aber sie kann uns helfen, inneren Frieden zu bekommen und nicht mehr all unsere Energie damit zu vergeuden, fruchtlos gegen unsere Situation anzurennen.

Bei Gott ist keine unserer Nöte sinnlos. Er benutzt sie, ja, er schickt sie auch, damit wir uns ändern und geistlich wachsen können. Manchmal können wir nur wachsen und unsere Gemeinschaft mit Gott vertiefen, wenn wir mit ganz leeren Händen dastehen. Oft müssen wir erst ganz »am Ende« und richtig hilflos sein, bevor wir bereit sind, uns in Gottes Hände fallen zu lassen, so dass er wirklich an uns arbeiten kann. Manchmal erreichen wir diesen Punkt, wo wir uns Gott völlig übergeben, nur durch tiefe Leidenstäler, die uns alle menschlichen Sicherheiten nehmen – unser gesichertes Einkommen, unsere stabile Ehe, unsere Gesundheit oder Berufslaufbahn. Wir mögen unsere Abhängigkeit von Gott als Satz in unserem Glaubensbekenntnis voll bejaht haben – aber wenn dann all die Dinge, die uns so selbstverständlich waren, zu bröckeln beginnen oder schlicht verschwinden, dann, ja, dann erkennen wir auf einmal, wie sehr wir uns auf diese Dinge verlassen hatten und nicht auf Gott. Vielleicht werden sie uns deswegen auch manchmal genommen.

Josef

Wer war Josef? Ein junger Mann aus gutem Hause, wohl behütet aufgewachsen, der Liebling seiner Eltern. Jahre später ist er wieder der Liebling – diesmal seines Arbeitgebers. Beide Male verliert er alles. Ganz bestimmt hat er sich gefragt, warum ausgerechnet ihm das passierte und wie um alles in der Welt es jetzt weitergehen sollte. Aber er ließ sich nicht unterkriegen: Jedesmal rappelt er sich auf und macht weiter, selbst in den dunkelsten Stunden, als alle Hoffnung verloren scheint. Als er schließlich zum Premierminister von Ägypten aufsteigt, sehen wir die Frucht der Leidensjahre: Der Josef, der da aus dem Kerker kam, war ein Mann, den Gott erzogen und geprägt hatte, ein Mann, der genau den Platz einnahm, für den Gott ihn vorbereitet hatte. In und mit ihm, quer hindurch durch die oft unbegreiflichen Wechselfälle seines Lebens, führte Gott seine Pläne aus – sollte uns das nicht Mut geben, Gott durch dick und dünn zu vertrauen? Er hat auch unsere Lebensumstände fest in seiner Hand.

In diesem Kapitel beschäftigen wir uns vor allem mit den in 1. Mose 37, 39 und 40 geschilderten Ereignissen, hier und da ergänzt durch weitere Bibelabschnitte.

Der Lieblingssohn

Josef kam aus einer komplizierten Familie: ein Vater, vier Mütter und ein Haufen Geschwister und Halbgeschwister. Eigentlich ganz modern, haben doch auch heute, zum Beispiel nach einer Scheidung, viele Kinder »mehrere« Väter oder Mütter. Aber in Josefs Familie war es eben so, dass alle vier Mütter und ihre Kinder in dem einen Haushalt präsent waren – das ideale Eifersuchtsdrama.

Josef war so etwas wie ein Sonntagskind, die Erfüllung der höchsten Träume seiner Eltern. In den Jahren vor seiner Geburt musste seine Mutter Rahel mit ansehen, wie ihre Konkurrentin, ihre Schwester Lea sowie zwei Konkubinen ihres Mannes ein Kind nach dem anderen zur Welt brachten, während sie selber unfruchtbar war. Es war ein Zustand, der sie und ihre Ehe schwer belastete (vgl. z.B. 1. Mose 30,1-2). Als sie dann endlich, endlich doch schwanger wurde und Josef gebar, wurde der, obwohl er bloß der elfte in der Reihe der Söhne war, ziemlich gleich zu Jakobs Lieblingssohn. 1. Mose 37,3 informiert uns: »Israel [Jakob] aber hatte Josef lieber als alle seine Söhne, weil er der Sohn seines Alters war...« Und »schön an Gestalt und hübsch von Angesicht« war er auch (1. Mose 39,6) – was mehr konnte Jakob sich wünschen? Jakob schenkte Josef ein reich verziertes Gewand (37,3) – eine bedeutungsschwere Geste, die Josef den Status eines Erstgeborenen zuerkannte; eigentlich hätte dieser »bunte Rock« seinem ältesten Bruder zugestanden.

Es ist schon allerhand, dass Josefs Eltern so prompt in die Falle liefen, eines ihrer Kinder den anderen vorzuziehen, hatten sie auf diesem Gebiet doch selber ihr Fett abbekommen. Rahel und ihre Schwester Lea waren ihr Leben lang bittere Rivalinnen, und Jakob hatte sein eigenes Drama mit seinem Zwillingsbruder Esau erlebt. Esau, der Ältere und Männlichere, war der Liebling seines Vaters (Isaak), der sanftere, häuslichere Jakob der seiner Mutter (Rebekka) (1. Mose 25,27-28). Rebekkas Einfluss scheint Jakobs Charakterentwicklung entscheidend geprägt zu haben. Er fand nichts dabei, ein wenig zu betrügen, um das zu kriegen, was er wollte. Erst kaufte er Esau sein Erstgeburtsrecht ab (1. Mose 25,29-34), dann stahl er ihm auch noch – angestachelt durch seine Mutter – Isaaks Segen (1. Mose 27). Manchmal sind wir zu allem bereit, um das zu bekommen, wonach es uns gelüstet. Rebekkas Komplott hatte furchtbare Folgen: Jakob musste um sein Leben fliehen – Ende der Familienharmonie. Bei seinem Onkel Laban fand er Unterschlupf und heiratete seine beiden Töchter; Rahel, die Jüngere, war seine Lieblingsfrau, die ältere Lea liebte er nicht.

Es ist nichts Ungewöhnliches, wenn wir mit dem einen Menschen besser zurechtkommen als mit dem anderen. Das gibt es in unseren eigenen Familien. O ja, wir möchten sie alle gleich lieb haben, unsere Kinder, aber dann merken wir, wie uns das eine angenehmer ist als die anderen, und schon beginnen wir sie, die unseligen Vergleiche: »Sieh dir mal deine Schwester an; warum kannst du nicht auch …?« – »Warum ist dein Zimmer immer der größte Saustall?«

Solche Worte können tief verletzen. Dass mein Bruder der Liebling war und nicht ich, dass meine Schwester immer die Intelligentere und Höflichere war, die besseren Noten aus der Schule nach Hause brachte und schöner Klavier spielen konnte – noch als Erwachsene spüren wir oft den Widerhaken dieses Stachels, denkt unser inneres Kind immer noch: »Ich bin ja hässlich« oder: »Ich tauge nichts.« Manchmal entwickeln solche Gedanken eine perverse Eigendynamik: Wir fühlen uns als Versager, und so werden wir auch zu Versagern – in Studium, Beruf, Ehe –, und immer wieder kommt sie hoch, die alte Wunde: »Na bitte, aus mir wird halt nie was …«

Aber nicht nur das zurückgesetzte Kind kann leiden, sondern auch das bevorzugte. Es bildet sich ein, dass es immer so weitergehen muss – dass alle Welt es zu mögen, alles ihm zu gelingen hat. Das Lieblingskind wird als Erwachsener leicht ein schwieriger Zeitgenosse, der größte Probleme hat, mit Versagen und Enttäuschungen fertig zu werden, und der sich und anderen das Leben schwer macht. So war es bei Rahel, Josefs Mutter.

Dreimal ganz unten

a) Verraten und verkauft von der eigenen Familie

Inmitten dieser so gemischten, nicht ganz einfachen Familie offenbart Gott sich Josef zweimal in einem Traum (1. Mose 37,5-10). Ich finde dieses Detail sehr ermutigend; es zeigt mir, dass Gott sich nicht durch negative Umstände abhalten lässt. Manchmal denken wir ja, dass so, wie es in unserem Leben aussieht, Gott mit uns ja wohl nichts anfangen kann; er kann doch wohl nur Supermänner und -frauen gebrauchen, und das sind wir nun einmal nicht, da gibt es hundert Leute, die »besser« und »christlicher« sind als wir. Meinen wir. Aber Gott denkt anders! Er kommt zu uns, mitten hinein in unsere Schwächen und Macken und Fehler. Er nimmt die verrücktesten Situationen in seine Hand.

In diesem Augenblick der Weltgeschichte hatte Gott Großes mit Josef vor: Er sollte eine Schlüsselrolle in seinem Heilsplan zur Erlösung der Welt spielen. Etwas Ungeheures, unvorstellbar Gewaltiges bahnte sich an; Josefs Träume waren ein erster Fingerzeig. Aber das unmittelbare Ergebnis dieser Träume war mitnichten, wie wir uns das vorgestellt hätten, positiv, sondern denkbar negativ. Bei Josefs Brüdern, die Vaters Liebling sowieso nicht leiden können, läuft das Fass der Erbitterung über (1. Mose 37, 4.5.8). Was bildet er sich ein, dieser Wichtigtuer? Vor ihm verneigen sollen sie sich? Müssen sie das nicht sowieso schon die ganze Zeit; ist er nicht schon der kleine König in der Familie, der eingebildete Laffe? Weg mit ihm! Und sie nutzen die nächste Gelegenheit und werfen den Siebzehnjährigen in eine »Grube« – wohl eine leere Zisterne (kleiner Speicher zum Sammeln von Regenwasser; Jahrhunderte später wird der Prophet Jeremia von seinen Feinden in eine Zisterne geworfen, Jer 38).

Zum ersten Mal in seinem Leben steht – oder vielmehr: liegt – Josef völlig hilflos da. Er wird wohl kaum daran gedacht haben, was Gott Großes mit ihm vorhaben mochte; er sah nur die Wände der Zisterne. Auch uns fällt es nicht leicht, über den Rand unserer »Gruben« hinwegzusehen. Wenn alles sich gegen uns verschworen zu haben scheint, vermögen wir nichts Positives und schon gar nicht Gottgewolltes an unserer Situation zu sehen. Wir müssen lernen, hier umzudenken – offen zu werden für Gottes Wege, auch wo wir noch so enttäuscht und verletzt sind.

Gott ist allmächtig, und Gott ist gut – das bedeutet doch, dass auch das Negative in unserem Leben keine eigene Macht besitzt, sondern Gott dienen muss. Das Wissen darum, dass Gott alles zu unserem Besten wirken lassen kann, kann uns große Zuversicht geben und den dunklen Stunden unseres Lebens ganz anders begegnen lassen. Paulus drückt es in seinem Brief an die Christen in Rom so aus: »Lasst euch vielmehr im Innersten von Gott umwandeln. Lasst euch eine neue Gesinnung schenken. Dann könnt ihr erkennen, was Gott von euch will...« (Röm 12,2; Gute Nachricht). Diese Umwandlung kommt nicht über Nacht. Sie ist ein Lernprozess, und bei Josef begann er in einem höchst ungewöhnlichen Klassenzimmer – einer leeren Zisterne. Er hatte noch mehrere andere Gruben vor sich.

Der Sturz in die Grube erschütterte Josefs Leben bis in die Grundfesten. Es ist bezeichnend, dass seine Brüder ihm vorher noch sein »Statussymbol«, das vom Vater geschenkte bunte Gewand, ausgezogen haben. In ein paar Minuten hat er Freiheit, Privilegien, Geborgenheit, alles verloren und ist ein Niemand geworden. Man verkauft ihn an eine vorbeiziehende Handelskarawane. Josef, der Lieblingssohn ist Josef, der Sklave geworden, brutal herausgerissen aus allem, was ihm lieb und Heimat gewesen ist. Josef – ein Niemand, der niemanden mehr hat.

Wie reagiert man in solch einer Situation? Josef tat das, was jeder andere auch getan hätte. In 1. Mose 42,21 erfahren wir, dass er seine Brüder anflehte, doch Erbarmen mit ihm zu haben – umsonst, seine Tränen trafen auf taube Ohren. Vielleicht hat er jeden der Brüder einzeln angefleht, immer wieder von neuem Hoffnung geschöpft. Es ist wahr: Auch die Menschen, die uns am allernächsten stehen, können uns enttäuschen und verlassen.

b) Unfair: Bestraft, weil er recht handelte

Von den Händlern an Potifar, den Oberbefehlshaber der Leibwache des Pharao von Ägypten, verkauft, beginnt Josef die zweite Karriere seines Lebens. Bald wird er zur rechten Hand seines Herrn. Das Leben ist wieder gut zu Josef. Doch da kommt der nächste Schlag. In 1. Mose 39 wird uns dieses zweite Drama in seinem Leben beschrieben: Die Frau seines Herrn versucht ihn zu verführen, und das nicht nur einmal, sondern immer wieder (V. 10). Als all ihre verlockenden Worte nichts nützen, wird sie schließlich handgreiflich. Josef flieht, aber Potifars Frau entreißt ihm sein Gewand und klagt ihn bei ihrem Mann wegen versuchter Vergewaltigung an; Beweisstück: Josefs Gewand.

Josefs Verhalten gegenüber Potifars Frau zeigt, wie sehr er innerlich gewachsen ist. Aus dem verwöhnten Jüngling ist ein Mann geworden, der der Versuchung zum Bösen widerstehen kann. Der Kampf war nicht einfach; es wird Josef immer schwerer gefallen sein, sich die liebestolle, aufdringliche Frau vom Leib zu halten. Gerade im Sexuellen sind wir Menschen sehr leicht zu versuchen. Was nicht heißt, dass wir der Versuchung nachgeben müssen! Wie sagte Gott noch zu Kain? »Die Sünde lauert vor der Tür, und nach dir hat sie Verlangen; du aber herrsche über sie« (1. Mose 4,7). Was Gott hier fordert, genau das tat Josef: keine Kompromisse, keine Sünde, Gottes Weg gehen. Er wollte sich weder gegen Potifar noch gegen Gott versündigen (1. Mose 39,9). »Flieht die Hurerei!«, ruft Paulus in 1. Korinther 6,18 aus. Josef musste ganz buchstäblich fliehen, um nicht in Sünde zu fallen.

Zum zweiten Mal in seinem Leben verliert Josef sein Gewand – und die Position, für die dieses Gewand steht. Potifar glaubt den Lügen seiner Frau und lässt Josef ohne Umstände fallen. Es kann gut sein, dass er ahnte, wie es sich in Wirklichkeit verhielt, aber einem Sklaven, und mochte es auch der höchste im Haus sein, glaubte man nicht. Ohne Gerichtsverhandlung, ohne sich verteidigen zu können, ohne Gnade wird Josef ins Gefängnis geworfen (V. 20). Wieder wird er aus allem herausgerissen, was ihm lieb geworden war, wieder verliert er alles. Wieder ist er das

Opfer von Menschen geworden, nur dass diesmal auch nicht im Geringsten von einer persönlichen Mitschuld die Rede sein kann. Zum zweiten Mal in seinem Leben hat er nur noch sich selber – und Gott. Es sollte nicht das letzte Mal sein …

c) Vergessen von dem, auf den er zählte

Wieder gewinnt Josef die Gunst seines Herrn – diesmal des Gefängnisdirektors, der ihm bald die Aufsicht über das Gefängnis überträgt. Es geht wieder aufwärts mit Josef – aber im Gefängnis ist er immer noch, und die nächste Enttäuschung wartet schon. In 1. Mose 40 kann Josef zwei hochrangigen Mitgefangenen ihre Träume auslegen. Er bittet den einen, den königlichen Mundschenk, nach seiner jetzt bevorstehenden Entlassung ein gutes Wort für ihn beim Pharao einzulegen (V. 14). Aber der Mundschenk »dachte nicht an Josef, sondern vergaß ihn« (V. 23), und zwar, wie 1. Mose 41, 1 uns informiert, volle zwei Jahre lang – eine Ewigkeit für jemanden, der auf die baldige Entlassung aus dem Gefängnis hofft.

Zum dritten Mal wird Josef von Menschen schwer enttäuscht – erst von seinen eigenen Brüdern, dann von Potifar, dem er so treu gedient hatte, und jetzt also von dem Mundschenk. Sicher hatte er mittlerweile gelernt, dass es besser ist, auf Gott zu vertrauen als auf Menschen! Wie es in Psalm 118, 8 heißt: »Es ist gut, auf den Herrn vertrauen und nicht sich verlassen auf Menschen.« Und David, dem wir uns in einem späteren Kapitel noch zuwenden werden, ruft, nachdem er diese Wahrheit selber in den dunklen Tälern seines Lebens erfahren hatte, aus: »Wohl dem, der seine Hoffnung setzt auf den Herrn …!« (Ps 40, 5)

Zwei volle Jahre lang vergessen werden von jemand, auf den man seine ganze Hoffnung gesetzt hatte – das tut weh. Was wird Josef durchgemacht haben in diesen beiden Jahren, ständig hin- und hergerissen zwischen Hoffnung und Verzweiflung? Was ging in ihm vor, als ihm dämmerte, dass der Mundschenk buchstäblich nicht mehr an ihn dachte? Der Mundschenk war rehabilitiert, er war wieder wer – und wie es so oft geschieht in solchen Fällen, vergaß er prompt, was (und wer) hinter ihm lag.

Auch in dieser Variante der leeren Hände erkennen wir uns wieder. Es tut weh, wenn Menschen uns einfach nicht beachten, wenn sie so mit ihrem eigenen Leben beschäftigt sind, dass sie unsere Not glatt übersehen. Sie meinen es nicht immer böse, nein; aber weh tut es trotzdem. Ob Josef damals Zweifel an Gottes Güte gekommen sind? Hat er Gott angefleht, doch den Mundschenk an sein Versprechen zu erinnern? Hat er resigniert?

Wo war Gott?

Eine Lektion, die sich wie ein roter Faden durch Josefs Geschichte zieht, ist, dass wir Gottes Wege mit seinen Kindern nie zutiefst begreifen können. Wir wissen ja oft ziemlich genau, was es alles zu einem »glücklichen« Leben braucht, und erwarten nichts anderes, als dass Gott uns immer nur Sonne und keine Gewitterwolken schickt. Vorsicht – wir könnten unsanft aufgeweckt werden, wie Josef, dessen Leben so vielversprechend begann, nur um ihn in eine Grube nach der anderen zu führen. Wo war Gott, wenn so viel schief ging?

Es ist faszinierend und bewegend, wie Gott in Josefs Leben immer wieder gegenwärtig ist, und zwar *aktiv* und *planmäßig* gegenwärtig. Dort in der Grube begann Gottes Plan sich zu entfalten. Für uns ist eine Grube ein Ort oder Augenblick schwarzer Dunkelheit, wo es nicht mehr weitergeht, ein Tiefpunkt, eine Sackgasse, wo nichts und niemand uns mehr helfen kann. Für Gott dagegen ist sie eine Chance – der Ort, wo wir ihm von Angesicht zu Angesicht begegnen können. Das mag uns widersprüchlich in den Ohren klingen, denn unsere Gefühle sagen uns doch oft das genaue Gegenteil: Wir fühlen uns nicht nur von Menschen, sondern auch von Gott verlassen und fragen uns verzweifelt, wie er »das alles nur zulassen kann«; aber oft benutzt er gerade die Tiefen unseres Lebens, um uns zu sich zu ziehen.

Ich war einmal dabei, wie ein alter Burgbrunnen ausgegraben wurde, der mindestens 160 Meter tief sein sollte. Ein Gerüst mit einer Seilwinde wurde aufgestellt, an der man einen mutigen, mit Schläuchen, Eimern und einer Spitzhacke bewaffneten Freiwilligen hinabließ. In regelmäßigen Abständen gab er ein Signal, worauf man ihn zum Verschnaufen wieder heraufzog. Es war ein gefährliches Abenteuer, diese Ausgrabeaktion. Die Wände des Brunnens waren äußerst schlüpfrig, und niemand wusste, wie tief das Wasser war; ein falscher Schritt, und der Mann konnte ausrutschen und ertrinken.

An diese Szene musste ich denken, als ich 1. Mose 37,24 las. Denn wie heißt es dort? »... und nahmen ihn und warfen ihn in die Grube; aber die Grube war leer und kein Wasser darin.« Es sind Worte, die uns etwas von Gottes tiefer Liebe und Fürsorge für Josef erahnen lassen. Gott hatte dafür gesorgt, dass in der Zisterne kein Wasser oder tiefer Schlamm war; Josef konnte nicht ertrinken. Josef selber wird auf dieses Detail wohl kaum einen Gedanken verschwendet haben; für ihn war Gott in jenem Augenblick unendlich weit weg. Manchmal stecken wir so tief im Elend, dass wir kein Licht am Ende des Tunnels zu sehen vermögen. Aber dass wir Gottes Gegenwart nicht spüren, bedeutet nicht, dass er nicht da ist! Unsere Augen sind nur nicht auf ihn eingestellt. Als ich jenen Mann, der den alten Burgbrunnen ausgrub, fragte, wie dunkel es dort unten war, sagte er: »Stockdunkel, aber wenn man nach oben guckt, sieht man das Licht.«

War die Grube für Josef auch eine Sackgasse, für Gott war sie ein Neuanfang. Sie war nicht das Ende, sondern ein Wendepunkt, der Beginn eines neuen Weges, der Josef nach Ägypten und an den Hof des Pharao führte – als Sklave freilich, dem das Land, seine Kultur, seine Sprache, ja, das Dasein eines Sklaven fremd und neu waren.

Was wird Josef im Haus Potifars und später im Gefängnis von Gottes Güte und Nähe gespürt haben? Wir erfahren, dass Gott beide Male so mit ihm war, dass er eine hohe Stellung bekam. Sicher, man kann seinen Erfolg darauf schieben, dass er sich geschickt verhielt, vielleicht auch darauf, dass er halt jung, flexibel und optimistisch war. Aber letztlich kam sein Erfolg nicht von ihm selber, sondern von Gott. In 1. Mose 39,2 lesen wir: »Und der Herr war mit Josef, so dass er ein Mann wurde, dem alles glückte.« Einen Vers weiter heißt es: »Denn alles, was er tat, das ließ der Herr in seiner Hand glücken ...« Ganz ähnlich in Vers 21-23.

Ich muss bei diesen Worten an Psalm 1,1-3 denken mit seinem Bild des Gottesfürchtigen, der so ist »wie ein Baum, gepflanzt an den Wasserbächen, der seine Frucht bringt zu seiner Zeit, und seine Blätter verwelken nicht. Und was er macht, das gerät wohl.« Und warum gerät ihm alles wohl? Weil er jemand ist, »der nicht wandelt im Rat der Gottlosen noch tritt auf den Weg der Sünder noch sitzt, wo die Spötter sitzen, sondern hat Lust am Gesetz des Herrn und sinnt über seinem Gesetz Tag und Nacht!« (V. 1-2)

Klingt wie ein unfehlbares Erfolgsrezept, nicht wahr? Liebe und gehorche Gott, und alles wird gut gehen in deinem Leben. Leider ist es nicht so einfach! Immer wieder müssen wir entdecken, dass Gott »Erfolg« und »Gutgehen« anders definiert als wir. Sein Ziel ist unser *geistliches* Wachstum – und dazu gehört auch, dass wir imstande werden, der Versuchung die Stirn zu bieten.

Ja, Gott war auch zugegen, als Potifars Frau Josef zu verführen versuchte. Wir können das daraus ersehen, dass Josef der Versuchung standhielt. War es für einen jungen Mann, der in einem Land lebte, wo man Gott nicht kannte, und im gleichen Haus wie die Frau, die ihm pausenlos ihre Offerten machte, nicht das Naheliegende, einfach einzuwilligen? Wie leicht ist es, zu fallen, wenn man in einer gottlosen Umgebung ist, ohne Ermutigung und ohne die moralische Unterstützung anderer Gläubiger! Aber Josef war anderer Meinung. Er wollte seine Beziehung zu Gott nicht aufs Spiel setzen. Gott war ihm wichtiger als die noch so attraktiven Angebote seiner Umgebung. Offenbar war Gott ihm so kostbar geworden, dass er ihn nicht mehr loslassen wollte, koste es, was es wolle. Und Gott ließ auch ihn nicht los! Das war Josefs »Glück« und »Gelingen«: dass er zu einem Mann Gottes wurde.

Gottes Gnade war es auch, die den Häftling Josef befähigte, auch die Not der anderen zu sehen. Die Enttäuschungen des Lebens können uns ja so in uns selber verschließen, dass wir nur noch unsere eigene Situation sehen. Nicht so bei Josef: In 1. Mose 40,6-7 lesen wir, dass ihm auffiel, dass seine Mitgefangenen etwas hatten, und er sie darauf ansprach: »Warum seid ihr heute so traurig?« Als sie ihm sagen, dass sie beide geträumt haben und niemand haben, der ihnen die Träume auslegen kann, antwortet er so, wie nur ein Gottesfürchtiger das tun konnte: »Auslegen gehört Gott zu; doch erzählt mir's« (V. 8). Mit anderen Worten: Er verließ sich nicht auf seine Menschenweisheit, sondern war bereit, ein Kanal für Gottes Stimme zu sein.

Gott war mit Josef, und doch ... vergaß der Mundschenk ihn prompt, als er wieder frei war. Hoffnung ade. Josefs Versuch, sein Schicksal in seine eigenen Hände zu nehmen, war gescheitert. Aber diese neue Enttäuschung war notwendig, damit Gott Josef zeigen konnte, dass er, Gott selber, der Herr der Lage war. Es scheint, dass das Sich-verlassen auf andere Menschen die nächste »Krücke« war, die Gott Josef wegnehmen musste, um ihm zu zeigen, wo die eigentliche Adresse war, bei der er Hilfe und Geborgenheit bekommen konnte. Menschen mögen uns vergessen; Gott nicht. Er ist heilig und vollkommen; er kann gar nicht untreu sein, das würde seinem innersten Wesen zuwiderlaufen. Und so singt der Psalmist in Psalm 146,3-6:

> »Verlasset euch nicht auf Fürsten; sie sind Menschen, die können ja nicht helfen. Denn des Menschen Geist muss davon, und er muss wieder zu Erde werden; dann sind verloren alle seine Pläne. Wohl dem, dessen Hilfe der Gott Jakobs ist, der seine Hoffnung setzt auf den Herrn, seinen Gott, der Himmel und Erde gemacht hat, das Meer und alles, was darinnen ist; der Treue hält ewiglich.«

Gott war mit Josef, selbst als er im Gefängnis saß und kein Mensch sich mehr um ihn zu kümmern schien. Er gab dem Pharao Träume, die ihm niemand deuten konnte (1. Mose 41). Wieder Träume! Und jetzt kommt eine Kettenreaktion in Gang. Der Mundschenk erinnert sich endlich an Josef, und der Pharao lässt ihn holen. Mit Gottes Hilfe kann Josef ihm seine Träume deuten – und der

Pharao erhöht ihn und gibt ihm die höchste Stellung, die man sich vorstellen kann: Er ernennt ihn zum Vizekönig über ganz Ägypten!

Man beachte, wie Josef eine goldene Kette und den Siegelring des Pharao bekommt und, ja, wieder ein Ehrengewand (»kostbare Leinwand«, 1. Mose 41, 42). Es war ein so ganz anderes Gewand als das, was sein Vater oder Potifar ihm gegeben hatten. Es war das Ehrenkleid eines Mannes Gottes, den Gott selber vorbereitet, ausgerüstet und für eine hohe Aufgabe erwählt hatte. Josef selber hätte sich dieses gewaltige Amt nie und nimmer »verdienen« oder erarbeiten können. Gott selber hatte die Träume gedeutet. Und Gott selber erhöhte Josef.

Gottes Zeitpunkt war gekommen; wir stehen staunend vor seinem perfekten Timing. Selbst die beiden »verlorenen« Wartejahre im Gefängnis waren für Gott keine verlorene Zeit. Sie waren nötig, um Josefs Vorbereitung zu vollenden und auch, um die Situation in Ägypten exakt den Punkt erreichen zu lassen, wo Josef gebraucht wurde, um das Land zu retten. Als Josef die beiden Wartejahre hinter sich hatte, fingen die sieben fetten Jahre gerade an; sieben magere Jahre würden auf sie folgen. Es war genau der Augenblick, wo jemand gebraucht wurde, der die Dinge in die Hand nehmen und die richtigen Maßnahmen ergreifen konnte, um einer riesigen Hungersnot vorzubeugen. Wer war geeigneter für diese Aufgabe als Josef, den Gott 13 Jahre lang auf diese Stunde vorbereitet hatte, der in diesen Jahren zweimal eine Art Managerposten bekleidet hatte, ja, mehr noch: der gelernt hatte, mit Enttäuschungen, Versuchungen und Einsamkeit umzugehen? Josef hatte es gelernt, sein Vertrauen nicht auf Menschen zu setzen, sondern auf Gott. Jetzt, nach 13 Jahren, konnte er die Aufgabe antreten, die Gott für ihn vorgesehen hatte.

Gott hat den Überblick

Wenn wir Bilanz ziehen über Josefs Leben, wie die Bibel es uns darstellt, dann erkennen wir, wie alles in ihm, bis hin zu den kleinsten und schmerzlichsten Details, von Gott kam. Seine Brüder verwarfen ihn – Gott führte ihn nach Ägypten. Potifars Frau wollte ihn vernichten – Gott ließ ihn im Gefängnis den Mundschenk des Pharao treffen, der sich zwei Jahre später an ihn erinnern und ihm zu seiner Freilassung und Erhöhung verhelfen würde.

Josefs Geschichte kann uns Mut machen, wenn wir unsere eigene betrachten. Was wie ein – vielleicht lästiger – Zufall aussieht, kann seinen Platz in Gottes Plan haben. Es muss nicht sinnlos oder rein negativ sein! Gott kann auf krummen Wegen gerade fahren und uns durch sie Dinge lehren, die wir auf andere Art nicht lernen könnten. Josefs Geschichte spornt uns an, Gott nicht nur auf den Gipfeln unseres Lebens zu vertrauen, sondern auch in den dunklen Tälern. Wo Menschen uns enttäuschen oder das Leben schwer machen, sitzt Gott doch im Sattel. Er führt seine Pläne für und mit uns durch.

In seiner Rede vor dem Hohen Rat erinnert Stephanus an das Schicksal Josefs: »Und die Erzväter beneideten Josef und verkauften ihn nach Ägypten. Aber Gott war mit ihm und errettete ihn aus aller seiner Bedrängnis und gab ihm Gnade und Weisheit ...« (Apg 7,9-10) Wenn wir nicht mehr weiter wissen, dann erinnern wir uns doch an diese beiden Worte: *Aber Gott.*

Der Preis des Gehorsams

Am Ende dieses Kapitels möchte ich noch einmal zu Josefs Inhaftierung nach seiner Ablehnung der Avancen von Potifars Frau zurückkehren. Sie zeigt uns, dass es möglich ist, *wegen unseres Gehorsams zu Gott mit leeren Händen dazustehen.* Diese Art

Leiden ist oft die, die wir am allerschwersten verstehen und akzeptieren können. Aber die Bibel sagt uns klar, dass wir nicht überrascht sein sollen, wenn wir für Gott leiden müssen (1. Petr 4,12-16). Dergleichen begegnet uns im Alten wie im Neuen Testament, und es geschieht noch heute. In vielen Ländern der Welt werden Christen bedrückt und verfolgt; selbst in Westeuropa können sie Schwierigkeiten und Schikanen erfahren. Sie werden nicht immer gleich gefoltert oder getötet. Der Druck ist oft unterschwelliger und äußert sich zum Beispiel in solchen Ungerechtigkeiten wie der, die Josef erfuhr, als er Gott und seinem Chef treu sein wollte.

Da ist die gläubige Krankenschwester, die ihren Job verliert, weil sie sich geweigert hat, bei Abtreibungen zu assistieren. Da ist der Geschäftsmann oder Angestellte, der es zu weniger bringt als die anderen, weil er stets ehrlich ist und nichts von Steuerhinterziehung und geschönten Berichten hält; seine Kollegen werden befördert – er nicht. Da sind junge Leute, die von ihren Freunden als »nicht cool« belächelt werden, weil sie keinen vorehelichen Sex, keine Drogenexperimente und Saufpartys wollen, sondern eine christliche Moral in Ehren halten. Es kann einiges kosten, Christus in Beruf, Privatleben, Finanzen und anderen Bereichen zu gehorchen; oft stehen wir, menschlich gesprochen, als die Dummen da.

Als Paulus dem jungen Timotheus berichtet, was für Verfolgungen er als Apostel hat erleiden müssen, fügt er hinzu: »Jeder, der an Jesus Christus glaubt und so leben will, wie es Gott gefällt, muss mit Verfolgung rechnen« (2. Tim 3,12; Hoffnung für Alle). Und Petrus schreibt:

> »Habt ihr etwa Grund, euch zu rühmen, wenn ihr ein Unrecht begangen habt und dafür geschlagen werdet? Aber wenn ihr das Rechte getan habt und dafür leiden müsst, ist das eine Gnade von Gott. Und eben dazu hat er euch berufen. Ihr wisst doch: Christus hat für euch gelitten und euch ein Beispiel gegeben. Bleibt auf dem Weg, den er euch voranging; folgt seinen Spuren! Von ihm heißt es: ›Er hat kein Unrecht getan; nie ist ein unwahres Wort aus seinem Mund gekommen.‹ Wenn er beleidigt wurde, gab er es nicht zurück.

> Wenn er leiden musste, drohte er nicht mit Vergeltung, sondern vertraute darauf, dass Gott ihm zu seinem Recht verhelfen würde.« (1. Petr 2,20-23; Gute Nachricht)

Petrus stellt uns hier den Herrn Jesus als *das* Beispiel echter Gottesfürchtigkeit und Gottesgehorsams vor Augen. Seine kompromisslose Standhaftigkeit brachte ihm nicht nur die Ablehnung von Freund und Feind ein, sondern großes Leiden bis hin zum Tod. Jesus hätte es sich einfacher machen können; er hätte sich von den Menschen zum König krönen lassen, ein großer Politiker werden oder in einem ruhigen Dorf sein Leben genießen können. Aber er wählte den Gehorsam zu seinem himmlischen Vater: »So hat er, obwohl er Gottes Sohn war, doch an dem, was er litt, Gehorsam gelernt« (Hebr 5,8).

So weit wir wissen, hat auch Josef, der als ein Vorbild auf Jesus hin betrachtet wird, nicht mit Drohungen und Beleidigungen reagiert, als er wegen seines Gehorsams zu Gott leiden musste. Der biblische Bericht (1. Mose 39,16-20) erwähnt nicht, dass er je Gelegenheit bekommen hätte, zu den Lügen der Frau Potifars Stellung zu nehmen. Er wurde ins Gefängnis geworfen – und fiel dem Gefängnisdirektor so sehr durch seine positive Haltung auf, dass er ihm eine hohe Stellung anvertraute. Ich ersehe daraus, dass Josef in seiner verzweifelten Lage an Weisheit und Gottesfurcht wuchs.

Ein gottesfürchtiges Wesen bildet sich oft durch Leiden heraus. Die natürliche Reaktion auf grobe Ungerechtigkeit ist ja, dass wir protestieren, uns rechtfertigen wollen und nach Vergeltung suchen. Gottes Weg ist oft der unterste, demütigste, im doppelten Sinne tiefste, und er bringt gute Frucht. Wir sehen das bei Josef. Dieser junge Mann hatte es gelernt, seine Zuflucht zu Gott zu nehmen und aus Gottes Kraftquellen zu schöpfen. Bei ihm begegnete er Dingen, die alles Negative, das er erfuhr, überschatteten. Und »der Herr war mit ihm« (1. Mose 39,21).

5. Auf Gottes Hochschule

Wusste Josef darum, was es heißt, seine Zuflucht bei Gott zu suchen? Ich glaube ja, auch wenn die Bibel es nicht ausdrücklich erwähnt. Es gibt zahlreiche Indizien dafür, dass sein Lebenswandel mit Gott immer tiefer wurde. Wir sehen es in seiner Haltung während der Jahre in Ägypten. Wir sehen es daran, dass er als gereifter Mann Gottes aus dem Gefängnis kam. Alles, was er einst für selbstverständlich gehalten und worauf er sich verlassen hatte, war ihm genommen worden in den 13 Jahren in Gottes Schule. Ein Gewand um das andere verlor Josef, eine Sicherheits- und Selbstsicherheitshaut nach der anderen schälte Gott geduldig von ihm ab, bis er nackt und hilflos vor seinem himmlischen Vater stand. Die letzten beiden Gefängnisjahre waren die harte Schule des Schweigens: kein Lebenszeichen von dem Mundschenk, nach dessen Entlassung Josef voller Vorfreude gewesen sein und jeden Augenblick mit seiner eigenen Entlassung gerechnet haben muss. Es muss hart gewesen sein, als ihm endlich dämmerte, dass er niemanden mehr hatte, der ihm helfen konnte. Er war allein – die perfekte Voraussetzung für bitteres Selbstmitleid. Oder für eine tiefe Gottesbegegnung!

Not kann uns zerbrechen oder aufbauen. Wenn wir sie in Gottes Hand legen, macht sie uns zu Menschen, die ihn immer mehr suchen und immer mehr aus seiner Fülle schöpfen. Man kann alles verlieren und doch in Gott alles gewinnen. Ich glaube, das hat Josef erfahren, und das soll das Thema dieses Kapitels sein.

Kannte Josef jene kostbare, ständige Gemeinschaft mit Gott, die das Herz des Sich-bergens in ihm ist? Wieder glaube ich, dass die Antwort Ja ist. Doch solch eine persönliche Gottesbeziehung bekommt man nicht über Nacht. Sie erfordert einen Lernprozess, bei dem wir nach und nach alles fallen lassen, auf das wir uns verlassen haben, um Gott selber zu gewinnen. Als seine Brüder ihn in die Grube warfen, hat Josef sie zunächst angefleht, doch Erbarmen zu haben. Als die Karawane mit ihm fortzog, wird er sich immer wieder umgedreht haben, in der Hoffnung, dass seine Brüder es sich doch noch anders überlegen würden. Bestimmt hat er damals auch zu Gott um Hilfe geschrien. Aber Gemeinschaft mit Gott haben ist mehr, als ihn in der Not um Hilfe zu bitten; sie ist eine ständige, innige Zwiesprache. Unser Gespräch mit Gott wird häufiger und tiefer, wenn unsere anderen Hilfsquellen versiegen. Auf Gottes Hilfe warten, uns ganz in seine Hand geben, können wir am besten dann, wenn wir keine Kraft, keine Hoffnung, keinen Menschen mehr haben. Und so führt Gott uns manchmal durch die Schule der äußersten Dunkelheit und Verzweiflung, damit wir lernen, nicht nur dann und wann, sondern ständig auf ihn zu schauen, von ihm abhängig zu sein und mit ihm Gemeinschaft zu haben. Er tat das auch bei Josef.

Wir wollen uns in diesem Kapitel anschauen, wie Josefs Geschichte nach seiner Entlassung aus dem Gefängnis weitergeht (1. Mose 41 - 48). Was für ein Mann war Josef, als er dort vor dem Pharao stand? Mehrere Dinge fallen mir auf, die alle damit zu tun haben, dass Gott leere Hände füllt. Fangen wir an.

Ein von Gott vorbereiteter Mann

Als Josef mit 30 Jahren die höchstmögliche Position in Ägypten erreichte und die rechte Hand des Pharaos wurde, war er exakt an dem Platz gelandet, für den Gott ihn vorbereitet hatte. Sein Vater Jakob hätte bestimmt nicht einmal im Traum an einen solchen

Posten für seinen Lieblingssohn gedacht. War Josef der geeignete Mensch für die Schafzucht, einer, der ständig draußen auf den Weiden war; bei Sonne, Wind und Wetter? Wäre das im Lande Kanaan seine Zukunft gewesen? Gott hatte andere Pläne für ihn. Nicht oberster Schäfer sollte Josef werden, sondern oberster Minister; und zu seiner Ausbildung gehörten zwei Lehren, als Sklave und als Gefangener, in denen er Dinge lernte, die er in seinem sorglosen Dasein in Jakobs Sippe nie und nimmer gelernt hätte. In Potifars Haus und im Gefängnis lernte er es, zu dienen, anstatt sich bedienen zu lassen, an andere zu denken, anstatt an sich selber, und mit solchen Dingen wie Versuchung, Enttäuschung und Einsamkeit umzugehen.

Josef hat sich diese Lehrjahre nicht ausgesucht. Sicher hat er sich oft gefragt, was das alles sollte – diese Unfreiheit, diese Zwangsarbeit. Aber in Wirklichkeit war er in diesen 13 Jahren sozusagen auf Gottes Hochschule, und Gott gab ihm das Rüstzeug für eine ganz bestimmte Aufgabe, für die er ihn auserwählt hatte. Als der Pharao ihn »über ganz Ägyptenland setzte« (1. Mose 41, 41), war Josef genau dort angekommen, wo Gott ihn in diesem Abschnitt seines Lebens haben wollte.

Ein Mann Gottes

Der Josef, der aus dem Gefängnis kam, war bestens darauf vorbereitet, Premierminister von Ägypten zu werden, denn er war ein Mann Gottes geworden. Schauen wir uns das genauer an.

a) Er war ein Mensch, in dem Gottes Geist wohnte

Was qualifizierte Josef dazu, die Verantwortung für ein Land zu übernehmen, das auf eine siebenjährige Hungersnot zusteuerte? Seine Ausbildung und Erfahrung waren sicher wichtig, aber nicht entscheidend. Nein, Josefs Qualifikation lag in etwas ganz anderem. Der Pharao fasste es in Worte, als er sagte: »Wie könnten wir einen Mann finden, in dem der Geist Gottes ist wie in diesem?« (1. Mose 41,38) Es war ihm klar, von wem Josefs Weisheit kam (vgl. V. 39).

Gott hatte aus dem verwöhnten, vielleicht auch etwas arroganten Heranwachsenden einen reifen, weisen Mann gemacht, der in seinem Leben Platz für Gott gemacht hatte. Trotz all des Wissens und all der Erfahrung, die er in seinen Lehrjahren gewonnen hatte, war sich Josef seiner völligen Abhängigkeit von Gott bewusst; bei ihm war das Schicksal Ägyptens in sicheren Händen.

b) Er war jemand, den Gott getröstet hatte

Ein Mensch, der sich vom Heiligen Geist leiten lässt, bekommt einen neuen, geistlichen Blick für das Leben. Als Josefs ägyptische Frau Asenat ihm zwei Söhne gebar, nannte er sie Manasse und Ephraim. Das hebräische *Manasse* klingt wie und stammt möglicherweise vom hebräischen »vergessen«: »Gott … hat mich vergessen lassen all mein Unglück und mein ganzes Vaterhaus«, erklärt Josef in 1. Mose 41,51. *Ephraim* klingt wie das hebräische »zweifach fruchtbar«; »denn Gott«, so sagt Josef in 1. Mose 41,52, »hat mich wachsen lassen in dem Lande meines Elends.« Die beiden Namen deuten die innere, psychologische Distanz an, die Josef zu dem Land seiner Kindheit bekommen hatte.

Wir bekommen hier einen selten tiefen Blick in seine Seele: Die Verschleppung aus seiner Heimat und das Elend in Ägypten hatten ihn nicht traumatisiert und verbittert. Die Freude der Nähe Gottes und seines Segens war stärker geworden als die noch so vielen Dinge in seinem Leben, die ihn schmerzten und die er nicht verstehen konnte. Josef konnte Gottes Hand in seinem Leben sehen, trotz allen unbegreiflichen Ereignissen und den vielen schmerzlichen Momenten, und das gab ihm Trost. Er war ein innerlich geheilter Mann, der vergessen und sich neu freuen konnte. So ist es meistens bei den Getrösteten: Sie bekommen eine neue Perspektive.

c) Er war ein sanfter, barmherziger Mann

Als die Hungersnot kommt und ganz Ägypten, ja »alle Welt« (die Nachbarländer, 1. Mose 41,57) im Griff hat, schickt Josefs Vater Jakob seine zehn ältesten Söhne nach Ägypten, um Korn zu kaufen. Nur der Jüngste, Benjamin, bleibt zu Hause. Wir befinden uns jetzt in 1. Mose 42, und Josefs bewegendes Wiedersehen mit seinen Brüdern steht kurz bevor.

Josef erkennt seine Brüder sofort wieder – sie ihn nicht. Die Stunde der Wahrheit ist gekommen; jetzt, ja, jetzt ist die Gelegenheit da, wo Josef endlich Rache üben und seine Brüder für ihr Verbrechen büßen lassen kann. Rachsucht und Vergeltung sind nur allzu menschlich und viel natürlicher als bedingungslose Liebe und Vergebung. Oft sind auch wir der Meinung, dass »jetzt aber abgerechnet werden muss«.

Ich kann Josefs erste Reaktion, als er seine Brüder sah, gut mitempfinden. Er nimmt sie scharf ins Verhör, beschuldigt sie, Spione zu sein, und lässt sie für drei Tage in Haft nehmen. Sicher hat der Gefühlstumult, den er beim Anblick seiner Brüder empfunden haben muss, hier eine Rolle gespielt, aber er wollte sie auch prüfen, um zu sehen, woran er mit ihnen war. Er hatte jedoch nicht vor, ihnen Böses zu tun. Er war entschlossen, gerecht zu sein und ihr Leben zu schonen – eine überaus positive Haltung, die Frucht seines Lebens mit Gott (»Ich fürchte Gott«, 1. Mose 42,18).

Wir werden Zeugen des Augenblicks, wo Josefs Brüder – vielleicht zum allerersten Mal – begreifen, was sie ihm angetan haben. Sie nehmen Josefs Perspektive ein, als sie untereinander sagen: »Das haben wir an unserem Bruder verschuldet! Denn wir sahen die Angst seiner Seele, als er uns anflehte, und wir wollten ihn nicht erhören« (V. 21). Und Josef erfährt, dass es damals doch einen gegeben hatte, der sich für ihn verwandte – Ruben, der Älteste. »Sagte ich's euch nicht, als ich sprach: Versündigt euch nicht an dem Knaben ...?« (V. 22)

Ihre Worte und ihre Angst verraten, dass sie sich noch an jede Einzelheit erinnern können. So viel sie auch versucht haben, alles zu verdrängen – jetzt, hier in Ägypten, kommt die ganze Wucht jenes Augenblicks zurück. Und sind sie in all den Jahren, wo sie bei ihrem Vater lebten, der so um seinen Liebling trauerte, nicht doch immer wieder an ihre Untat und ihre Lüge über Josefs »Tod« erinnert worden? Unsere Sünden werden uns so lange verfolgen, bis sie bereinigt sind.

Tief bewegt hört Josef zu, wie seine Brüder erkennen, was sie ihm damals angetan haben. Wo die Beziehung zwischen zwei Menschen zerbrochen ist, ist einer der heikelsten Punkte, dass der eine oft gar kein Gespür dafür hat, was er dem anderen angetan hat. Doch in dieser Szene, wo sie selber mit dem Rücken zur Wand stehen, erinnern Josefs Brüder sich an ihre Tat. Vielleicht haben sie sie ehrlich bereut. Ich sage »vielleicht«, denn wir können nicht in ihre Herzen hineinsehen. Sicher ist, dass sie tief getroffen waren und Angst um ihr Leben hatten.

Es versteht sich von selbst, dass Josef, auch wenn er wie ein Ägypter aussah und sprach, dem Gespräch seiner Brüder in seiner Muttersprache folgen konnte. Es bewegte ihn so, dass er sich abwandte und weinte (V. 24). Dann versorgte er seine Brüder reichlich mit Proviant, ließ ihnen ihr Geld wiedergeben und ließ sie ziehen – bis auf Simeon, den er als Pfand in Ägypten behielt, um sicher zu sein, dass seine Brüder wieder kommen und Benjamin mitbringen würden.

Womit wir Kapitel 43 erreichen. Die Brüder kommen in der Tat wieder und bringen Benjamin mit. Wir erfahren, dass Josef seinen jüngeren Bruder segnet und so bewegt ist, dass er rasch hinausgehen muss, damit niemand sieht, wie er weint (V. 29-30); offenbar galt Weinen schon damals als »unmännlich« ...

Ich kann nicht ermessen, was in Josef vorgegangen sein muss in der Zeit zwischen dem ersten und zweiten Besuch seiner Brüder. Dass er sie beim ersten Mal der Spionage beschuldigte und sie heimschickte, um Benjamin zu holen, trotz allen damaligen Risiken einer solchen Reise, deutet darauf hin, dass er einige Zeit brauchte, um mit sich selbst klar zu kommen und den Punkt zu erreichen, wo er seine Brüder bedingungslos lieben konnte. Als sie zum zweiten Mal kommen, begegnet er ihnen jedenfalls voller

Güte. Trotz all dem, was sie ihm angetan hatten, kann er sie segnen. Das Wiedersehen ergreift ihn bis ins Mark. Als er sich ihnen nach einer letzten Prüfung (1. Mose 44) endlich zu erkennen gibt, kann er seine Tränen nicht mehr verbergen und »weinte laut, dass es die Ägypter und das Haus des Pharao hörten« (1. Mose 45,2).

Die Brüder stehen wie vom Donner gerührt da. Josef strahlt bedingungslose Liebe aus. Er bittet sie, doch näher zu treten (V. 4), beruhigt sie (... »nun bekümmert euch nicht« ... V. 5) und trägt ihnen auf, ihren Vater mit der ganzen Sippe nach Ägypten einzuladen; nahe bei Josef sollen sie wohnen, und er wird sie versorgen (»damit du nicht verarmst mit deinem Hause und allem, was du hast«, V. 11). Der hilflose Zorn und Schmerz, der ihn vor langen Jahren erfüllte, hat Liebe, Vergebung und Großzügigkeit Platz gemacht. Josef »küsste alle seine Brüder und weinte an ihrer Brust« (V. 15). Reich mit Proviant und Wagen versehen, schickt er sie zurück, um ihren Vater und ihre Familien zu holen. Seine Abschiedsworte sind bezeichnend: »Zanket nicht auf dem Wege!« (V. 24) Genug der Spannungen!

Josefs Liebe zu denen, die ihn verraten und verkauft hatten, war tief und echt. Dies war kein höfliches »Ich vergebe dir«, wie man es ausspricht, weil man doch ein guter Christ sein will; dies war tiefe, echte Vergebung. Josef drückt seine einstigen Peiniger an sein Herz. Wir stehen vor der unglaublichen Großherzigkeit eines Menschen, der sich nicht mehr rächen und niemand mehr schuldig sprechen muss. Er spürte noch nicht einmal das Verlangen, seinen Brüdern zu sagen, was er damals über sie gedacht hatte.

Dies ist die Praxis von Römer 12,17: »Vergeltet niemand Böses mit Bösem. Seid auf Gutes bedacht gegenüber jedermann.« Ich glaube, das schaffen wir nur, wenn wir bei Gott unsere Zuflucht gefunden und in unseren eigenen Herzen seine bedingungslose Liebe und Barmherzigkeit erfahren haben. Nur wer selber Gottes Gnade erfahren hat, kann anderen gnädig sein. Wenn wir wissen, was es heißt, in Gottes Liebesarmen geborgen zu sein, können wir selber unser Herz anderen öffnen und ihnen Zuflucht bieten.

Josefs Barmherzigkeit gegenüber seinen Brüdern war bedingungslos; er wartete nicht darauf, dass sie ihn um Vergebung baten. Als sie endlich doch mit einer solchen Bitte kommen (1. Mose 50, 15 ff.), haben sie bereits fünfzig lange Jahre in Ägypten verbracht und bitten Josef nur, weil Jakob gestorben ist und sie Angst haben, dass ihr Bruder sich jetzt womöglich doch noch an ihnen rächen könnte. Sie reden feige im Namen ihres verstorbenen Vaters! Voller Angst versuchen sie, seine Gunst zu gewinnen, bieten ihm sogar an, sie zu seinen Sklaven (»Knechten«, V. 18) zu machen. Aber das, worum sie bitten, hat Josef ihnen schon vor vielen Jahren bedingungslos gegeben, und all diese Jahre haben sie nur durch seine Gnade das Leben gehabt und genossen. Ihre Haltung enthüllt ihr Herz, aber Josef ließ sich nicht beirren: »Und er tröstete sie und redete freundlich mit ihnen« (V. 21).

Das Angebot bedingungsloser Gnade – auch darin ist Josef ein Vorbild auf Jesus Christus hin. Und wir? Wie Josefs Brüder, haben auch wir manchmal Zweifel an Gottes Gnadenangebot durch Jesus Christus. Gott lädt uns ein, aus seiner Gnade zu leben, aber oft können wir das gar nicht so recht glauben und benehmen uns so, als müssten wir uns Gottes Gnade immer noch verdienen. Wir trauen uns nicht, Gottes Geschenk anzunehmen. Wir glauben einfach nicht ganz daran. Da sind Gottes weit offene Gnadenarme, bereit, uns Zuflucht und Frieden zu geben – und wir mühen uns weiter und suchen das, was er uns doch längst gegeben hat.

d) Er war jemand, der Gottes Wirken erkannte

Josefs Worte, als er sich seinen Brüdern zu erkennen gibt, zeigen nicht nur, dass er ihnen vergeben hat, sondern auch, dass er ein Gespür für Gottes Wirken hat: »Erschreckt nicht und macht euch keine Vorwürfe deswegen. Gott hat mich hierher nach Ägypten gebracht, um euer Leben zu retten« (1. Mose 45, 5; Gute Nachricht). Es ist interessant, 1. Mose 50, 20 daneben zu halten: »*Ihr* gedachtet es böse mit mir zu machen, aber *Gott* gedachte es gut zu machen, um zu tun, was jetzt am Tage ist, nämlich am Leben zu erhalten ein großes Volk.« Was sagt Josef hier? Dass Gott aus ihrer bösen Tat Gutes kommen ließ. Wobei Josef gar nicht zuallererst sich selber und sein Wohlergehen meint, sondern die Rettung seiner Brüder und vieler anderer vor dem Hungertod.

Aber da ist noch mehr. In Römer 8,28 sagt Paulus: »Wir wissen aber, dass denen, die Gott lieben, alle Dinge zum Besten dienen, denen, die nach seinem Ratschluss berufen sind.« Diese Worte sollten wir nicht trennen von dem folgenden Vers 29: »Denn die er ausersehen hat, die hat er auch vorherbestimmt, dass sie gleich sein sollten dem Bild seines Sohnes ...« Gottes »Ratschluss« betrifft also ein ganz spezifisches Ziel: dass wir Männer und Frauen werden, an denen er arbeiten kann, dass wir Menschen nach seinem Herzen werden, die seinem Sohn ähnlich sind.

Wir haben schon gesehen, dass Josefs Leben in mehr als einer Hinsicht eine Vorausschattung des Lebens Jesu Christi ist. Auch unser Herr Jesus wurde gedemütigt; der ewige Gottessohn wurde ein demütiger Knecht und ging, ohne zu murren, den untersten Gehorsamsweg. Auch er wurde hoch erhöht und kann alle, die zu ihm kommen, retten. Auch Jesus verlor sein kostbarstes Gewand; die Soldaten nahmen es ihm ab, bevor sie ihn kreuzigten. Doch anders als Josef war Jesus seinem Demütigungsweg nicht hilflos ausgeliefert; er wählte ihn selber, wie Paulus in Philipper 2,6-11 klarstellt: »Er ... hielt es nicht für einen Raub, Gott gleich zu sein, sondern entäußerte sich selbst und nahm Knechtsgestalt an« – um uns zu retten.

e) Er glaubte an Gottes Allmacht

Josef durfte erleben, wie Gott in sein Leben eingriff und aus der bösen Tat seiner Brüder etwas Gutes kommen ließ. Aber es geht noch weiter: Josef glaubte nicht nur, dass Gott sozusagen nachträglich etwas umpolen konnte; er glaubte, dass Gott von vornherein den Lauf der Dinge lenkte! In 1. Mose 45,5-8 erklärt er seinen Brüdern, dass Gott selber ihn nach Ägypten geschickt hat, damit sie leben können. Er kommt zum folgenden Schluss: »Nicht ihr habt mich hierher gebracht, sondern Gott. Er hat es so gefügt, dass ich die rechte Hand des Pharao geworden bin und sein ganzer Hof und ganz Ägypten mir unterstellt sind« (Gute Nachricht). Josefs Brüder wussten nicht, was sie taten, als sie ihn an die Händlerkarawane verkauften; Gott selber hatte die Karawane geschickt und ließ sie geradewegs nach Ägypten und zum Palast des Pharao ziehen.

Gottes Souveränität zeigt sich weiter in der Wiedervereinigung der Sippe Jakobs. Unter Josefs Führung geht diese einst so zerteilte Familie gemeinsam in eine neue Zukunft, die ihre Nachkommen später zurück in das Land bringen wird, das Gott Abraham, Isaak und Jakob verheißen hatte. Durch Josef wird die Familie vor dem Hungertod bewahrt; seine Brüder und damit die zwölf Stämme Israels bleiben am Leben.

Aber wir können noch mehr Lektionen lernen aus Josefs Leben. Ich möchte hier nur zwei erwähnen. Die erste hat mit unserer Vorstellung von »Glück« zu tun, die andere mit unserer Einstellung, wenn Mitmenschen uns wehtun.

»Ich will glücklich sein!«

Man braucht kein Kinderpsychologe zu sein, um zu sehen, dass die Art, wie Jakob Josef verwöhnte, nicht nur gut für Josef war. Hätte Gott nicht eingegriffen; es hätte böse enden können mit Josef. Gott hatte einen anderen Plan mit ihm: ihn zu einem Mann nach seinem Herzen zu machen, der eine ganz spezielle Aufgabe übernehmen konnte. Doch dazu brauchte Josef Disziplin statt Verzärtelung. Überbehütung mag eine Zeit lang ganz nett sein, aber letzten Endes schadet sie eher, als dass sie nutzt.

Eltern, aufgepasst! Oft haben wir für unsere Kinder bestimmte Wünsche oder Pläne, die sie »glücklich« machen sollen. Aber was ist denn unser Ziel? Wollen wir, dass unsere Kinder Männer und Frauen Gottes werden, und sind wir bereit, Gottes Weg dazu zu akzeptieren? Oder wollen wir nur, dass sie »es im Leben gut haben« – finanziell, gesundheitlich, familiär – und vor Problemen geschützt bleiben? Können wir es akzeptieren, dass Gottes Pläne das Beste für sie sind, auch wenn sie ganz andere »Zutaten« haben? Können wir uns einen anderen Lebensweg für sie vorstellen als den, den wir im Kopf haben?

Wo es um unsere Pläne und Ziele geht, ist unsere Definition von »Glück« ein Schlüsselfaktor. Wir tun gut daran, uns regelmäßig zu fragen, was unsere Ziele sind, und diese von Gottes Wort beleuchten zu lassen. Wir werden dann feststellen, dass wir trotz all unserer guten Absichten uns immer wieder von der Welt um uns herum beeinflussen lassen und oft Erfüllung in Dingen suchen, die uns keinen Halt geben.

Gott versteht unter »Glücklichsein« – die Bibel spricht auch von »selig« oder »glückselig« – etwas völlig anderes, als wir Menschen das gemeinhin tun. Er selber will die Quelle unserer Träume und Freude sein, und es überrascht nicht, dass wir in den Psalmen immer wieder lesen: »Glücklich [gewöhnlich die Übersetzung des hebräischen *asrey*] ist der Mann, der ...« (Luther übersetzt oft: »Wohl dem Mann ...«) Oft wird dieses Glücklichsein direkt verbunden mit dem Zuflucht-suchen in Gott, so in Psalm 34,9 und 40,5, wo David sagt: »Wie glücklich sind alle, die bei ihm Zuflucht suchen!« bzw. »Wie glücklich ist, wer ganz auf den Herrn vertraut« (Gute Nachricht).

Wir haben weiter oben gesehen, wie Rut diesen Weg ging; sie suchte und fand Zuflucht unter den Flügeln des Allmächtigen (Rut 2,12) und wurde so, trotz ihrer äußeren Umstände, eine »glückliche« Frau. Ich glaube, sich in Gott bergen ist eine Vorbedingung für echte, bleibende Erfüllung in unserem Leben. Gott gibt uns einen inneren Frieden und eine Stabilität, die uns unsere Balance halten lässt. Er ist derjenige, der uns durch alle Lebensstürme hindurchtragen kann – siehe Josef.

Das biblische »Glücklichsein« hat aber nicht nur mit dem Zuflucht-bei-Gott-suchen zu tun, sondern auch mit *Gehorsam* und *Disziplin* (manchmal auch »Züchtigung« genannt). Oft wird beides in einem Atemzug erwähnt; so lesen wir in Psalm 94,12:

»*Wohl dem,* den du, Herr, in *Zucht* nimmst ...« Wir tun uns meist schwer damit, Disziplin und Züchtigung als Segen zu betrachten, aber Tatsache ist, dass wir oft gerade durch Leiden und Schwierigkeiten hindurch – also eine Art Züchtigung – innerlich wachsen und lernen, unsere Freude in Gott zu finden. Darum arbeitet Gott an uns, darum führte er Josef durch so viele Prüfungen. Josefs »Ganz unten«-Erfahrungen waren eine Art Erziehung: Durch sie lernte er, dass seine Stellung vor Gott ihm mehr Befriedigung gab als seine Stellung als Mustersklave, als Mustergefangener, ja, sogar als Premierminister von Ägypten. Ich glaube, wenn Josef auch diesen seinen höchsten Posten wieder verloren hätte, es hätte ihn nicht so aus dem Geleise geworfen wie die Trennung von seinen Lieben 13 Jahre zuvor.

Hätten Josef und seine Eltern seine Zukunft selber aussuchen können, sie hätten sehr wahrscheinlich das Naheliegende gewählt: Josef wäre zu Hause geblieben und hätte eine gemütliche Karriere im Schafzuchtzweig des Familienunternehmens angetreten. Gott aber riss ihn heraus aus Heimat und Familie, und die Folgen waren unerhört: Erstens bekam er in Ägypten eine Spitzenposition, wie er sie zu Hause nie hätte erlangen können; zweitens rettete er die Ägypter und das Volk Gottes (darunter seinen Bruder Juda, der einer der Vorfahren Jesu wurde, vgl. Mt 1); und drittens wurde er ein reifer, weiser Mann Gottes.

Das Glück, das Gott seinen Kindern geben will, hat nichts mit zerbrechlichen Augenblickserfolgen und schönen Gefühlen zu tun. Es ist ein innerer Friede, ein tiefes Verankertsein, das aus unserer Beziehung zu Christus entspringt. Es ist stabil und dauerhaft und eng verquickt mit unserer Gemeinschaft mit Gott.

Josefs Leben zeigt uns, wie wichtig es ist, dass Eltern, die das Beste für ihre Kinder wollen, sie Gott anbefehlen und loslassen – loslassen in dem Sinne, dass sie es Gott anheim stellen, ihre Pläne zu durchkreuzen und mit jedem Kind seinen ganz eigenen Weg zu gehen. Es kann schwer sein, unsere eigenen Vorstellungen fahren zu lassen, wenn wir für die Zukunft unserer Kinder beten. Aber Gott erwartet von uns, dass wir unsere Wünsche und Bitten seinem Willen unterordnen. Josefs Beispiel will uns ermutigen, Gott mehr zu vertrauen und nicht in Panik zu geraten, wenn – für unsere Augen! – im Leben unseres Kindes alles krumm und falsch zu sein scheint. Selbst wo wir enttäuscht sind und den Mut verlieren wollen, dürfen wir doch weiter darauf vertrauen, dass Gott selbst seinen verborgenen, aber liebevollen Plan für dieses Kind hat. Wie für uns alle anderen auch!

Wenn andere uns wehtun

Mindestens dreimal in seinem Leben kam Josef durch das vorsätzliche oder nachlässige Verhalten anderer Menschen in große Not. Was können wir von ihm lernen? Wie sollen wir uns in vergleichbaren Situationen verhalten? Nun, ein ganz entscheidender Punkt ist, dass wir unseren Blick nicht auf das Ereignis selbst bzw. seine Ursachen oder Verursacher richten, sondern eher auf *unsere Einstellung* zu denen, die uns da verletzt haben. Es wird sich kaum vermeiden lassen, dass wir auch bittere Gefühle haben, nicht nur gegen Gott, sondern in allererster Linie gegen unsere bösen Mitmenschen. Solche Reaktionen sind nur natürlich und oft nur zu berechtigt. Aber früher oder später ist die große Frage: Was mache ich mit meiner Wut? Pflege ich sie oder lasse ich sie los?

»Ich werde mir mein Recht holen« – diese Einstellung kann uns jahrelange Gerichtsprozesse auf den Hals laden, die unsere innere geistige und emotionelle Heilung blockieren und es uns unmöglich machen, mit dem dunklen Kapitel abzuschließen. Wir sollten sehr genau prüfen, was es uns bringt, uns auf Biegen und Brechen unser Recht zu holen und die Bösen zu bestrafen. Unsere Wut kann Wurzel fassen und zu einem Giftbaum heranwachsen, der unser ganzes Leben bitter macht und den Schaden nur noch vergrößert. Wenn wir das uns Mögliche getan haben, ohne eine vernünftige Lösung zu erreichen, dann müssen wir den Nerv haben, die Sache loszulassen.

»Dann soll ich den anderen einfach so ungeschoren davonkommen lassen?« So mag es aussehen. Aber vergessen wir nicht, dass Vergeltung Gottes Angelegenheit ist, nicht unsere. In Römer 12,19 schreibt Paulus: »Rächt euch nicht selbst, meine Lieben, sondern gebt Raum dem Zorn Gottes; denn es steht geschrieben (5. Mose 32,35): ›Die Rache ist mein; ich will vergelten, spricht der Herr.‹« Wenn wir diese Wahrheit erkennen, werden wir befreit von unseren hartnäckigen Rache- und Hassgefühlen.

Ein notwendiges, aber besonders schwieriges Kapitel, wenn man uns tief verletzt hat, ist, dass wir uns unseren eigenen Fehlern stellen und uns fragen, ob wir nicht vielleicht mit schuld sind an der Situation, in der wir stecken. Nur zu leicht blockieren unsere Gefühle eine ehrliche Selbstprüfung. Erst wenn wir uns etwas beruhigt und ein wenig innere Distanz gewonnen haben, ist der Weg zu mehr Objektivität offen.

Aber wie kommen wir dahin? Ein wichtiger Schritt ist, dass wir lernen, nicht ständig um unsere Gefühle zu kreisen, sondern sie Gott hinzulegen. Er, unsere große Zuflucht, wird uns die Augen öffnen, dass wir die Dinge in der richtigen Perspektive sehen können. In Psalm 139 bittet David Gott, ihn auf Herz und Nieren zu prüfen und zu sehen, »ob ich auf bösem Wege bin« (V. 23-24). Er öffnet sich ihm vorbehaltlos, auch auf das Risiko einer schmerzlichen Antwort hin, weil er bei seinem himmlischen Vater eine völlige Geborgenheit erfährt. Gottes bedingungslose Liebe und Barmherzigkeit schafft einen Raum der Gnade, nicht nur für uns, sondern auch für unseren Nächsten. Wir werden fähig, den anderen um die Vergebung *unserer* Schuld zu bitten, wo wir vorher nur seine Schuld sehen konnten und darauf warteten, dass er gefälligst uns um Vergebung bittet. Gottes Gnade macht unser Herz weiter und löst den Kloß unserer bitteren Wut auf.

In Galater 5,22-23 nennt Paulus die »Früchte des Geistes«. Die erste ist die Liebe. Sie ist genau das, was ich als Mensch nicht aus mir hervorbringen, geschweige denn anderen zuwenden kann. Ich will den, der mir weh getan hat, nicht lieben, ich will ihn verprügeln, mich an ihm rächen. Sie sind logisch, solche Gefühle, aber sie passen nicht ins Reich Gottes. Meine natürlichen Neigungen stehen hier in Widerstreit zu den Gesetzen und Früchten des Geistes Gottes.

Kann ich diese Früchte überhaupt bekommen? Ich kann, denn den Samen zu ihnen hat Gott durch seinen Heiligen Geist in mich hineingegeben. Ich kann ihn begießen und pflegen, und dann wird er wachsen. Ich kann ihn links liegen lassen oder von mir schieben, und dann wird er verkümmern. Mit anderen Worten, ich kann mich entscheiden: Will ich lieben lernen oder nicht? Das Lieben wird mir umso leichter fallen, je näher ich mich an Gott halte; Jesus fordert uns gar auf, *in ihm* zu bleiben (Joh 15, 4). Wenn ich in Jesus bleibe, wird Gottes Frucht in meinem Herzen und Leben wachsen; ich werde das Unmögliche bekommen: Liebe, und in dieser Liebe Vergebung.

Es ist nur natürlich, dass vor dem Augenblick der Vergebung viele Augenblicke der Wut, der Bitterkeit, des Grolls kommen. Passen wir auf, dass diese negativen Gefühle nicht Wurzel in uns fassen, denn dann landen wir in einer Sackgasse. Es gibt nichts, was der Satan lieber möchte, und er wird jede Gelegenheit ergreifen, uns zu Fall zu bringen. Merken wir es uns: Nur wenn wir alles Negative und Destruktive fahren lassen, nur wenn wir fähig sind zu vergeben, können wir Schritte nach vorne machen.

Josef wurde arg gebeutelt, aber statt aufzugeben, suchte er seinen Weg und ging weiter. Was nicht heißt, dass er nie das Bedürfnis verspürte, seinen Brüdern oder Potifar oder dem Mundschenk gründlich die Meinung zu sagen! Aber er hatte nie eine Gelegenheit dazu. Die leere Zisterne war nicht der rechte Ort zum Schimpfen und Toben; hier konnte man nur um das nackte Leben betteln. Vor Potifar hatte Josef als Sklave kein Recht, sich zu rechtfertigen – er hatte überhaupt keine Rechte. Und den Mundschenk konnte er aus dem Gefängnis heraus nicht erreichen, um ihn an seine Bitte zu erinnern.

War Josef jemand, der leicht Rachegedanken nachhing? Ich weiß es nicht, aber in seiner Situation wäre es absolut nutzlos gewesen. Es hätte sein Leiden nur noch verschlimmert; es tut uns nie gut, unsere negativen Gefühle zu pflegen. Was ohne jeden Zweifel klar ist, ist, dass Josef sich durch seine negativen Umstände nicht lähmen ließ, sondern immer weitermachen konnte. Und dass sein Charakter sich veränderte in diesen Jahren. Er lernte es, mit

Gott zu leben und frei zu werden von der Folter der dunklen Gedanken.

Sehr wahrscheinlich lernte er auch sich selber und seine Schwächen besser kennen. Je konsequenter wir mit Gott leben, umso mehr Licht lässt er auf unser Leben fallen. Ganz unschuldig war Josef nicht gewesen in dem Konflikt mit seinen Brüdern. Vielleicht hat er mit seiner Position als Vaters Liebling angegeben oder sie missbraucht. Manchmal verpetzte er seine Brüder bei seinem Vater (1. Mose 37,2). Doch 13 Jahre später gab er den gleichen Brüdern sein Allerbestes!

Zum Vergeben berufen

Es ist Jesus, der uns dazu aufruft, unseren Mitmenschen zu vergeben. Er weiß aus eigener Erfahrung, was Vergebung kostet: Sie kostete ihn das Leben! Es ist bewegend, zu sehen, wie er mit Petrus umging, der ihn dreimal verleugnet hatte. Sie tat ihm brennend weh, diese Verleugnung, aber das war kein Grund für ihn, Petrus fallen zu lassen. Jesu Liebe zu ihm war ohne jede Bedingung, sie hing nicht von Petrus' Verhalten ab. Dabei konnte Petrus das, was er getan hatte, nicht rückgängig oder wieder gutmachen; manche Dinge sind nun einmal unwiderruflich. Aber Jesus vergab ihm, ja, mehr noch: In Lukas 22,31-32 lesen wir, dass er für ihn betete – dass sein Glaube nicht aufhören und er vor dem Teufel bewahrt bleiben möge. Trotz allem lag Jesus das Wohl des Petrus am Herzen.

Oft werden wir von unseren Lieben oder Freunden verletzt. Vertrauen wird gebrochen, die Beziehung gestört. Je enger die Beziehung, desto größer der Schmerz dabei. Als Petrus Jesus verleugnete, war es ein sehr enger Freund, der sein Treueversprechen brach. Was hatten die beiden nicht alles zusammen erlebt, gearbeitet, geteilt. Entsprechend herzzerreißend ist der Augenblick der Verleugnung. Lukas 22,61-62 berichtet, wie Jesus sich zu Petrus umdrehte und ihn ansah und wie Petrus hinausging und bitterlich weinte. Beide Parteien erlitten großen Schmerz.

Aber es gab Heilung. Jesus, das Opfer der Verleugnung, ergriff die Initiative, um die Beziehung wiederherzustellen. In Johannes 21 lesen wir, wie er nach seiner Auferstehung einigen seiner Jünger, darunter auch Petrus, am See Tiberias erscheint. Dreimal fragt er den erschütterten Petrus, ob er ihn lieb hat, und als Petrus immer mit »Ja« antwortet, vertraut er ihm eine neue Aufgabe an. Es ist interessant, dass die dreifache Verleugnung und diese dreimalige Frage beide an einem Kohlenfeuer geschahen. Es ist gerade so, als ob Jesus Petrus zurückführt zu dem schrecklichen Augenblick – aber nicht, um ihn zu vernichten, sondern um ihm seine völlige Liebe und Vergebung zu demonstrieren. Wir Christen dürfen wissen: Ja, diese Vergebung ist auch für uns da, und das in solchem Maße, dass sie von uns überfließen kann auf andere Menschen. Wenn wir Gottes Vergebung in unserem eigenen Herzen erfahren haben, können wir seinen Heiligen Geist bitten, seine Liebe und Vergebung auch in unsere menschlichen Beziehungen hineinzugießen, damit sie wieder heil werden können.

Sind wir bereit, unserem Herrn zu folgen und zu vergeben, wo man uns mit Worten oder Taten tief verletzt hat? Suchen wir diese Vergebung auch dort, wo wir nicht sicher sind, dass der andere sein Verhalten wirklich bereut? Ist Versöhnung uns so wichtig, dass wir bereit sind, den höchsten Preis zu zahlen, damit sie möglich wird? Oder lassen wir uns von unserem Groll beherrschen, so dass wir uns an unserem Konflikt festhalten, ja, ihn sogar hegen?

Ich möchte dazu nur sagen: Wenn wir wirklich Versöhnung und Wiederherstellung der Beziehung wollen und wenn wir freie Leute werden wollen, dann ist Vergebung ein Muss. Oft ist in unserem Herzen kein Raum für sie. Doch wenn wir unsere Zuflucht bei Gott suchen, dann erfahren wir, wie er unsere finsteren Gefühle mit seiner heilenden Hand anrührt, um die Schutzwände unseres Grolls niederzureißen und Neues möglich zu machen.

Und auch das ist wahr: Wo Gott uns das Vergeben aufträgt, da gibt er uns auch Gelegenheit, das Vergeben zu lernen. So wie er

Noomi eine Zeit lang Raum für ihre Bitterkeit gab, so lässt er manchmal auch uns Raum für unsere Wut. Er weiß ja so gut, wie hilflos wir sind, und holt uns da ab, wo wir sind. Aber niemals dürfen wir diesen Raum als Vorwand dazu nutzen, unsere negativen Gefühle zu hegen und zu pflegen. Gott will, dass wir vergeben. Gehorchen wir ihm.

6. Wenn der Schmerz nicht weggehen will

In diesem Kapitel wollen wir uns Lea zuwenden, der ersten Frau Jakobs und älteren Schwester Rahels, die in ihrem Leben ebenfalls Jahre des Leides und der leeren Hände mitmachen musste. Anders als bei Noomi, Rut und Josef, erfahren wir nicht, dass ihr Problem jemals gelöst oder ihr Schmerz gelindert worden wäre. Sie war jemand, der »im Glauben leben« musste, ohne je die Erfüllung seiner Sehnsüchte zu erleben. Gott war aber genauso bei ihr wie bei den Menschen, die wir uns in den ersten fünf Kapiteln angeschaut haben, doch es scheint kein Happy End gegeben zu haben. 1. Mose meldet es auf jeden Fall nicht. Es sieht so aus, als ob Lea ihr ganzes Leben im Schatten ihrer jüngeren Schwester Rahel zugebracht hätte – sowohl ihre Jugend als auch die Ehejahre mit Jakob. Ihre Geschichte beginnt in 1. Mose 29.

Ungeliebt

Erstmals in der Bibel erwähnt wird Lea in 1. Mose 29,16. Der vor Esau fliehende Jakob erreicht die Ländereien seines Onkels Laban, wo er an einem Wasserbrunnen Rahel trifft, die die Schafe ihres Vaters tränken kommt. Es muss wohl Liebe auf den ersten Blick gewesen sein, denn nur einen Monat später hält Jakob bei Laban, dem er mittlerweile dient, um Rahels Hand an. Erst an diesem Punkt der Geschichte erfahren wir, dass Laban zwei Töchter hat und dass Lea die ältere ist. Der Vergleich mit Rahel fällt negativ aus: »Leas Augen waren ohne Glanz, Rahel dagegen war schön von Gestalt und von Angesicht« (V. 17). Das »ohne Glanz« kann auch als »matt« oder »schwach« übersetzt werden (Elberfelder); das entsprechende hebräische Wort *rak* kommt achtzehnmal im Alten Testament vor. Wahrscheinlich handelte es sich um eine Art Schönheitsfehler in Leas Gesicht. Aber was immer es auch war, Lea kam nicht mit mit ihrer so viel attraktiveren jüngeren Schwester. Und tatsächlich, Jakob verliebte sich in die jüngere, hübschere Schwester. Sieben Jahre Arbeit bot Jakob Laban für Rahels Hand. Seine Liebe zu ihr war so groß, dass ihm die Jahre wie Tage vorkamen (1. Mose 29,20).

Lea blieb die ganze Zeit unbeachtet im Hintergrund. Wie muss es für sie gewesen sein, die wachsende Liebe ihres Vetters zu ihrer Schwester mitzuerleben, während die ganzen sieben Jahre niemand um *ihre* Hand anhielt? Ob Rahel vor ihrer Schwester damit prahlte, dass Jakob sie liebte? Oder hatte sie Mitgefühl mit Lea? Wenn ich die Geschichte weiterlese, mag ich das nicht so recht glauben. Rahel scheint sehr mit sich selbst beschäftigt gewesen zu sein; ich glaube, Lea war eine sehr einsame junge Frau.

Als die sieben Jahre um sind, schmiedet Laban einen cleveren Plan. Er gibt Jakob nicht Rahel, sondern Lea ins Hochzeitsbett (1. Mose 29,23). Es ist eine pikante Situation: Jakob, der einst seinen eigenen Vater betrog, indem er sich als Esau verkleidete, wird jetzt das Opfer einer ganz ähnlichen Tat; der Betrüger wird selber zum Betrogenen. Dieses Ereignis hat lange nachgewirkt in der jüdischen Tradition. Bei einer orthodoxen Trauung kann es heute noch geschehen, dass der Bräutigam vorher zu seiner Braut tritt und den Schleier hebt, um sicher zu sein, dass dies auch wirklich die Frau ist, die er heiraten will …

Fast mag man es nicht glauben, dass Labans Betrug überhaupt möglich war. Er muss wohl dafür gesorgt haben, dass Jakob einen großzügigen Teil von dem Hochzeitswein bekam, damit der nicht bemerken würde, dass er sein Bett nicht mit seiner geliebten

Rahel, sondern mit ihrer älteren Schwester teilte. Und Lea? Sie muss sehr gemischte Gefühle gehabt haben bei dem Manöver. Ausgenutzt und gedemütigt muss sie sich vorgekommen sein. Sie wusste doch genau, dass Jakob Rahel liebte, und nicht sie. Es gibt keinerlei Hinweis darauf, dass sie eine Wahl hatte; sie musste tun, was ihr Vater befahl, war also in gewissem Sinne selber ein Opfer. Ob sie trotzdem wider alle Hoffnung gehofft hat, dass Jakob anfangen würde, sie zu lieben?

Jakobs Reaktion am Morgen nach der Hochzeit machte solche Hoffnungen zunichte. Voll Wut geht er zu seinem Schwiegervater, der ihm schlau eine gütliche Einigung vorschlägt: Beende die Hochzeitswoche mit Lea, dann kriegst du auch Rahel. Gegen weitere sieben Jahre Dienst, versteht sich (1. Mose 29,27).

Es muss die nächste Demütigung für Lea gewesen sein, diese Hochzeitswoche durchzustehen, während die eigentliche Braut, die wahrscheinlich genauso erbittert war wie Jakob, ungeduldig wartete. »Du bist nur zweite Wahl« – in diesem bitteren Gefühl muss diese Woche Lea schmerzlich bestätigt haben. Ganz zu schweigen von dem Flüstern und Tuscheln in dem Frauenquartier …

Ehe ohne Liebe – das gab es nicht nur damals. Viele von uns müssen heute mit einem Ehepartner zusammenleben, der sie nicht liebt. Christen wie Nichtchristen erleben ihre Ehe als Folter der Einsamkeit. Was geht in einer Frau vor, die weiß, dass ihr Mann eine andere liebt, oder die erlebt, wie er ihr untreu wird und sie verlässt? Wie wird man fertig mit diesem elenden Schmerz der Abweisung und Einsamkeit, der ein Jahr um das andere weitergehen kann?

Es gab und gibt viele Leas – Frauen, die mit leeren Händen dastehen. Manche von ihnen packen ihre Not an, setzen alle Hebel in Bewegung, um ihre Lage zu ändern. So auch Lea. Jahrelang warb sie um ihren Mann – umsonst. In 1. Mose 29,32-35 sehen wir, wie sie anfängt, Jakob Kinder zu schenken. Hoffte sie, auf diese Art sein Herz zu gewinnen? In den Namen der ersten drei Söhne, die sie gebiert, klingt jedenfalls etwas von ihrer Sehnsucht an: *Ruben* (»Der Herr hat angesehen mein Elend; nun wird mich mein Mann lieb haben«) – *Simeon* (»Der Herr hat gehört, dass ich ungeliebt bin, und hat mir diesen auch gegeben«) – *Levi* (»Nun wird mein Mann mir doch zugetan sein«).

Der Name des vierten Sohnes, *Juda*, lässt eine andere Saite anklingen: »Nun will ich dem Herrn danken«. Warum auf einmal ein Name, der von dem hebräischen Verb für »preisen« abgeleitet ist? Was für einen Grund hatte Lea, Gott zu preisen? Hatte ihre Haltung sich geändert? Hatte Gott selber ihr diesen Namen eingegeben? Ihre Situation war jedenfalls unverändert, ihr Durst nach Jakobs Liebe nach wie vor ungestillt.

Lea kämpft weiter, sie gibt nicht auf. Das zeigt der Name des sechsten Sohnes, *Sebulon* (»Gott hat mich reich beschenkt; nun wird mein Mann doch bei mir bleiben«, 1. Mose 30,20). Immer noch suchte sie Jakobs Liebe und Achtung zu gewinnen, die Rahel so reichlich genoss.

Der biblische Bericht zeigt uns einen regelrechten Wettkampf im Kinderkriegen zwischen den beiden Schwestern. Nachdem Lea Jakob den vierten Sohn geboren hat, schickt Rahel ihre Magd Bilha in den Kampf, die an ihrer Stelle zu Jakob geht und ihm zwei Söhne gebiert. Lea, die mittlerweile nicht mehr schwanger wird (1. Mose 29,35), kontert mit ihrer Magd Silpa, die ebenfalls zwei Söhne zur Welt bringt. Es war nicht mehr nur ein Kampf um Jakobs Liebe; es war ein Kampf gegen die Schwester, bei dem beiden Kontrahentinnen jedes Mittel recht war.

Lea geht schließlich so weit, dass sie ihren eigenen Mann von ihrer Rivalin »ausleiht«. Als Rahel die »Liebesäpfel« (ein Fruchtbarkeitsmittel) haben will, die Ruben auf dem Feld gefunden hat, reagiert Lea erst schockiert: »Hast du nicht genug, dass du mir meinen Mann genommen hast?« Worauf Rahel ihr ein Tauschgeschäft vorschlägt: Gib mir die Liebesäpfel, und Jakob darf heute Abend mit dir schlafen. Lea geht darauf ein; am Abend eröffnet sie Jakob: »... ich habe dich erkauft mit den Liebesäpfeln meines Sohnes« und dann lesen wir: »Und er schlief die Nacht bei ihr« (1. Mose 30,14-17).

Sie muss wieder tief demütigend für Lea gewesen sein, diese Nacht. In der Hochzeitsnacht hatte Jakob geglaubt, Rahel in seinen

Armen zu haben. Diesmal muss Lea ihn von der Frau, die er liebt, »mieten«. Eine erkaufte Liebesnacht: Die rechtmäßige Ehefrau muss einen Handel machen, um mit ihrem Mann schlafen zu können. Wie lange hat Lea wohl versucht, ihr Los zu ändern? Sie war und blieb die Ungeliebte; ihr Mann wie ihre Schwester lehnten sie ab.

Es ist nicht klar, ob es auch Augenblicke gab, wo die Chemie zwischen den beiden Schwestern stimmte. Ich habe den Eindruck, dass Rahel eine egoistische Frau war, die kein Herz für andere hatte. Sie scheint es gewöhnt gewesen zu sein, ihren Willen durchzusetzen, zur Not mit mehr oder weniger sanftem Druck auf ihre Umgebung. Als es scheint, dass sie unfruchtbar ist, gibt sie glatt ihrem Mann die Schuld: »Schaffe mir Kinder, wenn nicht, so sterbe ich« (1. Mose 30, 1). Auch eine Methode, mit leeren Händen umzugehen ...

Ich frage mich, was Rahel mehr irritierte: ihre Kinderlosigkeit oder die Tatsache, dass Lea etwas hatte, was sie nicht hatte. Ich glaube fast, es war das Letztere – besonders, wenn ich Rahels Worte lese, nachdem Bilha ihren zweiten Sohn geboren hat: »Über alle Maßen habe ich gekämpft mit meiner Schwester, und ich habe gesiegt« (1. Mose 30, 8). Worte einer verwöhnten Frau, die zu allem fähig war, um zu kriegen, was sie wollte.

Doch seien wir fair: Auch Rahel war ein Opfer. Sie war so daran gewöhnt, die Hübschere zu sein. Das Leben hatte es immer gut gemeint mit ihr in ihrer Jugend. Es muss der erste große Schock ihres Lebens gewesen sein, als ihr Vater zuerst Lea Jakob zur Frau gab. Und jetzt ihre Unfruchtbarkeit, während Lea und die beiden Mägde ein Kind nach dem anderen bekommen. Wie weh muss eine solche Situation tun! Beide, Lea wie Rahel, waren besessen von dem, was sie nicht hatten, und hingen ihr ganzes Glück daran. Später erhörte Gott Rahels Weinen und machte sie endlich fruchtbar (30, 22) – ein Beispiel dafür, wie Gott uns in seiner unendlichen Güte entgegenkommt und segnet.

Hat Leas Los sich je gewendet? Wahrscheinlich nicht. Wir erfahren wohl, dass Jakob sie später in der Familiengruft beisetzte (1. Mose 49, 29-31), während Rahel, die auf der Reise von Bethel nach Bethlehem bei der Geburt Benjamins starb, »an dem Wege« (1. Mose 35, 19) beerdigt wurde. Ob Jakob Lea in späteren Jahren doch noch schätzen gelernt hat? Ich kann mir vorstellen, dass es alles andere als einfach war, mit der verwöhnten Rahel verheiratet zu sein. Aber die Bibel gibt uns keine Auskunft, und Lea wird wohl zumindest für den Großteil ihres Lebens »zweite Wahl« geblieben sein – die Frau eines Mannes, der eine andere liebte. Dass ihre Rivalin im gleichen Haus wohnte und ständig in der Nähe war, muss ihr Elend noch vergrößert haben.

Was wissen wir über Leas spätere Jahre? Nach zwanzig Jahren kommt es zu wachsenden Spannungen zwischen Laban und Jakob. Gott befiehlt Jakob, fortzuziehen, zurück in das Land seiner Väter (1. Mose 31, 2-3). Jakob bespricht sich mit seinen beiden Frauen, die beide keine guten Worte für ihren Vater haben: »Er hat uns wie Fremde behandelt; verkauft hat er uns, und das Geld hat er für sich verbraucht« (V. 15; Gute Nachricht). Und so zieht Jakob mit Frauen und Kindern, Sack und Pack in aller Heimlichkeit fort, und jetzt ist Laban der Betrogene (V. 20-21).

In 1. Mose 32 sendet Jakob Boten zu seinem Bruder Esau voraus, dessen Zorn er immer noch fürchtet, und erfährt, dass er ihm mit vierhundert Mann entgegenzieht. Die Vorsichtsmaßnahmen, die Jakob in aller Eile trifft (1. Mose 33), sagen uns einiges über sein Verhältnis zu seinen verschiedenen Frauen und Kindern: Er selber geht voran. Gleich hinter ihm – also in der, sollte es zum Kampf kommen, gefährdetsten Position – kommen die beiden Mägde und ihre Kinder; sie waren am wenigsten wichtig. Danach kommen Lea und ihre Kinder und zum Schluss, in der relativen Sicherheit der Nachhut, Rahel und Josef; sie waren nach wie vor Jakobs Lieblinge.

Lea hat in ihrem Leben noch manches mehr abbekommen. In 1. Mose 34 wird ihre Tochter Dina in Sichem vergewaltigt, worauf ihre Söhne Simeon und Levi ein Blutbad in der Stadt anrichten, was die ganze Sippe in Verruf bringt und Jakobs Verhältnis zu Leas Söhnen nicht gerade verbessert (V. 30). Wobei wir nicht vergessen dürfen, dass seit Josefs Geburt Leas Kinder immer die zweite Geige spielten. Dass Josef so deutlich Papas Liebling war, muss seine Halbbrüder und Lea sehr belastet und die Zerrissenheit der Familie noch verschlimmert haben.

Und dann erlebte Lea natürlich noch Rahels Tod und Josefs Verschwinden mit – beides Ereignisse, die zutiefst in Jakobs Leben und damit das der ganzen Familie einschnitten. Wir erfahren in 1. Mose 37,35, dass Jakob nach Josefs vermeintlichem Tod untröstlich war; was seine Söhne und Töchter auch taten, um ihn zu trösten, es fruchtete nichts. Josef, der Sohn der geliebten Rahel, war durch keinen anderen zu ersetzen. Er war Gold gewesen – sie waren nur Silber. Es muss ein neuer Schmerz für Lea gewesen sein.

Wie wir weiterleben können

Was tun, wenn der Schmerz in unserem Leben nicht weggehen will? Fünf Punkte möchte ich ansprechen:

a) Vertraue auf Gott, der dich sieht

In 1. Mose 29,30 heißt es, dass Jakob Rahel mehr liebte als Lea. Gleich im nächsten Vers lesen wir: »Als aber der Herr sah, dass Lea ungeliebt war, machte er sie fruchtbar; Rahel aber war unfruchtbar.« Und als Lea Jakob für eine Nacht von Rahel »ausleiht«, »erhörte« Gott sie, »und sie ward schwanger und gebar Jakob ihren fünften Sohn« (1. Mose 30,17). Gott sah und Gott hörte. Wo wir mutterseelenallein sind und uns von allen verlassen fühlen, ist Gott doch da. Er sieht und hört uns. Er kennt unseren Schmerz und unsere Tränen. Sollte uns das nicht zuversichtlich und getrost machen, egal, wie elend und verlassen wir uns fühlen? Gott ist immer da; wir können immer zu ihm kommen.

b) Höre nicht auf, Gott zu suchen; er wartet darauf, sich dir zu offenbaren

Um was beten wir, wenn unsere schmerzliche Situation nicht weggehen will? Was immer sie auch ist, wir können immer Gott anrufen und ihm unsere Sorgen hinlegen. Dies ist eine Wahrheit, die wir nicht immer ausleben. Oft finden wir es einfacher, Menschen an unserer Last teilnehmen zu lassen als Gott. Umso wichtiger ist es, dass wir es einüben, mit allem zu ihm zu gehen. »Sorgt euch um nichts, sondern in allen Dingen lasst eure Bitten in Gebet und Flehen mit Danksagung vor Gott kundwerden!«, ruft Paulus in Philipper 4, 6 aus. Unser Vater im Himmel nimmt Anteil an allen Einzelheiten unseres Lebens; er wartet darauf, dass wir mit all unserer Not zu ihm kommen. Wir dürfen voller Zuversicht vor ihn treten und ihm alles, ob groß oder klein, bringen.

Aber wir sollten ihm nicht nur unsere Sorgen hinlegen, sondern auch uns selber! Ich lege Gott nicht mein Päckchen vor die Tür und gehe dann wieder weg, sondern ich gehe selber zu ihm hinein. Und das hat Folgen für meine Lasten und für die Art, wie ich sie sehe. In dem Maße, in dem unsere Beziehung zu Gott wächst, wird sich auch unser Gebetsleben ändern. Wir kommen nicht mehr zu Gott, weil er uns diesen oder jenen Gefallen tun kann, sondern wir suchen *ihn selber* – seine Person, sein Wesen.

Diese Schwerpunktveränderung ist ein wichtiger Schritt in unserem Entdeckungsprozess, wer Gott überhaupt ist. Manchmal geschieht sie erst dann, wenn unsere Hände ganz leer geworden sind; erst jetzt erfahren wir die ganze Fülle der Güte Gottes und merken, wie wunderbar es ist, sich in ihm zu bergen und alles von ihm zu erwarten, anstatt sich auf uns selbst oder andere Menschen zu verlassen. So können Prüfungen und Unglücksfälle uns näher zu Gott treiben und dazu verhelfen, dass sich unsere Gemeinschaft mit ihm vertieft. Wir bekommen eine tiefe Freude, ja, eine ganz neue Lebensdimension, die wir sonst womöglich nie erfahren hätten.

John White, der in seiner Familie viel Not erlebt hat, spricht dies in seinem Buch *Daring to Draw Near** an. Er schreibt:

> »Immer aber können wir eine vertiefte Gemeinschaft mit Ihm erleben. Sei gewiss: Der Schmerz in deinem Leben hat seinen Sinn. Er ist ein Schnitt des himmlischen Chirurgen, der, wenn du recht auf ihn eingehst, dein inneres Leben und Wachstum heilen und korrigieren wird. Aber es ist unabdingbar, dass du fest auf die Gnade und Güte Gottes vertraust. Keine Bitterkeit, kein Aufbegehren darf deinen Blick trüben, wenn Gott nicht zu antworten scheint; hüte dich vor dem Luxus des Selbstmitleids und des Zweifels, sonst könnte der Schmerz, statt deine Gottesgemeinschaft reicher zu machen, genau das Gegenteil bewirken.«

Und später fährt er fort:

> »Die Schätze, die ich durch meine Prüfungen gewonnen habe, lassen mir das Leiden als einen läppischen Preis erscheinen. Ich leide nicht gerne, aber ich würde mit Freuden wieder den gleichen Schmerz durchmachen, um mehr von diesen Schätzen heben zu dürfen. ... Wenn ich die Freudenernte in meinem Leben sehe, kann ich nur lachen und staunen.«

Vor einigen Jahren begleitete ich eine gute Freundin auf ihrem langen Krankheitsweg in den Tod. Die ganzen drei Jahre, die sie wusste, dass sie Krebs hatte, beteten wir, zum Teil zusammen mit anderen Freunden, um das Wunder der Heilung. Gemeinsam durchlitten wir Stunden der Verzweiflung, der Verzagtheit, der Angst vor dem Leiden. Und das Leiden wurde zur Realität. Immer schwächer wurde meine Freundin, immer stärker ihre Schmerzen.

---

* John White, *Daring to Draw Near: People in Prayer Are People Open to God* (IVP, USA, 1977).

Einen Monat vor ihrem Tod – es war gerade der Silvesterabend, und ich blieb die Nacht über bei ihr im Hospiz – lasen wir zusammen das 3. Kapitel des Philipperbriefs, wo Paulus darlegt, wie die Gemeinschaft mit Christus alles andere, was uns ein Gewinn zu sein scheint, so weit übersteigt. Christus »gewinnen« (V. 8) – das ist ihm jeden Einsatz wert. In Vers 10 schreibt er: »Ihn möchte ich erkennen und die Kraft seiner Auferstehung und die Gemeinschaft seiner Leiden und so seinem Tode gleichgestaltet werden.« Gegen Mitternacht kamen mehrere andere Besucher in den Raum. Begrüßungen, Umarmungen, Tränen. Einige waren verlegen, wussten nicht recht, was sie einer Sterbenden zu Neujahr wünschen sollten. Aber bei allen Fragen, die bis zum Ende ihres Lebens offen blieben – hatten wir es nicht im Philipperbrief schwarz auf weiß gelesen, was wir ihr wünschen sollten? Dass sie immer tiefer Christus erkennen möge.

Und so geschah es auch. Unsere Freundin wurde nicht körperlich geheilt; in dieser Hinsicht veränderte sich ihre Situation nicht. Aber Gott wurde ihr immer kostbarer. An dem Sonntagnachmittag, wo sie schließlich starb, beteten wir ein letztes Mal miteinander. Bald, ja, bald hätte sie all das Leiden hinter sich. Ich versicherte ihr, dass Jesus mit ausgebreiteten Armen auf sie wartete, und wir sprachen darüber, wie das sein würde, endlich zu dem, den sie so kannte und liebte, nach Hause zu gehen. Wenn ich heute auf ihr so langes Krankenlager zurückblicke, verstehe ich zwar immer noch nicht, warum sie das durchmachen musste; aber ich sehe, wie Gott ihr die Freude gewährte, ihn immer besser kennen zu lernen, und ihr auch immer wieder Kraft und Gnade gab, ihre Situation zu verkraften. Ja, wir müssen lernen, Gott zu suchen und ganz auf ihn zu vertrauen, anstatt uns um den morgigen Tag zu sorgen und um das, was wir dann so gerne hätten.

In seinen Psalmen spricht David wiederholt vom »Sattwerden« – vom Sattwerden nicht durch das Leben oder die Umstände, sondern durch Gott. So in Psalm 63,4-8:

> »Deine Liebe bedeutet mir mehr als das Leben, darum will ich dich preisen. Mein Leben lang will ich dir danken und dir

meine Hände im Gebet entgegenstrecken. Du machst mich satt und glücklich wie bei einem Festmahl, mit jubelnden Lippen preise ich dich. In nächtlichen Stunden, auf meinem Bett, gehen meine Gedanken zu dir, und betend sinne ich über dich nach. Ja, du hast mir geholfen, im Schutz deiner Flügel konnte ich vor Freude singen.« (Gute Nachricht)

Diese Worte sind die Frucht eines Lebens mit Gott. Durch die verschiedensten Prüfungen hindurch lernte David Gottes Güte kennen und damit etwas, was durch keine noch so widrigen Umstände erschüttert oder verändert werden kann. Wie David, so können auch wir immer mehr entdecken, dass Gott unseres Lobes würdig ist, egal, was gerade um uns herum geschieht. Selbst wenn eine Ehe ohne Liebe unsere inneren Hände leer lässt, selbst wenn wir keine Heilung von unserer Krankheit bekommen – Gott kann unsere Hände mit seinem Trost und seiner Güte füllen. Wie Jesaja es ausdrückt: »Und der Herr wird dich immerdar führen und dich sättigen *in* der Dürre und dein Gebein stärken« (Jes 58,11).

c) Lerne es, die Blumen an deinem Weg zu sehen

Es heißt, dass Gott da, wo er eine Tür verschließt, dafür ein Fenster öffnet. Manchmal starren wir so angestrengt die verschlossene Tür an, dass wir das Fenster gar nicht wahrnehmen.

Hat Lea wirklich keine glücklichen Stunden gekannt? Ich denke an den Segen, den Gott ihr durch ihre Kinder schenkte. Er war es, der sie fruchtbar machte. Nicht jede Frau bekommt Kinder; Rahel war lange unfruchtbar. Lea bekam sechs Söhne und eine Tochter. Als Ruben die Liebesäpfel fand, brachte er sie seiner Mutter. Ich sehe Gottes Lächeln in dieser Geste. Bestimmt gab es noch andere Augenblicke der Freude für Lea.

Wir müssen ein Gespür für Gottes Segnungen in unserem Leben entwickeln. Wer immer nur darauf schaut, was er nicht hat oder was er verloren hat, der sieht schließlich nicht mehr, was er hat bzw. haben kann. Solange Lea ihr Glück davon abhängig machte, dass Jakob sie liebte, konnte sie nicht glücklich werden, denn ihre Ehe änderte sich nicht.

Es gibt so viele Beispiele für Nöte, die nicht weggehen: Kinderlosigkeit, ungewollte Ehelosigkeit, Körperbehinderungen. Joni Eareckson ist infolge eines Schwimmunfalls seit ihrem 16. Lebensjahr an den Rollstuhl gefesselt. Aber wievielen Menschen ist sie zum Segen geworden! Sie ist eine begnadete Künstlerin und ein Sprachrohr der Behinderten, die auf Konferenzen und Seminaren für die volle Integration der Behinderten in Gesellschaft und Kirchen eintritt. Sie findet, dass auch diese Menschen ein Recht auf Entfaltung ihrer Gaben haben, damit sie anderen zum Segen werden können. Joni ist ein Beispiel dafür, wie man auch schwierigste Situationen annehmen und in ihnen wachsen kann. Aber sie ist noch mehr: Trotz oder vielleicht gerade durch ihre Behinderung ist sie zu einer Frau Gottes geworden. Ihr trauriges Schicksal hat sie nicht verkrüppelt, sondern verwandelt – und warum? Weil sie durch Gottes Gnade nicht nur die verschlossene Tür, sondern auch das offene Fenster sah. Anstatt sich von ihrer Behinderung einsperren zu lassen, ergriff sie die Chancen, die sie ihr bot. Darin liegt eine wichtige Lektion verborgen.

d) Erdulde dein Leid – es ist nicht umsonst

Es ist wahr: Leiden kann einen Menschen zerbrechen. Aber genauso wahr ist, dass nichts uns stärker wachsen lassen kann als das Leid in unserem Leben. Wenn wir mit unserem Schmerz zu Gott kommen, geben wir ihm Gelegenheit, in und an uns zu wirken.

Leiden kann unseren Glauben läutern, ihn reiner und stärker machen. Der »Glutofen des Elends« (Jes 48, 10) mag uns grausam oder sinnlos erscheinen, aber er will unserem Heil und inneren Wachstum dienen. Leiden kann den kostbaren Kern unseres Glaubens von all den Schalen des bloß Äußerlichen und Formellen befreien. Menschen, die durch große Not gegangen sind, können es uns bezeugen, dass ihr Glaube gestärkt daraus hervorging; sie haben gelernt, durchzuhalten; ihre Gottesbeziehung ist tiefer und inniger geworden. Leiden verlangt uns viel ab, aber es wird uns auch Gnade geschenkt, die uns hilft, fester zu stehen. Es mag widersprüchlich klingen, aber es ist wahr: Je abhängiger von Gott wir werden, umso stärker werden wir.

Paulus durchlebte eine Leidensprüfung, die er seinen »Pfahl im Fleisch« nannte (2. Kor 12, 7-10). Was das war, erwähnt er nirgends offen, und die Spekulationsküche kocht entsprechend; eine Theorie besagt, dass er an einer Augenkrankheit litt. Aber was immer es auch war, Paulus wäre es lieber heute als morgen losgeworden und bestürmte Gott deswegen. Aber der »Pfahl« blieb. Doch eine Antwort bekam Paulus trotzdem: »Lass dir an meiner Gnade genügen; denn meine Kraft ist in den Schwachen mächtig« (V. 9). Paulus lernte, dass Schwäche und Schwierigkeiten gute Früchte tragen und uns Gott näher bringen können, und so konnte er schließlich sagen: »Darum bin ich guten Mutes in Schwachheit, in Misshandlungen, in Nöten, in Verfolgungen und Ängsten, um Christi willen; denn wenn ich schwach bin, so bin ich stark« (V. 10).

Leiden vertieft nicht nur unseren Glauben, sondern auch unseren Charakter. Leute, die es lernen, sich in der Not ganz Gott auszuliefern, werden oft sanftere Menschen. Sie erleben, wie der Trost, den Gott ihnen gibt, größer wird als ihr Groll und ihre Bitterkeit. Sie können in Gott ruhen und müssen nicht mehr krampfhaft nach Auswegen aus ihrer Not suchen. Ihr Seelenfrieden hängt nicht mehr auf Gedeih oder Verderb davon ab, dass sie eine glückliche Ehe oder liebe Kinder haben oder gesund sind. Gottes Gnade macht sie zu Menschen, die andere trösten können; sie haben in und durch ihre eigene Situation das Rüstzeug bekommen, anderen zu helfen. Sie kennen die Tiefen des Leidens und haben gelernt, dass es keine Patentantworten gibt. Gott selber hat sie getröstet und reicher gemacht.

Vielleicht lesen wir in diesem Zusammenhang einmal 2. Korinther 1, 3-5. Für ein Gotteskind ist Leiden nicht sinnlos. Leiden, das ich in Gottes Hände lege, bringt gute Frucht. Die »lieblichsten« Menschen sind oft gerade diejenigen, die wissen, was Leiden ist.

e) Bleibe nicht im Hier und Jetzt stecken

Ein ganz großes Fenster hat Lea wahrscheinlich nie gesehen. Es war ein Fenster, das in die Zukunft ging. Lea mag sich ihr ganzes Leben lang minderwertig vorgekommen sein – in Gottes Augen war sie ein unentbehrlicher Teil in einem gewaltigen Plan: Ihr Sohn Juda sollte einer der Vorväter Jesu Christi werden; im Stammbaum Jesu in Matthäus 1 wird er erwähnt. Seine Mutter Lea war ein Werkzeug in Gottes Heilsplan, ein Glied in der großen Kette, die zur Geburt unseres Heilands hinführte.

Wir haben einiges davon gesehen, wie Gott Menschenleben in all ihrer Komplexität und Verschiedenartigkeit lenken und seine Pläne durch sie ausführen kann. Diese Erkenntnis will uns ermutigen, uns ganz Gott hinzugeben und ihm unser eigenes Leben anzuvertrauen. Er kann es benutzen, auch in seinen dunklen Stunden, um etwas zu schaffen, das Auswirkungen hat, die weit über unseren begrenzten Horizont hinausgehen. Gott ist nicht an Zeit und Raum, wie wir Menschen sie kennen, gebunden, er hat die Perspektive der Ewigkeit. Halten wir uns fest an dieser Wahrheit – auch und gerade dann, wenn wir das Leben nicht mehr verstehen können. Lernen wir es, Gott durch dick und dünn hindurch zu vertrauen!

Dies ist leicht gesagt, wenn es uns gut geht, und schwer getan, wenn unsere Not nicht weggehen will, ja, vielleicht immer schlimmer wird. Manchmal erleben wir einen Frieden, der höher ist als alle Vernunft, und sind mitten im schlimmsten Sturm ganz ruhig, aber dann erleben wir es auch wieder, wie die Wellenberge der Angst uns zu verschlingen drohen. Manchmal spüren wir Gottes Gegenwart, manchmal nicht. Aber zu jeder Zeit sind wir eingeladen, uns in ihm zu bergen. Lernen wir es, in jeder Lebenslage bei ihm unsere Zuflucht zu suchen. Legen wir unsere Sorgen dort ab, wo sie hingehören: bei unserem himmlischen Vater. Seine Pläne für uns sind höher, als unsere Menschenaugen und -gedanken je zu fassen vermögen. Je reifer wir in unserem Glauben werden, umso offener werden wir für diese Dinge, und auf einmal merken wir, wie wir selbst in unseren dringendsten Bittgebeten

Gott immer mehr bitten, dass sein Wille geschehe und sein Name geheiligt werde.

7. Wenn Berufung Leiden bringt

Wenn wir darüber nachdenken, was es bedeutet, in Gott seine Zuflucht zu finden, dürfen wir eine weitere biblische Gestalt nicht vergessen: Ruts Urenkel David, den Schäfer-König. Sein Leben wird in 1. Samuel 16 bis 1. Könige 2,11 sowie im Großteil von 1. Chronik 11-29 beschrieben. David war der jüngste Sohn Jesses aus dem Stamm des Josef-Bruders Juda und spielt in der Bibel eine herausragende Rolle als Vorfahr und Vorläufer Jesu Christi. In Offenbarung 22,16 sagt der verherrlichte Christus: »Ich bin die Wurzel und das Geschlecht Davids, der helle Morgenstern.« Im Neuen Testament wird David nicht weniger als 58-mal erwähnt, unter anderem in dem Jesus so oft zugesprochenen Titel »Davids Sohn« bzw. »Sohn Davids«.

David ist als König wie als Sänger und Dichter bekannt. Er ist der Autor von 73 Psalmen, und in diesen Psalmen spricht er oft von der Zuflucht in Gott und nennt ihn seinen Fels, seine Burg, seine Zuflucht, seine Hilfe und seinen Hort. David ist ein Musterbeispiel dafür, was es heißt, sich bei Gott zu bergen. Aber schauen wir uns zunächst Davids Leben an: Wie kam es dazu, dass er Gott als seine Zuflucht entdeckte?

David, der von Gott selbst erwählte zweite König Israels, stand mehr als einmal in seinem Leben mit leeren Händen da. Wir haben weiter oben schon gesehen, dass solche Hilflosigkeit, so negativ wir sie auch erfahren, ein Kanal werden kann, durch den wir mit Gottes Gnade entdecken können, was es heißt, seine

Zuflucht bei Gott zu finden. So geschah es auch in Davids Leben.

In diesem siebten Kapitel wollen wir uns die turbulente frühe Phase seines Lebens ansehen, in der seine Nöte direkt mit seiner göttlichen Berufung zum König über Israel zusammenhängen. Was uns gleich eine wichtige Einsicht gibt: *Wenn Gott uns zu einer bestimmten Aufgabe beruft, kann uns das ins Leiden führen.*

Dass Gott David erwählt hatte, hatte dramatische Konsequenzen für mindestens zwei Menschen: für Saul, den er als König ersetzen sollte, und für Sauls Sohn Jonatan. Als es Saul dämmerte, dass David ein Konkurrent um den Thron war, verwandelte seine Zuneigung zu ihm sich in glühenden Hass; jahrelang verfolgte er David schonungslos, mehrere Male entkam David nur um ein Haar dem sicheren Tod. Das Drama dieser Jahre wird ab 1. Samuel 18 beschrieben, aber auch einige der Psalmen beziehen sich auf sie.

Von König Saul verfolgt

Der erste König Israels war Saul. In Gottes Willen war ein König für Israel eigentlich nicht vorgesehen, aber in 1. Samuel 8 lesen wir, wie die Israeliten der geistlichen Führung durch den alt gewordenen Samuel und seine beiden missratenen Söhne überdrüssig wurden. Sie verlangten einen König, wie andere Völker ihn auch hatten (V. 5). Gott machte ihnen klar, dass sie damit eigentlich nicht Samuel, sondern ihn selber verwarfen (V. 7), gewährte ihnen jedoch ihre Bitte, und in 1. Samuel 10 salbt Samuel den jungen Saul aus dem Stamm Benjamin zum ersten König über Israel (V. 1). Ein großer Erfolg als König war Saul nicht; dreimal gehorcht er Gott nicht, der ihn schließlich verwirft (1. Sam 15,26-28).

In 1. Samuel 16 schickt Gott den Propheten Samuel zu Jesse, wo er ihm den nächsten König Israels enthüllt: Jesses Jüngsten, David, der die Schafe hütet und der als »bräunlich, mit schönen Augen und von guter Gestalt« beschrieben wird (V. 12). Seine

Position in der Familie? Sein Vater vergisst ihn glatt, als Samuel seine Söhne zu sehen wünscht. Aber er, der Jüngste und Unwichtigste, war der, den Gott wollte!

In 1. Samuel 16,13 lesen wir, wie Samuel David zum König salbt. Der nächste Satz ist sehr wichtig: »Und der Geist des Herrn geriet über David von dem Tag an und weiterhin.« Während Saul das genaue Gegenteil erlebt: »Der Geist des Herrn aber wich von Saul, und ein böser Geist vom Herrn ängstigte ihn« (V. 14).

Genau dies aber bringt David an Sauls Hof. Er soll dem von seinen Depressions- und Wutanfällen geplagten König mit seinem Harfenspiel Linderung bringen, und tatsächlich, bald geht es Saul bei Davids Musik besser (V. 23). Kein Wunder, dass Saul dem jungen Harfenspieler zugetan wurde (V. 21-22). Es scheint alles bestens zu laufen für David: Er ist ein gern gesehener Gast am Königshof, er wird Sauls Waffenträger (1. Sam 16,21), und als er auch noch den gefürchteten Goliat besiegt (Kap. 17), erreicht er den Gipfel des Ruhms und der Beliebtheit. Saul nimmt ihn zu sich in den Palast (1. Sam 18,2).

Doch Sauls Gunst erweist sich als kurzlebig. Als David einen Sieg nach dem anderen erringt und der Liebling des Volkes wird, erwacht Sauls Eifersucht. Zweimal versucht er, David mit dem Speer zu töten (1. Sam 18, 11), dann schickt er ihn in einen eigentlich aussichtslosen Kampf mit den Philistern (V. 25). David überlebt alle Anschläge.

Saul versucht es weiter. Es beginnt eine lange, gefahrvolle Phase in Davids Leben, in der er ständig auf der Flucht vor Saul ist. Nirgends ist er lange sicher, ständig muss er sich verstecken und erneut fliehen; wer ihm hilft, wird grausam bestraft (1. Sam 22,6-19). Selbst Sauls Sohn Jonatan, der zu David hält, bekommt den Zorn seines Vaters zu spüren; einmal entgeht auch er nur knapp dem Tod (1. Sam 20,33).

Man stelle sich das vor: Von Gott zu einer gewaltigen Aufgabe berufen und dann verfolgt und gehetzt wie ein Wild von den Hunden! Es muss demoralisierend auf David gewirkt haben. Ich bin sicher, dass er tausend Fragen hatte. Erst zum König gesalbt und ein Liebling bei Hof, und jetzt ständig auf der Flucht – warum nur? Der ehemalige Held ist sich nicht mehr seines Lebens sicher. Kein Wunder, dass er auf seiner Flucht aus Najot in Rama Jonatan fragt: »Was hab ich getan? Was ist meine Schuld? Was hab ich gesündigt vor deinem Vater, dass er mir nach dem Leben trachtet?« (Kap. 20, 1) Der Herzensschrei eines Mannes, der nicht mehr kann, sich ständig in Höhlen und in den Bergen vor Sauls Häschern verstecken muss (z. B. 1. Sam. 23, 14. 23).

David war jemand, der von Gott berufen – und nach allen menschlichen Maßstäben enttäuscht und verlassen war.

Wie reagierte David?

Wie ging David mit dieser Situation um? Nun, zunächst einmal tat er das Naheliegende und floh um sein Leben. Er war nicht passiv, er gab nicht einfach auf, sondern war wachsam und reagierte immer sofort. Mit anderen Worten: Er stellte sich der Lage und tat, was er konnte. Womit er uns ein wichtiges Beispiel ist: Selbst in der größten Not gibt es Aufgaben, die wir anpacken müssen. Wenn wir uns sehr einsam und verlassen fühlen, sind wir ja manchmal versucht, aufzugeben (»Es hat ja doch alles keinen Zweck ...«) oder bitter gegen Gott zu werden. Bestimmt war auch David in dieser Versuchung. Aber er gab ihr nicht nach. Seine Psalmen zeigen ihn uns als einen Menschen, der intensive Gefühle kannte, der oft am Ende war und verzweifelt zu Gott schrie. Aber er floh und kämpfte weiter – und er sprach weiter mit seinem Gott.

David machte in seiner Zwiesprache mit Gott keinen Hehl aus dem, was in ihm vorging. In Psalm 18, jenem Danklied, nachdem Gott ihn vor seinen Feinden und vor Saul gerettet hatte, schaut er zurück auf die Tage der Not. Seine Worte zeigen uns, dass er alles ihm Mögliche getan hatte, um sein Leben zu retten, dass er aber auch Gott um Hilfe angerufen hatte. In Vers 7 heißt es: »Als mir angst war, rief ich den Herrn an und schrie zu meinem Gott.« Ein wahres Wort! Not treibt auch uns ins Gebet. Nie sind unsere Gebete dringender und ehrlicher, als wenn das Wasser uns bis zum Hals steht.

Sicher, manche Menschen beten *nur*, wenn sie in Not sind. Aber das Schreien zu Gott kann auch eine ganz natürliche Reaktion des Gotteskindes sein. Ein Kind, das Angst hat, ruft automatisch nach seinem Vater oder seiner Mutter – weil es sie kennt, weil es ihnen vertraut. So war es auch bei David: Seine Gebete waren keine gelegentlichen Hilfeschreie, sie waren ein Teil seiner innigen Verbundenheit und seines Redens mit seinem himmlischen Vater. Für ihn war das Beten wie das Atmen: ohne konnte er nicht leben. Gott sein Herz auszuschütten, war ihm das Natürlichste in der Welt, und so finden wir bei ihm alle Arten von Gebet: Danksagung, Anbetung, Sündenbekenntnis, Fürbitte, aber auch eben dieses Aussprechen der Warum-Fragen, der Verzweiflung, der völligen Hilflosigkeit. Für David war das Gebet die logische Folge seiner Verbundenheit mit dem himmlischen Vater, und so ist auch Psalm 18 der ganz natürliche Ruf des Gotteskindes nach seinem Vater.

In Vers 2-3 zählt David auf, wer Gott für ihn ist: »Stärke«, »Fels«, »Burg«, »Erretter«, »Hort«, »Schild«, »Berg«, »Schutz«. »Hort« wird auch mit »Zuflucht« übersetzt. Was heißt es, in Gott seine Zuflucht zu suchen, wenn überall Gefahr lauert und man nicht weiß, ob man morgen noch am Leben sein wird? Garantiert Gott uns unsere Errettung? Ist es wirklich er, der uns beschützt, wenn wir doch selber alles Mögliche unternehmen, um dem Feind zu entkommen? Wenn wir ausgelaugt und am Ende sind und trotzdem ständig in Alarmbereitschaft bleiben müssen – ist Gott dann unsere Zuflucht? Spüren wir ihn wirklich um uns wie einen Schild, oder fühlen wir uns nackt und bloß, verlassen und allein? Wie kann in solchen Situationen die Zuflucht bei Gott eine Realität für uns sein?

Genauso wenig wie Gottes Gegenwart in unserem Leben uns das garantiert, was wir unter Glück und Erfolg verstehen, werden wir dadurch, dass wir uns zu ihm flüchten, garantiert frei von Schwierigkeiten und Nöten oder sind unseres Überlebens sicher. Wir alle kennen doch Beispiele, wo gerade Glaubensmenschen furchtbare Schicksalsschläge hinnehmen mussten. Die Frage ist doch, was solches Leiden mit uns macht – und mit unserem Gottvertrauen.

Unsere Gefühle deuten Leiden und Schwierigkeiten oft als Zeichen dafür, dass Gott nicht da ist. In unserem Schwarz-Weiß-Denken heißt die eine Gleichung: Heilung von Krankheit oder Befreiung = positiv = Gott ist da, und die andere: Beharrliche Probleme oder Sterben = negativ = Gott ist weit weg. Im ersten Fall danken wir Gott für seine Hilfe, im zweiten wissen wir nicht, was wir machen sollen: Wo ist Gott denn jetzt?

Wie war das bei David? War er himmelhoch jauchzend nach dem Sieg über Goliat und zu Tode betrübt auf der Flucht vor Saul? Erst freudig überzeugt von Gottes Gegenwart und Eingreifen, dann fragend und skeptisch? Hat er Zweifel an Gottes Führung in seinem Leben bekommen, wenn er bedrängt und erschöpft oder richtig »down« war? Gab es vielleicht gar Augenblicke, wo er Zweifel an Gottes Güte und Treue hatte?

In Psalm 18 lässt David uns etwas davon miterleben, wie ihm damals zumute war. In lebhaften Bildern schildert er, was er unter Sauls Verfolgungen durchgemacht hat: »Es umfingen mich des Todes Bande, und die Fluten des Verderbens erschreckten mich. Des Totenreichs Bande umfingen mich, und des Todes Stricke überwältigten mich. Als mir angst war ...« (V. 5-7). Seine Worte sind die eines Verzweifelten und Gejagten.

Aber das sind nicht seine letzten Worte! David gibt in seinen Gebeten seinen Gefühlen der Angst, des Kummers und der Verzweiflung breiten Raum. Er lässt seine Enttäuschung über Gottes Schweigen hinaus. Doch gleichzeitig drückt er immer wieder seinen Glauben an Gottes Güte, Liebe und Gerechtigkeit aus. Auch wenn er zuweilen sich selber einen Ruck geben musste, Gott wirklich zu vertrauen (so in Ps 43,5) – Gott war seine Zuflucht und einzige Hoffnung. Dies hat er immer wieder erklärt.

So auch in Psalm 59, der direkt an die in 1. Samuel 19,10-11 beschriebenen Ereignisse anknüpft. Saul hat versucht, David mit dem Speer an die Wand zu spießen (1. Sam 19,10). David flieht, und Saul lässt sein Haus umstellen, um ihn am Morgen zu töten. In immer neuen Anläufen schildert David, wie gejagt er sich fühlt. Doch dann kommt Vers 17-18: »Ich will aber von deiner Macht singen und des Morgens rühmen deine Güte; denn du bist mir Schutz und Zuflucht in meiner Not. Meine Stärke, dir will ich lobsingen; denn Gott ist mein Schutz, mein gnädiger Gott.«

David vertraute nicht auf seine eigene Kraft. Wenn er mit seiner Errettung rechnete, dann nur, weil er auf Gottes Güte und Treue baute. Diese Güte und Treue hatte er in seinem Leben bereits erfahren, an sie klammerte er sich. Er hatte gleichsam Gedenksteine an Gottes Heilstaten in sein Gedächtnis eingebaut. Er wusste, wer Gott ist und wie er handelt, und gerade wenn seine Hände leer waren, rief er sich dieses Wissen und diese Gewissheit in Erinnerung.

Zeichen von Gottes Gegenwart

In 1. Samuel 18, dem Kapitel, in dem Sauls Hass auf David erwacht, lesen wir dreimal einen kurzen Satz, den wir bereits aus der Josefsgeschichte kennen: »Der Herr war mit ihm« (V. 12 und 14; ähnlich V. 28). Woran zeigte sich das?

a) Erfolg

Die Worte »Der Herr war mit ihm« hängen ganz offensichtlich mit Davids militärischen Erfolgen und seiner wachsenden Popularität zusammen. In Vers 14 lesen wir: »Alle Aufträge führte er erfolgreich aus, denn der Herr stand ihm bei« (Gute Nachricht). In Vers 16: »Aber ganz Israel und Juda hatten David lieb, weil er bei seinen Kriegszügen an ihrer Spitze aus- und einzog« (Menge). Selbst Saul musste erkennen, dass Gott mit David war (V. 28) – und es machte ihm Angst.

b) Schutz

Gott segnete David nicht nur mit kriegerischen Erfolgen, er beschützte ihn auch. Immer wieder versuchte König Saul, David zu packen, und immer wieder hielt Gott seine Hand über ihn: »Und Saul suchte ihn die ganze Zeit; aber Gott gab ihn nicht in seine Hände« (1. Sam 23,14). Gottes Treue und Allmacht sprechen aus diesen Worten. 1. Samuel 23,25-28 ist nur eines von vielen Beispielen: David ist umzingelt und menschlich gesprochen erledigt – da fallen die Philister ins Land, und Saul muss seine Jagd auf David abblasen.

c) Gott hörte und antwortete

Gottes stets neues Eingreifen war nicht nur ein Zeichen seiner Gegenwart und Treue, es zeigte auch, dass er Davids Hilferufe gehört hatte. »Da erhörte er meine Stimme von seinem Tempel, und mein Schreien kam vor ihn zu seinen Ohren«, berichtet David in Ps 18,7. Und weiter: »Er neigte den Himmel und fuhr herab ... Er schoss seine Pfeile und streute sie aus, sandte Blitze in Menge und jagte sie dahin ... Er streckte seine Hand aus von der Höhe und fasste mich und zog mich aus großen Wassern. Er errettete mich von meinen starken Feinden« (Ps 18,10.15.17.18). Gott hört und Gott antwortet – aber, wohlgemerkt, nicht immer sofort, sondern oft erst mitten in den »großen Wassern«!

d) Hilfe durch Freunde

Ein viertes Zeichen für Gottes Gegenwart war, dass er David in seiner großen Not zwei Menschen an die Seite stellte, die ihn liebten und ihm halfen (1. Sam 18). Beide waren ausgerechnet Sauls Kinder. Sein Sohn Jonatan schloss mit David einen Freundschaftsbund, der alle Stürme überdauerte (1. Sam 18,1.3). Auch Sauls Tochter Michal, Davids Frau, liebte David (V. 20.28) und schützte ihn. Die Loyalität dieser beiden Menschen muss David ein enormer Trost gewesen sein. Ich sehe in ihnen einen Widerschein von Gottes Liebe. Ja: Manchmal schickt Gott uns Menschen, die durch dick und dünn zu uns halten und so zu Bildern seiner Treue werden. Ein solcher Freund war ja auch Rut, als sie ihrer Schwiegermutter in ihren bittersten Tagen Gefährtin und Stütze war.

Uns heutigen Bibellesern ist natürlich klar, dass Gott in Davids Leben am Werk war. Im Nachhinein ist das ja gut zu sehen. Aber wie sah David selber seine Situation? Saul war ja sein Leben lang sein Feind (1. Sam 18,29), und Einsamkeit, Frust und Angst müssen ihm ständige Begleiter gewesen sein. Er konnte immer wieder nur an die nächste Reaktion, die nächste Flucht denken. Sicher, er war zum König Israels bestimmt, aber die Wartejahre waren kein Zuckerlecken! Doch David erlebte etwas, das größer war als all diese Not.

e) Gott führte David ins »Weite«

Es gibt etwas, das noch kostbarer ist als aus seiner Not gerettet zu werden: Gott gibt uns mitten in unserer Angst Weite, Raum, Luft zum Atmen. David bezeugt es in Psalm 18,19-20: »... aber der Herr ward meine Zuversicht. Er führte mich hinaus ins Weite, er riss mich heraus.« Und in Vers 37: »Du gibst meinen Schritten weiten Raum.«

Das gleiche Phänomen spricht Psalm 31 in Vers 9 an: »Du stellst meine Füße auf weiten Raum.« Beginnen tut dieser Bittpsalm mit den Worten: »Herr, auf dich traue ich, lass mich nimmermehr zuschanden werden ...« (V. 2) Und weiter: »Sei mir ein starker Fels und eine Burg, dass du mir helfest! Denn du bist mein Fels und meine Burg ...«

David drückt hier ein Grundprinzip aus, das unserer Seele ganz buchstäblich Raum gibt: Wenn wir uns zu Gott flüchten und uns ihm ergeben, erfahren wir einen unerklärlichen inneren Frieden. Die bloße Tatsache, dass wir ihm gehören, schenkt uns eine Geborgenheit, die alle menschliche Not übersteigt. Was nicht bedeutet, dass wir, wenn wir so in Gott ruhen, keine Augenblicke des Schmerzes, des Leidens, der Angst mehr hätten. Aber wir werden eine Grundgeborgenheit erfahren, die nichts und niemand erschüttern kann, ein Fundament, das den heftigsten Lebensstürmen standhält. Das Wissen um Gottes »ewige Arme unter uns« (5. Mose 33,27) gibt uns festen Grund unter die Füße, »dass meine Knöchel nicht wanken« (Ps 18,37).

Wer auf Gottes »weitem Raum« steht, der weiß um die Realität, die höher ist als unser irdisches Leben. Mag unser Hier und Jetzt uns noch so bedrücken, wir wissen um ein Höheres, das denen, die Gott nicht kennen, verborgen, aber seinen Kindern offenbart ist. Weil wir eine tiefere Dimension, eine breitere Perspektive kennen, können wir anders durch das Leben gehen.

Auf Gottes »weitem Raum« stehen – das bedeutet, dass wir unsere Augen auf den Herrn richten, uns an das klammern, was er ist. Immer wieder sagt David es: »Er ist ein Schild allen, die ihm vertrauen. Denn wer ist Gott, wenn nicht der Herr, oder ein Fels, wenn nicht unser Gott?« (Ps 18,31-32) Je mehr wir auf Gott schauen, umso mehr Vertrauen zu ihm bekommen wir, und je mehr wir ihm vertrauen, umso stabiler wird unser Leben, umso weniger verletzbar sind wir.

Wie kommt es, dass wir uns so oft wie mit dem Rücken zur Wand fühlen und gar nicht frei und in »weitem Raum«? J. B. Phillips schreibt in seinem Buch *Your God Is Too Small* (Epworth Press, London), dass viele Menschen unserer Tage keinen Gott gefunden haben, der groß genug für ihr Leben und ihre Bedürfnisse wäre. Sie suchen ihn vielleicht, aber was sie finden, genügt ihnen nicht. Schuld daran ist nie Gott selber, sondern das Bild, das wir uns von ihm machen. Die Menschen haben ihre verschiedenen Gottesbilder, und diese Bilder können bis tief in unsere Kindheit zurückgehen und so hartnäckig sein, dass wir sie in unserem späteren Leben nur unter größten Schwierigkeiten korrigieren können. Unsere christliche Erziehung oder bestimmte negative Erfahrungen können so prägend sein, dass sie ein biblisches Gottesbild behindern: Gott wird der ewige Enttäuscher, der grausame Bestrafer, der große Spielverderber – und mit einem solchen Gottesbild fühlen wir uns natürlich alles andere als in einem »weiten Raum«. Zu unserem Wachsen im Glauben gehört, dass wir es lernen, uns von solchen falschen alten Bildern freizumachen.

Aber nicht nur ein falsches Gottesbild kann unseren Glauben behindern. Es kann gut sein, dass unser Gottesbild an sich durchaus biblisch ist, aber durch den Schatten negativer Umstände in unserem Leben oder unserer Vergangenheit verdunkelt wird. Wir können Gott sozusagen nur noch durch den Filter dieser Widrigkeiten sehen, und sie sehen so riesengroß aus, diese Widrigkeiten, dass Gott, obwohl wir es doch eigentlich besser wissen, vor unserem inneren Auge zu einem unbedeutenden, kraftlos-fernen Wesen zusammenschrumpft.

Ich glaube, der Schlüssel liegt darin, was für Prioritäten wir setzen. Wenn wir uns auf unsere Probleme konzentrieren und immer wieder sie anstarren, dann werden sie unserem Auge immer größer, schieben sich wie schwarze Berge zwischen uns und Gott, dass der schließlich ganz klein, fern und machtlos aussieht. Konzentrieren wir uns dagegen auf Gott, dann sehen wir, dass *er* ja der große Berg und der sichere Fels ist, und unsere Probleme bekommen ihre realistische Dimension: Sie sind viel kleiner und sicherlich weniger mächtig als Gott.

Gott gibt uns weiten Raum; unsere Probleme aber treiben uns in die Enge. Es kommt alles darauf an, wo wir stehen: neben Gott oder neben unseren Problemen. Daher sind Lob und Dank so wichtig für uns Christen, wichtiger noch als unsere Bitt- und Fürbittengebete. Es ist so einfach: Wenn wir zuerst auf Gott schauen und daran denken und dankbar bekennen, wer er ist, dann bekommt alles andere seine richtigen Proportionen. Genau dies praktiziert David in seinen Psalmen. Hier liegt das Geheimnis seines allen noch so hoffnungslos scheinenden Situationen trotzenden, ja wachsenden Gottvertrauens: Er sah auf Gott, und damit betrat er den weiten Raum der Liebe, Gnade und Güte Gottes. Das ist der Hintergrund zu seinen bewegenden Worten in Psalm 31,22: »Ich war eingeschlossen in einer belagerten Stadt, doch auch dort habe ich deine wunderbare Liebe erfahren.« (Hoffnung für alle)

f) David erfuhr Gottes Güte

Gehen wir weiter zu Psalm 34, den David ebenfalls auf der Flucht vor Saul schrieb. Hier lesen wir diesen gewaltigen Satz: »Schmecket und sehet, wie freundlich der Herr ist. Wohl dem, der auf ihn trauet!« (V. 8) Und in Vers 18 - 19 singt David: »Wenn die Gerechten schreien, so hört der Herr und errettet sie aus all ihrer Not. Der Herr ist nahe denen, die zerbrochenen Herzens sind, und hilft denen, die ein zerschlagenes Gemüt haben.«

Gottes Güte »schmecken« – das ist größer als alles andere. Und überall möglich, egal, in was für einer Lage wir gerade sind. David preist Gottes Güte mitten in seinen Problemen. Er entdeckt oder »schmeckt« sie nicht, weil Gott ihm die Probleme weggenommen hätte, sondern weil er mitten in der Not Gott als seine Zuflucht erfahren hat. Er hat Gottes grenzenlose Liebe entdeckt – und das genügt ihm, ja, das ist alles, was er braucht. In Psalm 63, 2 - 4 drückt er es so aus:

> »Gott, du bist mein Gott, den ich suche. Es dürstet meine Seele nach dir, mein ganzer Mensch verlangt nach dir aus trockenem, dürrem Land, wo kein Wasser ist. So schaue ich aus nach dir in deinem Heiligtum, wollte gerne sehen deine Macht und Herrlichkeit. *Denn deine Güte ist besser als Leben; meine Lippen preisen dich.*«

Gott möchte uns seine Güte und Treue zeigen. Manchmal benutzt er Zeiten der inneren Dürre und der leeren Hände, um in uns eine tiefe Sehnsucht nach ihm zu entzünden, so dass wir ihn suchen und zu ihm kommen und entdecken, wer er ist – und so unsere Hände und Herzen sich füllen!

Wir sehen dieses Prinzip deutlich im Buch Hosea. Damals ging Israel durch eine Periode des religiösen Pluralismus und des Baal-Kultes. Gott, der die Gemeinschaft mit seinem erwählten Volk wiederherstellen will, sagt: »Darum siehe, ich will sie locken und will sie in die Wüste führen und freundlich mit ihr reden« (Hos

2, 16). Die Wüste ist ein Symbol der Unfruchtbarkeit und Dürre. Wenn wir mit unserem Latein am Ende sind, sind wir dort angekommen, wo Gott auf uns wartet, um uns ganz tief zu begegnen.

Manchmal werden wir nicht von unseren Schwierigkeiten befreit – wie es damals bei David der Fall war. Obwohl Gott immer wieder eingriff, zog die Verfolgung durch Saul sich ein Jahr um das andere hin. Manchmal beantwortet Gott unsere Gebete nicht so, wie wir das gerne hätten, aber dafür gibt er uns vielleicht eine ganz unerwartete Antwort, die unsere Sehnsüchte auf andere Art stillt – durch eine tiefere, kostbarere Beziehung zu ihm. Der Prophet Habakuk drückt dies so aus:

> »Da wird der Feigenbaum nicht grünen, und es wird kein Gewächs sein an den Weinstöcken. Der Ertrag des Ölbaums bleibt aus, und die Äcker bringen keine Nahrung; Schafe werden aus den Hürden gerissen, und in den Ställen werden keine Rinder sein. Aber ich will mich freuen des Herrn und fröhlich sein in Gott, meinem Heil. Denn der Herr ist meine Kraft, er wird meine Füße machen wie Hirschfüße und wird mich über die Höhen führen« (Hab 3, 17 - 19).

Mit anderen Worten: Wenn meine Erwartungen sich nicht erfüllt haben und der »Erfolg« nicht kommen will, will ich mich doch freuen, weil meine Freude und mein Friede nicht von den Dingen abhängen, die ich gerne hätte, sondern allein von Gottes Güte. Er stellt meine Füße auf weiten Raum und macht sie wie die Füße eines Hirsches. Ich muss nicht mit Blei in den Schuhsohlen und mit einem Riesenrucksack auf dem Rücken einherstolpern! Das gleiche Bild der »Leichtfüßigkeit« wie bei Habakuk finden wir übrigens in Davids Danklied in 2. Samuel 22, 34 und in Psalm 18, 34. Was uns zurück zu Davids Situation unter König Saul bringt.

Es lohnt sich, einmal nachzuschauen, welche Psalmen sich auf die Zeit beziehen, wo David vor Saul auf der Flucht war, und dann diese Psalmen vor diesem Hintergrund zu lesen. Ein gutes Beispiel ist Psalm 57, den David dichtete, »als er vor Saul in die Höhle floh« (V. 1). Der Psalm bezieht sich auf die in 1. Samuel 22, 1 und 1. Samuel 24 geschilderten Ereignisse und zeigt uns, wie David mitten in der größten Not Gott preist. Seine innere Ruhe rührt daher, dass er Zuflucht gesucht und gefunden hat – aber nicht so sehr in der Höhle, in die er sich geflüchtet hat, sondern bei Gott.

»Sei mir gnädig, Gott, sei mir gnädig!«, beginnt David den Psalm. »Denn auf dich traut meine Seele, und unter dem Schatten deiner Flügel habe ich Zuflucht, bis das Unglück vorübergehe« (V. 2). Das ist die Ausgangsposition. Einige Verse später kommt dann die Frucht dieses Sichbergens in Gott: »Mein Herz ist bereit, Gott, mein Herz ist bereit, dass ich singe und lobe. ... Denn deine Güte reicht, so weit der Himmel ist, und deine Wahrheit, so weit die Wolken gehen« (V. 8.11).

Die Szene in der Höhle, in die David mit seinen Männern vor Saul geflohen war, entwickelte sich unerwartet günstig. Ahnungslos geht Saul in die Höhle hinein, um seine Notdurft zu verrichten. Die große Gelegenheit für David: Jetzt ist Saul ihm ausgeliefert, jetzt liegt sein Schicksal in seinen Händen! Aber David nutzt die Gelegenheit nicht, sondern verschont das Leben des Königs. Es scheint, dass die Zuflucht unter Gottes Armen uns nicht nur »weiten Raum« für uns selbst gibt, sondern auch für unsere Mitmenschen: Wir sind nicht mehr auf Rache und Vergeltung fixiert, sondern bekommen die Freiheit, anders zu handeln. Saul selbst bekennt es in 1. Samuel 24,19: Gott hat ihn David in die Hände gegeben, und doch hat David ihn nicht getötet.

Das Gespräch zwischen David und Saul im Anschluss an die Höhlenszene sieht zunächst wie ein Wendepunkt in Davids Schicksal aus. Überwältigt von Davids Großmut sagt Saul weinend: »Du bist gerechter als ich, du hast mir Gutes erwiesen; ich aber habe dir Böses erwiesen. ... Der Herr vergelte dir Gutes für das, was du heute an mir getan hast!« Und er lässt David schwören, dass er Sauls Familie und Namen nicht ausrotten wird (1. Sam 24,17-22).

Doch schon in 1. Samuel 26 ist Saul wieder hinter David her, diesmal in der Wüste. Wieder schont David sein Leben, und danach fragt er ihn: »Warum verfolgt denn mein Herr seinen Knecht?

Was hab ich getan? Und was ist Böses in meiner Hand?« (1. Sam 26,18) Saul bereut erneut: »Ich habe gesündigt; komm wieder, mein Sohn David, ich will dir hinfort nichts Böses mehr tun ... Siehe, ich habe töricht und sehr unrecht getan.« (V. 21) Ein schönes Versprechen, aber David traute Sauls Worten nicht mehr und flüchtete sich ins Philisterland, wo er endlich Ruhe vor Sauls Nachstellungen hatte (1. Sam 27,4).

Andauerndes Vertrauen

Wie behält man sein Gottvertrauen, wenn Gottes Verheißungen sich offenbar nicht erfüllen? Gott hatte David unmissverständliche Verheißungen für sein künftiges Amt gegeben, hatte ihn sogar durch Samuel zum König salben lassen. Aber dann schien alles genau umgekehrt zu kommen. Solche Entwicklungen lassen in uns nicht Hoffnung aufkommen, sondern eher Verzweiflung.

Wir haben gesehen, wie David mit seiner Situation umging. O ja, er war manchmal der Verzweiflung nahe, aber er hielt sich an Gott fest. In seiner Angst und Not klammerte er sich an das, was er über Gott wusste: dass er eine Zuflucht, ein sicherer Fels, der Heilige *ist*. Und dass er zu seinen Verheißungen steht. Vor dem Berg der sichtbaren Probleme stehend, richtete David seinen Blick auf das Unsichtbare, das zu Gottes Zeit Gestalt gewinnen würde.

Der Schreiber des Hebräerbriefs definiert Glauben so: »Es ist aber der Glaube eine feste Zuversicht auf das, was man hofft, und ein Nichtzweifeln an dem, was man nicht sieht« (Hebr 11,1). In der im gleichen Kapitel folgenden Liste der alttestamentlichen Glaubenshelden kommt auch David vor (Hebr 11,32) – als eines von vielen Beispielen dafür, wie Menschen Gottes sich jahrelang an Gottes Verheißungen festhielten, auch wenn sie ihre Erfüllung nur »von ferne sehen« (vgl. V. 13). Wie ein roter Faden zieht sich dieses Motiv durch das Kapitel: Abrahams Frau Sara »hielt den für treu, der es verheißen hatte« (V. 11). Mose »sah auf die Belohnung. . . . denn er hielt sich an den, den er nicht sah, als sähe er ihn« (V. 26-27). Und immer wieder der Refrain »durch den Glauben«! Wobei die Nöte und Prüfungen, die den Glauben begleiteten, nicht verschwiegen werden. Sie werden offen und ehrlich mit Namen genannt: Armut, Verfolgung, Misshandlung, Tod. Aber sie ließen nicht locker, diese Glaubenshelden, und durch diese Treue wurden sie zu Menschen der Kraft (V. 34).

David hörte nicht auf, vor Sauls Mordlust zu fliehen, und damit gehorchte er Gottes Plan für sein Leben. Er hätte auch einen anderen Weg wählen können – den des geringsten Widerstandes. Er hätte seiner Berufung den Abschied geben und aus dem Kampf aussteigen können, um sich an irgendeinem sicheren Ort zur Ruhe zu setzen und in der Versenkung zu verschwinden. Stattdessen ging er weiter auf dem schwierigen Weg, den er sich nicht selber ausgesucht hatte, und demonstrierte so seine Treue zu seiner Berufung. Er ließ es nicht zu, dass die Umstände und Hindernisse ihn ablenkten und erledigten.

Gott steht zu seinen Kindern und zu seinen Plänen und Verheißungen. Das wusste David, und darum war er gewiss, dass Sauls Nachstellungen ihren Sinn hatten und ihn nicht vernichten konnten. Er konnte geduldig darauf warten, dass Gott ihn zu seiner Zeit zum König über Israel machen würde. Und mitten in all diesen Kämpfen und Nöten lernte er Gott besser kennen und erfuhr, was es heißt, bei ihm seine Zuflucht zu suchen. Es war eine harte, aber nützliche Schule des Gottvertrauens. In seiner nächsten Lebensphase würde er dieses Vertrauen mehr denn je brauchen.

8. Der Versuchung erliegen

Davids Verfolgung durch Saul war das Thema des letzten Kapitels. Wenden wir uns jetzt der nächsten Phase in Davids Leben zu. Wieder gerät er in Not – aber diesmal hat er sie sich selber zuzuschreiben; sie ist eine Folge seiner Sünde. Denn auch dies gibt es: *dass wir als Ergebnis unseres eigenen Verhaltens mit leeren Händen dastehen.*

Das allein ist schon schmerzlich genug. Bei David kam noch dazu, dass seine Sünde in einer Lebensphase kam, in der sowohl seine Erfolge als König als auch seine Gottesfurcht auf einem Höhepunkt waren. Diese Frömmigkeit war eine Frucht der langen Jahre der Verfolgung durch Saul, in denen David gelernt hatte, sich ganz auf Gott zu verlassen. Die Psalmen, die er in diesen Jahren schrieb, zeigen uns, wie kostbar Gott ihm geworden war. Dann starb Saul, David wurde endlich König – und jetzt geschah das Unglaubliche: Er, der von Gott selber Erwählte, beging Ehebruch. 2. Samuel 11 gibt uns einen ungeschminkten Bericht über diese Affäre, die so recht zeigt, was für eine Kettenreaktion eine einzige unbedachte Tat auslösen kann.

Die Jahre davor

Jahrelang war David nie seines Lebens sicher gewesen. Dann kam endlich die Erfüllung von Gottes Verheißungen. Saul fällt im Kampf gegen die Philister, und David wird zum König über den Stamm Juda gekrönt (2. Sam 2,4). Er lässt sich in Hebron nieder, wo er siebeneinhalb Jahre regiert. Seine ersten zweieinhalb Regierungsjahre sehen einen Bürgerkrieg zwischen seinen Männern und den alten Anhängern Sauls, die Sauls Sohn Isch-Boschet zum König über die übrigen Stämme Israels gemacht haben. Nach dem Tod Isch-Boschets und seiner rechten Hand Abner erlöscht der Widerstand gegen David, und er wird zum König über alle zwölf Stämme Israels gesalbt. (Diese Ereignisse sind in 2. Samuel 3,1-5; 5 beschrieben.) Kurz danach macht David Jerusalem zu seinem neuen Wohnsitz. 2. Samuel 5,4-5 kommentiert: »Dreißig Jahre war David alt, als er König wurde, und regierte vierzig Jahre. Zu Hebron regierte er sieben Jahre und sechs Monate über Juda, und zu Jerusalem regierte er dreiunddreißig Jahre über ganz Israel und Juda.«

Was geschah in den Jahren nach der Eroberung Jerusalems? David erwies sich als äußerst fähiger König. Er errang nicht nur als Feldherr einen Sieg nach dem anderen, er ließ auch einen Palast erbauen, Straßen anlegen und Handelsrouten öffnen. Auch privat war er auf Erfolgskurs; nach dem Umzug nach Jerusalem wuchs seine Familie um mehrere neue Frauen und Konkubinen sowie etliche Söhne und Töchter (2. Sam 5,13). Und nicht zuletzt waren diese Jahre auch geistlich fruchtbar. In 2. Samuel 6 holt David die Bundeslade zurück nach Jerusalem. Er hat weiter eine innige Beziehung zu Gott, der ihm durch seinen Propheten Nathan Großes verheißen lässt (2. Sam 7).

»David der Überflieger« – so könnte man diese Jahre nennen, politisch, privat und geistlich. Schauen wir uns sein Verhältnis zu Gott etwas genauer an:

a) David erkannte und bekannte Gottes Eingreifen

David wusste genau, was er Gott alles zu verdanken hatte: »Und David erkannte, dass der Herr ihn zum König über Israel bestätigt und sein Königtum erhöht hatte« (2. Sam 5,12). In seinem großen Dankgebet in 2. Samuel 7,18-29 bringt er dies in großer Ehrfurcht zum Ausdruck.

b) David verließ sich auf Gott

David hatte auch als König innige Gemeinschaft mit Gott; der große König Israels wusste sich zutiefst abhängig von seinem himmlischen König. Wiederholt befragte er Gott, bevor er handelte (z.B. 2. Sam 5,19.23-24). 2. Samuel 5,25 stellt unmissverständlich fest: »David tat, wie der Herr ihm geboten hatte ...«

c) David setzte Gott an die erste Stelle

David ging es mehr darum, was Gott von ihm dachte, als was seine Untertanen von ihm dachten. In 2. Samuel 6 lesen wir, wie er die Bundeslade nach Jerusalem holen lässt – ein großes Ereignis, mit Opfern, Freudentänzen und Posaunenschall (V. 13-17). Er selber tanzt aus voller Kraft mit (V. 16). Als seine Frau Michal ihm deswegen Vorhaltungen macht (nach dem Motto: »Was hast du dich unmöglich gemacht«, vgl. V. 20), antwortet er ihr: »... und ich will noch geringer werden als jetzt und will niedrig sein in meinen Augen« (V. 22). Mit anderen Worten: »Ich werde Gott anbeten, und wenn ich mich noch so lächerlich mache dabei.«

d) David war überwältigt von Gottes weitreichenden Verheißungen

In 2. Samuel 7 finden wir eine beeindruckende Liste der gewaltigen Dinge, die Gott David durch den Mund seines Propheten Nathan verhieß (V. 1-17). Die Verheißungen beziehen sich auf Israel, dem Gott eine bleibende Heimat und Ruhe vor seinen Feinden verspricht, wie auch auf Davids Sohn Salomo, dessen Königtum er bestätigen und der Gottes Haus (den Tempel) bauen wird. Gott selber wird sein Vater sein, und seine Gnade »soll nicht von ihm weichen« (V. 15). Und über David selber sagt Gott: »Aber dein Haus und dein Königtum sollen beständig sein in Ewigkeit vor mir, und dein Thron soll ewiglich bestehen« (V. 16).

Aber beachten wir vor allem die bewegenden Worte in den Versen 8-9: »Ich habe dich genommen von den Schafhürden, damit du Fürst über mein Volk Israel sein sollst, und bin mit dir gewesen, wo du hingegangen bist...« In dem Dankgebet, mit dem er Gott antwortet, sagt David unter anderem: »Wer bin ich, Herr Herr, und was ist mein Haus, dass du mich bis hierher gebracht hast?« (V. 18) Und: »Um deines Wortes Willen und nach deinem Herzen hast du alle diese großen Dinge getan ... Darum bist du groß, Herr Herr! Denn es ist keiner wie du, und ist kein Gott außer dir ...« (V. 21-22).

Die Verheißungen sollten noch viel weiter gehen, als David es sich je hätte träumen lassen; sie weisen letztlich auf *den* Davidssohn, Jesus Christus, der ihre letzte Erfüllung ist. Der Hirtenkönig David war der Vorläufer des großen Hirtenkönigs, der ganz andere Schafe weidet als die, die David hatte, und dessen Königreich für immer besteht.

Vielleicht hat David doch eine Vorahnung davon gehabt. In Vers 19 sagt er: »... und hast dem Hause deines Knechts sogar für die ferne Zukunft Zusagen gegeben ...« Manchmal gibt Gott seinen Dienern geistliche Augen, die weiter sehen als unsere natürlichen!

Der schwache Augenblick kommt meistens unerwartet

Aber dann kommt 2. Samuel 11 – die Geschichte von David und Batseba, ein schwarzes Kapitel im Leben des Königs. Die Folgen dieses einen Ereignisses machen es ohne Wenn und Aber klar: *Wir können durch unsere eigene Schuld mit leeren Händen dastehen.*

Ich glaube, wir kennen die Geschichte alle. An einem lauen Abend ergeht sich der König auf dem flachen Dach seines Palastes – was im Orient nichts Ungewöhnliches war – und erblickt eine schöne Frau, die sich gerade badet. Und er überlegt nicht lange, sondern lässt sie zu sich holen – ein schicksalsschwerer Schritt, das Präludium zu Ehebruch und Mord.

Versuchungen kommen oft dann, wenn wir sie am wenigsten erwarten. Hier platzt die Versuchung mitten in ein geistliches Hoch hinein, und auch das ist nichts Besonderes: So war es auch zu Beginn des Wirkens Jesu, als er nach seiner Taufe, die seine Gottessohnschaft so wunderbar bestätigt hatte, »voll heiligen Geistes« (Lk 4, 1) vom Jordan zurückkam. Vierzig Tage lang wurde er vom Teufel in der Wüste versucht; es war gerade so, als ob der Teufel auf der Lauer gelegen und nur auf diesen Augenblick gewartet hatte! Und man beachte: Der Heilige Geist war es, der Jesus in die Wüste führte – in diese letzte Vorbereitung auf sein Werk auf der Erde. Erst als Jesus sich von keinem Trick des Teufels hatte irremachen lassen und seinen vollen Gehorsam zu seinem himmlischen Vater unter Beweis gestellt hatte, konnte er nach Galiläa zurückkehren – »in der Kraft des Geistes« (Lk 4, 14).

Was sollten die Versuchungen in der Wüste bei Jesus erreichen? Dass er seine göttliche Macht missbrauchte, dem Teufel diente, um seine Ziele besser zu erreichen, und die Liebe seines Vaters anzweifelte. Der Sohn Gottes sollte zu Fall gebracht und unglaubwürdig werden. Die Steine, über die der Satan Jesus stolpern lassen wollte, waren Macht und Besitz, ja, seine Beziehung und vor allem sein Gehorsam zu Gott – lauter Bereiche, wo auch wir nur zu leicht ins Stolpern kommen. Doch Jesus zeigte in diesen vierzig Wüstentagen einen unerschütterlichen Gehorsam zu seinem Vater. Immer wieder berief er sich auf das Wort Gottes: »Es steht geschrieben ...«

»Es steht geschrieben ...« Gott gehorchen hängt auf das Engste damit zusammen, dass wir ihn kennen, ihn lieben, an ihm festhalten. Das unterstreicht Psalm 119,2-3: »Wohl denen, die sich an seine Mahnungen halten, die ihn von ganzem Herzen suchen, die auf seinen Wegen wandeln und kein Unrecht tun.«

Seien wir uns klar darüber: Versuchungen gehören zum Leben; sie sind ein fester Bestandteil der Strategie des Widersachers Gottes, des Teufels, der eine Realität ist und nichts lieber möchte, als uns von Gott zu trennen. Aber es gibt Hoffnung! Jesu Wüstensieg über den Teufel wurde drei Jahre später vollendet und gekrönt, als er seinen Weg treu zu Ende ging und bis in den Tod am Kreuz Gott gehorsam war. Durch diesen völligen Sieg über den Satan ist er uns ein himmlischer Hohepriester geworden, der uns in unseren eigenen Versuchungen beistehen kann. Hebräer 2, 18 versichert uns: »Denn weil er selbst gelitten hat und denselben Versuchungen des Satans ausgesetzt war wie wir Menschen, kann er uns in allen Versuchungen helfen« (Hoffnung für alle). Und in Hebräer 4,15-16 lesen wir:

> »Denn wir haben nicht einen Hohenpriester, der nicht könnte mitleiden mit unserer Schwachheit, sondern der versucht worden ist in allem wie wir, doch ohne Sünde. Darum lasst uns hinzutreten mit Zuversicht zu dem Thron der Gnade, damit wir Barmherzigkeit empfangen und Gnade finden zu der Zeit, wenn wir Hilfe nötig haben.«

Mag der Teufel noch so aktiv sein und die Versuchungen noch so real – die Gnade und Hilfe, die Gott uns in unserem Herrn Jesus Christus anbietet, ist genauso real und viel mächtiger! Jesus ist mehr als das Muster eines guten Menschen; er ist Gottes Sohn, der den Tod überwunden hat und seit seiner Auferstehung zur Rechten Gottes sitzt. Wenn wir beten, tun wir mehr, als nur unseren Gefühlen, Sorgen und Ängsten Luft zu machen. Wir legen unsere

Sorgen und Probleme vor den Füßen des lebendigen Gottes ab – und Gott begnügt sich nicht damit, uns geduldig zuzuhören, nein, er gibt uns seine Hand und stützt und hilft uns, so dass wir durchhalten können. Der Teufel benutzt Versuchungen als Werkzeug, um uns zu Fall zu bringen – Gott kann sie zu unserem Besten benutzen!

Sexuelle Versuchung

Als David über Batsebas Schönheit und seine eigene Lust stolperte, erlag er einer der drei Hauptversuchungen, denen Menschen sich gegenübersehen: Geld, Sex und Macht. Geld, Sex und Macht sind Realitäten, die entweder zu einem großen Segen oder zu einem großen Fluch in unserem Leben werden. Gut und weise benutzt, können sie uns und anderen viel Gutes und Freude bringen. Aber aus irgendeinem Grund haben sie alle drei eine hartnäckige Neigung, uns aus der Hand zu gleiten. Wenn wir nicht aufpassen, beherrschen nicht wir sie, sondern sie uns. Sie sind Geschenke, die dann, wenn sie missbraucht werden, uns manipulieren und von Gott trennen, ja, selber zu Götzen werden können.

Die Satanisten haben das sehr gut begriffen. Die Satanskirche hat eine raffinierte Strategie entwickelt, um die Kirche Jesu Christi zu zerstören: Sie betet für die Zerrüttung christlicher Ehen und für sexuelle Unmoral bei aktiven christlichen Mitarbeitern, das heißt, sie greift uns genau auf den Gebieten an, wo wir besonders gefährdet sind. Ich glaube nicht, dass diese Strategie von Menschen kommt. Sie ist so perfekt böse, dass sie vom Teufel persönlich kommen muss. Und das Schlimmste ist, dass sie funktioniert: Ehebruch ist auch unter Christen, inklusive die in Führungspositionen, eine traurige Tatsache, und die Folgen sind furchtbar – nicht nur für die direkt Beteiligten, sondern auch insofern, als hier letztlich Gottes Name und Werk in den Dreck gezogen wird. Die Welt wartet doch nur auf den nächsten Fernsehevangelisten, der sich sein kleines Finanzimperium aufgebaut hat oder mit seiner Sekretärin fremdgegangen ist ...

Was können wir daraus lernen? Nun, zunächst einmal, dass wir realistischer werden und uns der Tatsache der Versuchung stellen – gerade auch bei den Christen, zu denen wir aufblicken, weil sie uns so große geistliche Führer und Vorbilder sind. Lernen wir von der Strategie der Satanskirche und widmen wir uns radikal dem Gebet. Beten wir anhaltend für die, die unsere Hirten sind und in Kirchen und Missionen Verantwortung haben, dass sie rein und treu bleiben können. Beten wir für alle, die Mitglieder in Gemeinderäten und Gremien sind, für alle, die Leitungsfunktionen haben, als Redner im Rampenlicht der Öffentlichkeit stehen oder in der Seelsorge tätig sind. Wir denken vielleicht, dass sie es doch »geschafft haben« und immun geworden sind gegen die Probleme des »kleinen Mannes«. Wir nehmen ihren Dienst für selbstverständlich und können uns nicht vorstellen, dass zum Beispiel ihre Ehe unter ihrer christlichen Überarbeitung leiden kann. Diese Menschen stehen auf einem einsamen und gefährlichen Posten; sie brauchen den Schutz der Fürsorge und -bitte. Wir sind nur zu schnell dabei, sie zu verurteilen, wenn sie gefallen sind. Wir sollten uns lieber selber prüfen und fragen, ob wir nicht mit schuld sind – weil wir uns nicht genügend Zeit für sie genommen haben, in Aufmerksamkeit und Gebet.

Womit wir bei einer weiteren Lehre sind, die wir aus Davids Geschichte ziehen können. Niemand ist gegen Sünde gefeit. Wir alle stehen manchmal in der Versuchung, unsere Gemeinschaft mit Gott gegen etwas einzutauschen, das sehr attraktiv aussieht, aber verwerflich ist. David zeigt uns, dass dies gerade dann passieren kann, wenn wir am wenigsten damit rechnen – auch dann, wenn wir Gott nahe und sozusagen himmelhoch jauchzend sind.

Paulus sagt: »Wer meint, dass er sicher steht, soll aufpassen, dass er nicht fällt« (1. Kor 10,12; Gute Nachricht). Er sagt dies in Zusammenhang mit den Israeliten, die nach dem Auszug aus Ägypten »alle unter der Wolke gewesen und alle durchs Meer gegangen sind, und alle sind auf Mose getauft worden durch die Wolke und durch das Meer und haben alle dieselbe geistliche

Speise gegessen und haben alle denselben geistlichen Trank getrunken; sie tranken nämlich von dem geistlichen Felsen, der ihnen folgte; der Fels aber war Christus« (1. Kor 10,1-4). Diese Menschen hatten die besten Startvoraussetzungen; Gott selber war mit ihnen. Und doch sündigten sie, und die meisten folgten Gott nicht. In Vers 6 sagt Paulus: »Dies soll uns warnen, damit wir nicht wie sie unser Verlangen auf das Böse richten« (Gute Nachricht). Worauf Paulus verschiedene Beispiele für das »Böse« nennt, darunter auch sexuelle Unmoral.

In dem Augenblick seiner Versuchung war David ein großer, mächtiger Mann – König über sein Volk und kräftiger Mann Gottes. Der Herr selber hatte ihn in sein Königtum eingesetzt. Er war hoch erfolgreich, die Leute sahen zu ihm auf. Es sind Umstände, die uns leicht zu Gefährdeten machen, einsam und (deshalb) verletzlich.

Und noch etwas dürfen wir nicht übersehen. Wenn es im Leben glatt geht, vergessen wir gerne, dass wir uns ja in einem geistlichen Kampf befinden. In Epheser 6,10-18 führt Paulus uns vor Augen, dass wir uns als Christen im Kampf gegen die Mächte des Bösen befinden, und ruft uns zu höchster Wachsamkeit auf. Interessanterweise warnt er im Kapitel zuvor vor jeder Art von Unzucht und Unreinheit und fordert die Christen auf, sorgfältig auf ihre Lebensführung zu achten, »denn es ist böse Zeit« (Eph 5,3.16).

Kehren wir zu 2. Samuel 11 zurück: In Vers 1 lesen wir, dass es die Jahreszeit war, wo »die Könige ins Feld zu ziehen pflegen« – der Frühling oder der Beginn des jüdischen neuen Jahres war die Jahreszeit, wo man nach einem Waffenstillstand erneut in den Krieg zog. Und dann heißt es weiter: »David aber blieb in Jerusalem«, und im folgenden Vers erhebt er sich von seinem Bett und macht seinen Spaziergang auf dem Dach. Anstatt zu kämpfen, ließ er es sich gut gehen – zu gut. Die Parallele ist klar und sollte uns aufrütteln: Wenn wir geistlich schlaff und ichbezogen werden, können wir anfangen, abzurutschen und empfänglicher für Versuchungen zu werden.

Was sehen unsere Augen?

Dass Davids Blick auf Batseba fällt, ist an sich noch keine Sünde. Die Versuchung betritt die Bühne, als aus dem zufälligen Sehen ein bewusstes Betrachten wird. David wendet seine Augen nicht ab, er fixiert die schöne Frau – der perfekte Nährboden für lüsterne Gedanken. Der Blick wird zur Inbesitznahme – dies ist der Augenblick, wo David die Grenze überschreitet, hin zu Sünde, Elend, Tod.

Die Szene ist ein perfektes Beispiel für das, was Johannes in seinem ersten Brief »der Augen Lust« (Luther) nennt: Wir sehen etwas, und schon wollen wir es besitzen. Für Johannes hat dies mit Begierde und Machtstreben zu tun: »Die Menschen lassen sich von ihren Begierden treiben, sie sehen etwas und wollen es dann haben, sie sind stolz auf Macht und Besitz. Das alles kommt nicht vom Vater, sondern gehört zur Welt« (1. Joh 2,16; Gute Nachricht).

Man beachte, dass es hier mitnichten nur um sexuelle Sünden geht. Das sündige Begehren und Habenwollen, das die Launen des Ichs vor Gottes Geist setzt, hat viele Gesichter. Paulus spricht das Thema in Galater 5,13-26 an, wo er viele »Werke des Fleisches« (der menschlichen Selbstsucht) nennt, darunter auch Ehebruch und sexuelle Unreinheit. Aber er nennt auch viele Früchte des Geistes, nicht zuletzt die Selbstbeherrschung! Andere Geistesfrüchte sind Treue und Liebe; sie sind, wo es um die Versuchung zum Ehebruch geht, genauso wichtig wie die Selbstbeherrschung, ja, die drei gehören auf das Engste zusammen. Es ist klar, dass meine Treue – zu Gott, zu meinem Ehepartner und zu dem Wohl der anderen Personen – sowie meine Liebe zu Gott und zum Nächsten von großem Gewicht bei meiner Entscheidung zur Selbstbeherrschung und zur Überwindung der sexuellen Versuchung sind.

Die Worte Jesu über diese Dinge sind unmissverständlich: Wer eine Frau auch nur lüstern ansieht, hat in seinem Herzen schon Ehebruch begangen, und wenn unser Auge uns zur Sünde reizen will, ist es besser, es auszureißen als in die Hölle zu fahren (Mt 5,27-29; vgl. Mt 18,9). Und Jakobus schreibt über die Versuchung und ihre Wurzeln: »Sondern ein jeder, der versucht wird, wird von seinen eigenen Begierden gereizt und gelockt. Danach, wenn die Begierde empfangen hat, gebiert sie die Sünde; die Sünde aber, wenn sie vollendet ist, gebiert den Tod« (Jak 1,14-15). Und in Vers 16 fügt er hinzu: »Meine lieben Brüder, täuscht euch nicht!« (Gute Nachricht)

Irgendwo zwischen dem ersten Aufkommen der Begierde und ihrem vollen Erblühen liegt der Augenblick, wo wir uns entscheiden. Ich kann, wie einst Josef, durch einen Akt meines Willens vor der Sünde fliehen – oder ich verweile wie David, weil der Augenblick doch so schön ist, und gehe so auf die Sünde zu. Auch Letzteres ist eine Willensentscheidung, auch wenn wir uns gerne einreden, dass wir doch so überwältigt waren und nicht anders konnten. Wenn wir wieder einmal versucht sind, uns herauszureden, weil wir doch ach so hilflos sind, sollten wir neu 1. Mose 4,7 lesen, wo Gott Kain klipp und klar sagt: »... die Sünde (lauert) vor der Tür deines Herzens und will dich verschlingen. Du musst Herr über sie sein!« (Gute Nachricht)

Ich erinnere mich noch, wie mir einmal sehr klar wurde, wie unsere Augen sich schon in jungen Jahren daran gewöhnen können, die falschen Dinge anzusehen. Ein Freund von mir, ein Realschullehrer namens Hans, war mit einer Gruppe zwölfjähriger Schüler auf einer Klassenfahrt. Eines Tages sah er, wie mehrere Mädchen kichernd Pornomagazine studierten. Sein Schock wurde noch größer, als er merkte, dass seine Kollegen der Vorfall nicht juckte; sie fanden ihn nicht schockierend, sondern eher amüsant. Merkten sie wirklich nicht, dass in diesem kichernden Blättern der Keim zu einer Gewöhnung an das Perverse liegen konnte?

Hans ließ sich nicht unterkriegen. Noch am gleichen Abend rief er die Schüler und seine Kollegen zusammen und warnte sie: »Wenn ihr eure Augen und Köpfe mit Sex füllt und euch an alles mögliche Abartige gewöhnt, werdet ihr schon bald selber mit solchen Dingen experimentieren. Einige von euch Mädchen haben dann vielleicht mit 15 oder 16 Jahren ihre erste Abtreibung, und mit 19 oder 20 werdet ihr unfähig sein, eine reine und dauerhafte Beziehung aufzubauen. Das Schöne, das Gott euch zum Genießen in der Ehe geschenkt hat, wird dann verdreckt und verzerrt sein.«

Machte Hans hier aus einer Mücke einen Elefanten? Ich glaube, nicht. Seine klare Stellungnahme war die Frucht seines Lebens mit Gott. Er konnte gar nicht anders, als das Böse mit Namen zu nennen. Dass er unter seinen Kollegen der einzige war, der diese Überzeugung hatte und sich klar zu ihr bekannte, zeigt, wie leicht die Menschen sich an Dinge gewöhnen, die dem, was Gott uns schenken will, glatt zuwiderlaufen. Wir wissen doch genau, dass unsere Kinder, wenn sie stundenlang vor dem Fernseher hocken, zahllose Verbrechen und Scheußlichkeiten mitbekommen und eine unflätige Sprache noch dazu – aber wir lassen sie. Es ist manchmal bequem, sie sind so lange beschäftigt, aber ihre Seelen werden vergiftet. Und auch wir Erwachsenen können unsere Seele durch das, was wir sehen und lesen, Schaden nehmen lassen. Reine Gedanken und reine Taten hängen auf das Engste mit reinen Augen zusammen!

Der Abend nahm ein bemerkenswertes Ende. Nachdem Hans drei Pornohefte, die er am Nachmittag konfisziert hatte, in das Lagerfeuer, um das sie saßen, geworfen hatte, sagte er den Schülern: »Wenn ihr noch mehr solche Hefte habt, dann geht auf eure Zimmer und holt sie; das Geld, das ihr für sie gezahlt habt, gebe ich euch aus meiner Tasche wieder!« Die Kinder lieferten über zwanzig Sexheftchen ab, was Hans etwa 100 DM kostete. Nachdem er sie zum Applaus der Schüler verbrannt hatte, bemerkte einer der Jungen: »Das war doch blöd, dass Sie auch noch Geld dafür gelöhnt haben! Das hat Sie ja ganz schön was gekostet!« Hans antwortete: »Ich habe bloß 100 Mark für ein paar Hefte gegeben. Gott aber hat seinen Sohn für unsere Sünden gegeben.« Daraufhin war es auf einmal ganz still im Raum!

Mir fällt auf, dass David, der Batseba lüstern ansah, in Psalm 25,15 sagt: »Meine *Augen* sehen stets auf den Herrn; denn er wird meinen *Fuß* aus dem Netze ziehen.« Wir wissen nicht genau, welche Situation in seinem Leben David hier anspricht, aber er bittet jedenfalls in diesem Psalm um Vergebung für vergangene Sünden

(V. 7). Er nennt ausdrücklich seine *Augen* und seine *Füße* — was wir tun, hängt damit zusammen, was wir sehen.

Eigentlich ist es ganz einfach: Wenn wir unseren Blick auf den Herrn heften, ihn allein fürchten und mit ihm gehen, werden wir nicht sündigen. Wir wissen aber aus Erfahrung, dass es leider nicht immer so ist, sondern eher so, wie Johannes es sagt: »Wenn wir sagen, wir haben keine Sünde, so betrügen wir uns selbst, und die Wahrheit ist nicht in uns« (1. Joh 1,8). Es gibt hier eine schlechte und eine gute Nachricht. Die schlechte ist, dass wir immer wieder im Finsteren statt mit Gott gehen. Die gute Nachricht ist, dass Gott uns in seiner Gnade immer wieder zurück zu sich ruft, damit wir umkehren können zu ihm, der unsere Zuflucht ist. Ihm, dem Treuen und Gerechten, dürfen wir alle unsere Sünden bekennen, und er wird uns vergeben und uns von allem Bösen reinigen (1. Joh 1,9).

Fehlt uns der Blick für Gottes Überfluss?

Mit am tragischsten an Davids Ehebruch ist, dass er doch schon so viel hatte. Seine Hände waren übervoll, er brauchte nichts mehr. Wie Gott ihm durch Nathan sagte: »Ich habe dich zum König gesalbt über Israel und habe dich errettet aus der Hand Sauls ... und habe dir das Haus Israel und Juda gegeben; und ist das zu wenig, will ich noch dies und das dazu tun« (2. Sam 12,7-8). Eine überwältigende Wahrheit, die David in Psalm 139 voll bestätigt: Der Gott, der uns gemacht hat und uns durch und durch kennt, weiß genau, was wir brauchen und was gut für uns ist. Er ist ein Gott der Liebe, der uns nichts knickerig vorenthält, sondern gerne seinen Segen über uns ausschüttet. Noch in vielen anderen Psalmen besingt David so Gottes Güte. Und in seinem Dankgebet in 2. Samuel 7 bekennt er: »Wer bin ich, Herr ..., dass du mich bis hierher gebracht hast? Aber nun hast du das noch für zu wenig gehalten ...« (V. 18-19).

Wie kann ein Kind Gottes den Punkt erreichen, wo es den Eindruck hat, dass ihm etwas im Leben entgeht? Es gibt hier vor allem zwei Ursachen: Die erste ist, dass wir so oft auf das starren, was wir *nicht* haben – und so gar nicht mehr sehen, was wir alles haben! David ging aus seinem Palast, wo alles war, was sein Herz begehrte, und ließ seinen Blick auf etwas fallen, was er *nicht* hatte – eine Frau, die einem anderen Mann gehörte. Und schon gab es nur eines für ihn: Die muss ich haben, um glücklich zu werden!

Das Gleiche geschah schon bei Adam und Eva, die auch alles hatten, was ihr Herz begehrte und brauchte – und die plötzlich das eine begehrten, das Gott ihnen verboten hatte und das ihnen nicht zustand: die Frucht von dem Baum der Erkenntnis. Ihre Gier hat Schule gemacht. Immer wieder starren wir auf die falschen Dinge, die uns die letzte Befriedigung geben sollen – und bleiben tief drinnen leer.

Zweitens kann uns auch der Blick auf das Negative in unserem Leben blind für das Gute machen, das Gott uns gegeben hat. Sicher, wir können sehr geplagt sein in unserem Leben; wir haben in diesem Buch bereits etliche Beispiele dafür gesehen. Es wäre unmenschlich, die schmerzliche Realität solcher Dinge wie Scheidung, Behinderung, Krankheit, sexueller Missbrauch oder zerbrochene Freundschaften zu leugnen. Obwohl wir ja manchmal genau dies tun, wenn wir Verzagte und Trauernde mit dem Spruch »Jetzt schau doch mal, was du alles Gutes hast!« aufzumuntern versuchen. Solcher Rat ist gut gemeint, aber ein schwer verdaulicher, billiger Trost für den, der einfach etwas Hilfe und Verständnis braucht.

Nein, Gott selber wird uns, zu seiner Zeit, die Augen für seine Segnungen öffnen. Wir müssen lernen, dass wir seinen Segen vor allem anderen in seiner Gegenwart erfahren. In dem Maße, wie wir an seiner Hand durch das Leben gehen und innerlich wachsen, entdecken wir die ganze Fülle seiner Güte zu uns und können mit David sagen: »Der Herr ist mein Hirte, mir wird nichts mangeln« (Ps 23, 1).

Auch der Prophet Hesekiel weiß davon, dass Gott der große Hirte ist: »Denn so spricht Gott der Herr: ... Ich will sie auf die beste Weide führen, und auf den hohen Bergen in Israel sollen ihre Auen sein; da werden sie auf guten Auen lagern und fette Weide haben ...« (Hes 34,11-14). Ohne Zweifel: Gott will das Allerbeste für seine Schafe, er sorgt für sie wie kein anderer. »Ich selbst will meine Schafe weiden, und ich will sie lagern lassen ... Ich will das Verlorene wieder suchen und das Verirrte zurückbringen und das Verwundete verbinden und das Schwache stärken ...« (Hes 34,15-16).

In Joh 10, wo Jesus sich selbst als den guten Hirten bezeichnet, verspricht er seinen Jüngern »Leben im Überfluss« (Joh 10,10; Gute Nachricht). »Überfluss« (Luther: »volle Genüge«) ist die Übersetzung des griechischen *perissos*, das in der Form, in der es in Johannes 10,10 auftritt, sechsmal im Neuen Testament vorkommt. Ein Studium dieser sechs Vorkommen ergibt sechs verschiedene Kontexte und entsprechend sechs verschiedene Übersetzungen, aber eines haben alle gemeinsam: Sie sind Superlative, die oft im Vergleich zu etwas Geringerem benutzt werden. Es geht um ein *Vorrecht*, das jemand gegenüber einem anderen hat, um etwas, das *größer* ist, um eine *höhere* Erfahrung, um etwas ganz *Ungewöhnliches*, etwas, das man *mehr* braucht als alles andere, und schließlich etwas, das *überreichlich* (oder *überfließend*) ist. Das ist es, was Gott seinen Kindern bietet! Wenn wir erst einmal das ganze Potential und die Tragweite dieser Fülle begriffen haben, wird unser Leben wie umgewandelt – eben überfließend.

Doch dies ist nur in und durch Christus möglich, denn die Verheißung dieser Fülle ist untrennbar an ihn gebunden. Er, der Geber dieser Gaben, ist ja selber das größte und verschwenderischste Geschenk, das Gott uns je geben konnte. In ihm haben wir allen Reichtum und alle Erfüllung, die wir uns je wünschen könnten. Es ist ein Reichtum, der total anders ist als der Glitzertand, den die Medien uns vormalen und der uns vielleicht eine Zeit lang zerstreuen, aber nie in der Tiefe befriedigen kann. Lassen wir uns die Augen öffnen für diese Fülle, gehen wir zu Jesus, um sie zu bekommen.

Paulus sagt in Philipper 4,19: »Mein Gott aber wird euch nach seinem Reichtum alles, was ihr bedürft, in Christus Jesus in herrlicher Fülle geben« (Menge). Wollen wir echten, bleibenden Reichtum haben und im Innersten unserer Seele zufrieden und geborgen sein? Dann müssen wir zu Gott gehen und in und durch Jesus Christus in ihm unsere Zuflucht finden. Er wird uns Ruhe geben, dass wir nicht länger hinter Seifenblasen herrennen müssen. Wir werden es erfahren, wie Gott selber uns aus seiner Fülle satt macht.

Wie tragisch, dass wir selbst als Christen so oft andere, neue Quellen der Befriedigung anbohren, anstatt zu lernen, alles aus Gott zu schöpfen, dem Brunnen lebendigen Wassers und überfließendem Lebensquell.

9. Wenn Sünde schmerzliche Folgen hat

Davids Ehebruch hatte einschneidende Folgen. Über den Propheten Nathan kündigte Gott ihm an, was in zwei zentralen Bereichen seines Lebens geschehen würde: in seinem Königtum und in seiner Familie. Das Schwert würde nicht von seinem Haus weichen, es würde immer wieder Kampf und Unruhe geben. Aus der eigenen Familie würde Unglück über David kommen, und das Kind, das er im Ehebruch gezeugt hatte, würde sterben.

Und so kam es auch. Erst nach vielen Jahren, als Salomo den Thron bestieg, wendete das Blatt sich wieder. Der erste Sohn von David und Batseba starb in der Tat (2. Sam 12,15-18). Später organisierte Davids Sohn Absalom ein mächtiges Komplott gegen seinen Vater, so dass der, wie einst zur Zeit Sauls, um sein Leben fliehen musste (2. Sam 15). Die zehn Nebenfrauen, die David im Palast zurückgelassen hatte (2. Sam 15,16), wurden von Absalom öffentlich vergewaltigt – auf eben dem Dach, von dem aus David die badende Batseba beobachtet hatte (2. Sam 16,21-22); nach Davids Rückkehr mussten sie wie Witwen leben (2. Sam 20,3). David selbst wurde auf seiner Flucht von einem Saul-Nachkommen namens Schimi und dessen Männern bedrängt (2. Sam 16,5-14).

Als David nach Absaloms Tod in die Hauptstadt zurückkehrte, kam es zu neuer Zwietracht und Aufständen (2. Sam 20). In 2. Sam 21,1 lesen wir von einer drei Jahre dauernden Hungersnot und erneuten Kämpfen zwischen Israel und den Philistern, an denen der mittlerweile erschöpfte König nicht mehr selber teilnahm. Das erste Kapitel des 1. Königbuches zeigt uns einen alt und gebrechlich gewordenen David, der immer noch mit Problemen zu kämpfen hat. Widersacher versuchen, den Thronnachfolger Salomo auszubooten.

Kein Zweifel: Die Jahre nach seinem Ehebruch brachten David viel Elend. Sie sind ein nachdrückliches Beispiel dafür, dass Sünde, selbst wenn Gott sie längst vergeben und vergessen und uns einen Neuanfang geschenkt hat, noch lange nachwirken kann, wie der berühmte Stein, der immer breitere Kreise im Wasser zieht. Jawohl: *Unsere leeren Hände können selbst verschuldet sein.*

Vor etlichen Jahren passierte einem prominenten Pastor dasselbe wie David: Er hatte eine Affäre. Als die Sache nach einiger Zeit in einem kleinen Kreis von Mitwissern ans Licht kam, bekannten er und seine Freundin ihre Schuld, taten Buße und beendeten ihre Beziehung, worauf seine Ehefrau und Kinder ihm mit Gottes Hilfe vergeben konnten und man sich an den Wiederaufbau der Ehe und Familie machte. Der Pastor konnte seine Arbeit für Gottes Reich fortsetzen, und das Leben ging so gut es ging weiter.

Ich sage bewusst »so gut es ging«, denn eine der Folgen von Ehebruch ist, dass die eheliche Beziehung noch Jahre nach der Bereinigung eine äußerst empfindliche Pflanze ist. In diesem Fall ging die Sache einige Jahre gut – bis einer der »vertrautesten Freunde«, die in das Problem eingeweiht gewesen waren, seinen Mund nicht halten konnte. Gerade in dem Augenblick, wo die Ehe endlich wieder stabiler war, brach ein Skandal los. Die Nachricht von dem »Sexpastor« verbreitete sich in Windeseile und nahm so phantastische Formen an, dass dem Pastor nichts anderes übrig blieb, als sein Amt niederzulegen, damit Gottes Sache nicht noch mehr in den Dreck gezogen wurde. Es war für alle Beteiligten eine äußerst schmerzliche Sache, und wieder trug die Familie schwer an den Folgen einer Tat, die Jahre zurücklag.

Segen im Elend

Davids Affäre mit Batseba hat ihn für den Rest seines Lebens verfolgt. Sie brachte ihm leere Hände ein. Aber blieben sie leer? Sollte Gott seine Kinder so bestrafen? Hier berühren wir das Thema »Vergebung«. Wir Menschen sind bekanntlich nicht so leicht bereit, zu vergeben, wie Gott. Wir sind schnell im Verurteilen, langsam im Vergeben und unfähig zu vergessen. Wenn jemand etwas falsch gemacht hat, dann muss er dafür büßen – denken wir. Wer uns weh tut, dem wünschen wir nichts Gutes, der soll gefälligst seine Strafe kriegen und leiden. Wir sagen es vielleicht nicht laut, aber denken tun wir es manchmal umso deutlicher: Soll der, der uns da so verletzt hat, doch »zum Teufel gehen« ...

Wie ganz anders ist da Gott! Er entzieht uns seinen Segen nicht, selbst wenn wir uns versündigt haben. Die Hände Davids, der mit seiner Tat nicht nur sein eigenes Leben belastet, sondern auch Gott Unehre bereitet hatte, wurden wieder voll. Gott hat ihn weiter gesegnet – nicht, indem er alles wieder so machte, wie es gewesen war, aber auf andere Art:

a) Gott vergab David

Wie groß unsere Sünde auch sein mag – wobei Gott nie von »großen« und »kleinen« Sünden redet; für ihn ist Sünde Sünde –, Gott ist bereit, sie uns zu vergeben, wenn wir sie nur bereuen und bekennen. Wir können das in 2. Samuel 12,13 nachlesen: David sagt zu Nathan: »Ich habe gesündigt gegen den Herrn«, und Nathan antwortet: »So hat auch der Herr deine Sünde weggenommen.« In Psalm 32, der vom Segen der Sündenvergebung spricht, kommt David zu diesem Thema zurück. In Vers 5 sagt er: »Darum bekannte ich dir meine Sünde, und meine Schuld verhehlte ich nicht.« Und in den Versen 1-2 finden wir die Worte, die später Paulus in Römer 4,7-8 zitiert: »Wohl dem, dem die Übertretungen vergeben sind, dem die Sünde bedeckt ist! Wohl dem Menschen, dem der Herr die Schuld nicht zurechnet ...«

Gottes Vergebung beruht allein auf seiner Gnade, nicht auf unserer guten Führung oder unseren guten Vorsätzen. Alles, was Gott von uns verlangt, ist, dass wir unsere Schuld ehrlich bereuen und an den Sühnetod und die Auferstehung Christi glauben. Gott vergibt jedem, der in Christus zu ihm kommt, vollständig und bedingungslos. In Psalm 103, 3-4 preist David Gott als den, »der dir alle deine Sünde vergibt und heilet alle deine Gebrechen, der dein Leben vom Verderben erlöst«. In dem Augenblick, wo ich die Sünde mit Namen genannt und bekannt habe und Gott sie vergeben hat, ist sie für Gott nicht mehr da: »So fern der Morgen ist vom Abend, lässt er unsere Übertretungen von uns sein« (V. 12). So fern der Morgen (Osten) vom Abend (Westen) ist – eine größere Entfernung kann man sich nicht vorstellen. So riesengroß ist Gottes Barmherzigkeit, die Barmherzigkeit eines Vaters zu seinen Kindern (V. 13).

Und unser himmlischer Vater will uns nicht nur seine Vergebung schenken, sondern die ganze Fülle seines Segens: »... der dich krönet mit Gnade und Barmherzigkeit, der deinen Mund fröhlich macht« (Ps 103, 4-5). Wieder stehen wir vor einer Wahrheit, die sich uns erst dann voll erschließt, wenn wir unsere Zuflucht zu Gott nehmen und seine Barmherzigkeit in unser Herz hineinlassen.

Gottes Gnade befreit uns von unserer Schuld – und von unserer Scham und Selbstverachtung. Sie macht uns zu freien Menschen; unsere Beziehung zu Gott ist wieder hergestellt, die Tür zur Gemeinschaft mit ihm weit offen. Der Lohn der Sünde ist eigentlich der Tod; aber der bußfertige Sünder, dem Gott vergeben hat, hat das *Leben.*

b) Gott ließ David nicht fallen

Trotz seiner Sünde erfuhr David weiter Gottes Gegenwart und Eingreifen in seinem Leben. Gott hielt weiter seine Gnadenhand über ihn, er ließ ihn nicht fallen. Inmitten all der Not, die aus

Davids Sünde kam, war Gott ihm doch nahe. Er erhielt ihm sein Leben und sein Königtum und schenkte ihm auch wieder Sieg auf dem Schlachtfeld. Als Absalom ihm den Thron entreißen wollte, scheiterte er trotz all seiner guten Pläne und vielen Anhänger; so sorgte Gott dafür, dass Absalom nicht auf den klugen Rat Ahitofels hörte (2. Sam 17, 14). Bald danach errang David einen großen Sieg, der ihm den Rückweg nach Jerusalem öffnete. In der Auflistung der »Helden Davids« in 2. Samuel 23 lesen wir gleich zweimal, dass *Gott* den Israeliten den Sieg schenkte (V. 10. 12).

David hat um diese Dinge gewusst. Seine Worte in 2. Samuel 24, 14 zeigen so recht, wie kostbar ihm Gottes Gegenwart geworden war: »... lass uns in die Hand des Herrn fallen, denn seine Barmherzigkeit ist groß; ich will nicht in der Menschen Hand fallen.«

c) Gott stand zu seinen Verheißungen

Ein weiterer Segen war Davids Sohn Salomo, der aus der Ehe mit Batseba entsprang. Er war der von Gott in 2. Samuel 7, 12 - 16 verheißene Erbe, den Gott liebte (2. Sam 12, 24), der große Weise und König, der Gottes Tempel erbauen würde. Salomos Leben wird ab 1. Könige 1, wo er den Thron seines Vaters besteigt, beschrieben.

d) Gott schenkte David Weisheit

Schließlich der Segen der Weisheit: Kurz vor seinem Tod ruft David Salomo zu sich und gibt ihm den weisesten Rat, den ein Mensch einem anderen geben kann. Diese Abschiedsworte an seinen Sohn und Thronfolger sind in 1. Könige 2, 3 - 4 festgehalten: »Diene dem Herrn, deinem Gott, dass du wandelst in seinen Wegen und hältst seine Satzungen, Gebote, Rechte und Ordnungen, wie geschrieben steht im Gesetz des Mose, damit dir alles gelinge, was du tust und wohin du dich wendest ...« Weise Worte eines Mannes, der in seinem eigenen Leben diesen Rat nicht immer befolgte und die Folgen seines Ungehorsams gegen Gott tragen musste. Es war eine harte Lektion gewesen für David, aber sie hatte die Frucht der Weisheit hervorgebracht.

Bestimmt hat David, als er diese Worte aussprach, noch einmal den Stachel seiner vergangenen Hilflosigkeit gespürt. Und doch sprach er sie voller Hoffnung und Zuversicht aus, weil er um Gottes Vergebung und Heilung wusste und darum, dass Gott zu seinen Verheißungen und zu seinen Kindern steht, wie oft sie auch versagen mögen.

Ich glaube, wenn wir all diese Segnungen betrachten, können wir mit Recht sagen, dass Gott Davids leere Hände wieder gefüllt hat. David erfuhr Gottes Gnade und Barmherzigkeit und Gegenwart. Die Sünde war vergeben; die Narben ihrer Folgen freilich blieben.

Wenn wir unseren Kummer uns selbst zu verdanken haben

Dass wir an unserem eigenen Elend schuld sein können, wird uns im Alten wie im Neuen Testament an vielen Beispielen demonstriert. In Johannes 4 lesen wir, wie Jesus am Jakobsbrunnen bei Sychar in Samarien mit einer Frau ins Gespräch kommt, die bereits fünf Männer verschlissen hatte und gerade mit dem sechsten zusammenlebte. Dieser abwechslungsreiche Lebensstil hatte ihr mitnichten das erhoffte große Glück gebracht. Als sie Jesus bat, ihr »lebendiges Wasser« für ihren Durst zu geben, spielte sie damit auf ihre tiefe innere Leere an (V. 15). Sie litt unter ihrem frivolen Lebensstil – und wenn wir ihre Worte richtig deuten, sehnte sie sich nach dem verheißenen Messias, auch wenn sie noch nicht wusste, was es heißt, erlöst und ein Kind Gottes zu sein. Jesus bot ihr sein »lebendiges Wasser« an – das einzige, was ihren inneren Durst zu stillen vermochte.

Doch pass auf! Er versprach ihr freilich nicht, dass dieses lebendige Wasser ihr ein sorgenfreies Leben garantieren würde.

Auch als Christen sind wir Menschen, die versucht werden können, und die Not, die wir durch unsere eigenen Fehler auf uns bringen, bleibt eine Realität. Wo wir von Gott gesetzte Grenzen überschreiten und ihm ungehorsam werden, schaden wir uns selbst und unseren Mitmenschen. Immer wieder setzen wir uns über alle Warnungen hinweg, verlangen nach eben den Dingen, die Gott zur »Sperrzone« erklärt hat, und verbrennen uns die Finger dabei.

Das begann schon mit Adam und Eva, die so reich von Gott gesegnet waren. Sie hatten eine perfekte Umwelt und eine ungetrübte Gemeinschaft mit Gott und miteinander; aber anstatt sich an dem zu freuen, was Gott ihnen geschenkt hatte, verlangten sie nach der einen kleinen Sache, die Gott verboten hatte – und plötzlich wurde so einiges in ihrem Leben, wie auch ihre Beziehung zueinander unheil und sie waren aus dem Garten ausgesperrt und standen mit leeren Händen draußen.

Augen auf!

Gewöhnlich wissen wir es, wenn wir selber daran schuld sind, dass das Leben nicht mehr gut zu uns ist. Wir wissen sehr wohl, was richtig und was falsch, was gut und was böse ist. Aber manchmal tun wir wider besseres Wissen das Falsche – zuweilen sogar mit voller Absicht. Nicht immer sind die Folgen sofort offensichtlich, und schon beginnen wir das alte Selbstbetrugsspiel: Nun ja, richtig war es gerade nicht, was ich da gemacht habe, aber es hätte doch viel schlimmer sein können ...

Mit dieser Masche verschließen wir unsere Augen vor der Wirklichkeit, wie jenes Kind, mit dem ich einmal Verstecken spielte. Es glaubte steif und fest, dass es unsichtbar war, wenn es seine Augen schloss! So halten auch wir manchmal unsere Augen tapfer geschlossen und reden uns ein: Das gibt es doch gar nicht, das ist doch gar nicht passiert ... Es ist ein Zeichen innerer Reife, wenn wir den Mut haben, die Augen zu öffnen und unseren Fehlern und Sünden ins Auge zu sehen. Dieses Augenöffnen ist der erste Schritt zur Bereinigung unserer vielleicht schon sehr verfahrenen Situation.

Gott zeigt uns unsere Sünden

Aber was, wenn wir nicht bereit sind, uns den Tatsachen zu stellen? Als Batseba schwanger wurde, setzte David alle Hebel in Bewegung, um die Sache zu vertuschen. Als dies nicht gelang, ging er noch einen Schritt weiter und räumte Batsebas Mann Uria aus dem Weg. Es hatte geklappt – dachte David. Sicher, er hatte gewisse Maßnahmen ergreifen müssen, aber das war für einen orientalischen König kein Problem; und wer würde es schon wagen, ihn, den König, zu kritisieren und zur Rechenschaft zu ziehen? Dachte David.

Aber Gott kann Sünde im Leben seiner Kinder nicht dulden, und er nennt sie uns klar mit Namen. In 2. Samuel 11,27 heißt es: »Aber dem Herrn missfiel die Tat, die David getan hatte.« Und einen Vers weiter (2. Sam 12,1): »Und der Herr sandte Nathan zu David.« Es folgte das bekannte Gespräch unter vier Augen. Es war nötig, dass David erkannte, dass er Leid über seine Mitmenschen gebracht, Gottes Namen Schande bereitet, ja, seine Beziehung zu Gott geschädigt hatte. Im Lichte dieser Tatsachen konnte David einfach nicht mehr so weitermachen, als sei nichts geschehen. Der Lohn der Sünde ist der Tod. Es war eine Gnade Gottes, dass er David so mit der Nase auf die Wahrheit stieß. Es ist schmerzlich, aber letztlich heilsam, wenn wir mit unserer Sünde konfrontiert werden.

Wir sind nicht nur Meister darin, unsere Sünde zu vertuschen, sondern auch darin, sie zu beschönigen. Heutzutage neigt man ja dazu, den Verbrecher als ach so armes Opfer seiner Umwelt oder einer verpfuschten Kindheit zu betrachten; er konnte ja gar nicht anders ... Mag sein, dass ein Stück Wahrheit darin steckt. Aber Sünde ist immer noch Sünde, egal wie die Umstände waren.

Wir mögen noch so kluge Entschuldigungen vorbringen, Gott ist nicht bereit, das Böse zu relativieren oder zu beschönigen. Es geht nicht darum, wie »groß« oder »klein« und von welchen mildernden Umständen begleitet unsere Sünde war. Dem heiligen Gott ist Sünde jeder Art etwas Abscheuliches, Unausstehliches, und er entlässt uns nicht aus unserer Verantwortung.

Die Bibel betont immer wieder, dass Sünde Gottes Heiligkeit gewissermaßen beschmutzen, seinen Namen verunreinigen kann. In 2. Samuel 12,14 macht Gott David klar, dass er »die Feinde des Herrn durch diese Sache zum Lästern« des Namens Gottes gebracht hat. Aber der innerste Kern von Davids Übertretung war sein Ungehorsam. Er hatte Gottes Wort, ja, Gott selber verachtet (2. Sam 12,9-10).

Ich habe vorhin gesagt, dass es Gnade war, dass Gott den Finger auf Davids Sünde legte. Im Neuen Testament geschieht genau dasselbe – in und durch Jesus Christus. Er, der das Licht ist, bringt unsere Sünden ans Licht. Im Gespräch mit der Frau am Jakobsbrunnen, die ihren großen Durst bekennt, kommt Jesus darauf zu sprechen, dass sie bereits fünf Männer gehabt hat und zur Zeit unehelich mit dem sechsten zusammenlebt. Die Frau wechselt erschreckt das Thema: Wo, bitte sehr, ist der rechte Ort, Gott anzubeten? (Damals war das eine große Streitfrage zwischen Juden und Samaritanern.)

Die Frage war wahrscheinlich unnötig, aber alles war dieser Frau lieber, als mit der Wahrheit über sich selbst konfrontiert zu werden. Doch genau in diese Konfrontation führte Jesus sie, und dies hat sich bis heute nicht geändert. Wer zu Jesus kommt, den trifft Jesu Licht, und alle Schatten und dunklen Flecken in seinem Leben werden sichtbar. Gemeinschaft mit Gott und ein Leben in der Finsternis, Heiliges und Unheiliges sind unvereinbar miteinander (vgl. 1. Joh 1,6). Wo wir eine Begegnung mit Jesus haben und ihm ehrlich folgen wollen, da wird er uns unsere Sünde aufdecken.

Gottes Wort spricht zu uns

Gott hat uns seine Grundregeln zum Leben gegeben – die Zehn Gebote. Es reicht nicht, dass sie auf die Steintafeln geschrieben wurden; wir müssen sie in unsere Herzen schreiben, das heißt sie so lieben, wie wir Gott selber lieben. Der Verfasser des 119. Psalms, jener großen Ode an Gottes Gesetz, sagt: »Herr, das soll mein Erbe sein, dass ich deine Worte halte« (V. 57). Und: »Deine Mahnungen sind Wunderwerke; darum hält sie meine Seele« (V. 129).

Gehorsam zu Gottes Wort und tiefe Liebe zu Gott selber sind untrennbar miteinander verbunden. Man kann geradezu sagen, dass die Echtheit oder Tiefe unserer Liebe zu Gott sich darin zeigt, wie wir mit seinem Wort umgehen. Wenn wir Gottes Wort lieben und uns in es vertiefen, werden wir nicht nur dieses Wort immer besser kennen lernen, sondern auch den Herrn dieses Wortes immer mehr erkennen und lieben. Beim Lesen des Wortes Gottes entdecken wir, wer er ist und was er von uns will. Dabei wird unser Blick für Gut und Böse immer mehr geschärft, und wir erleben es, wie Gottes Wort uns ganz direkt anspricht, unsere Sünde mit Namen nennt und uns zu radikalem Gehorsam ruft.

Unser Gewissen regt sich

Es gibt verschiedene Dinge, die uns daran hindern können, auf eine reife, verantwortungsvolle Art mit der Sünde umzugehen. Da ist es gut, dass Gott uns ein Gewissen gegeben hat, das uns an das Böse in unserem Leben erinnert, ja, uns anklagt. Aber dies geschieht nicht automatisch. Gewissen muss wachsen. Wenn wir mit Gott gehen und ihn sein Gnadenwerk in uns tun lassen, wird unser Gewissen immer feiner; wir bekommen gleichsam eine Antenne für den Heiligen Geist. James Packer hat einmal gesagt, dass das geschärfte Gewissen ein unfehlbares Zeichen für das innere Wachstum des Christen ist. Und umgekehrt: Ein stumpfes Gewissen ist ein Zeichen für geistliche Unreife.

Hier ist ein Blick in den 32. Psalm, wo David über die Freude der Vergebung spricht, aufschlussreich: Solange er seine Sünde verschwieg, lag Gottes Hand schwer auf ihm. Die Verse 3 und 4 malen uns die tiefe innere Zerrissenheit des Menschen vor Augen, der seine Sünde nicht bekannt hat. Davids erste Reaktion war ja gewesen, seine Schuld zu verdrängen, sie hinab in sein Unterbewusstsein zu drücken. Aber sie kroch wieder heraus und machte ihn buchstäblich krank. Er versuchte tapfer, die Stimme seines Gewissens zu unterdrücken, aber in seiner großen Gnade ließ Gott ihn nicht. In Vers 5 sagt David: »Darum bekannte ich dir meine Sünde, und meine Schuld verhehlte ich nicht.« Worauf er Vergebung fand, und durch die Vergebung neue Freude in Gott (V. 11).

Unser Gewissen kann uns drücken, ja, deutlich zu uns sprechen. Aber wir können es auch zum Schweigen bringen, unterdrücken und bestechen. In seinem Brief an Titus erwähnt Paulus, dass es Menschen gibt, die behaupten, Gott zu kennen, ihm aber in ihrem Leben ungehorsam sind. Ihr Denken und ihr Gewissen sind beschmutzt (Tit 1,15-16).

Unser Leiden kann Gottes Stimme sein

Manchmal ist es das durch unser Fehlverhalten verursachte Leiden, das uns aufdeckt, wo wir fehlgegangen sind. Im Gleichnis vom verlorenen Sohn (Lk 15) tritt uns ein junger Mann entgegen, der sich sein Erbteil auszahlen lässt und es in einem fernen Land sinnlos verprasst, bis nichts mehr übrig ist. Aus dem Träumer, dem die ganze Welt offen stand, wird ein elender Schweinehirt, der vor lauter Hunger um etwas von dem Schweinefutter bittet. Und an diesem Punkt kommt er zu sich (V. 17); er erkennt, dass er ja selber an seinem Elend schuld ist.

Der verlorene Sohn kam zu sich, als er einsam, verlassen und hungrig vor dem Schweinestall saß. Manchmal lässt das Leiden, das unsere Sünden mit sich bringen, uns zur Einsicht kommen.

Gottes Heiliger Geist spricht deutlich

Gott und sein Wort, unser Gewissen und unser Leiden – all dies sind also Kanäle, durch die wir zur Einsicht kommen und sehen können, wieviel wir selber an unserem Elend schuld sind. Aber vergessen wir nicht den Heiligen Geist, Gottes große Stimme in uns. Er führt uns unseren Ungehorsam vor Augen, er weckt unser Gewissen und unsere Gedanken, er macht uns das Herz unruhig, er erinnert uns an Gottes Wort, erleuchtet es und spricht durch andere Menschen zu uns. Er tut dies alles und noch viel mehr, um uns an der Hand des Vaters zu halten und uns Jesus größer zu machen. Die Gegenwart des Heiligen Geistes in uns bedeutet, dass wir nicht allein sind! Er ist Gottes Geschenk an uns – Gott mit uns und in uns!

Vergebung – ein neuer Start

Als Nathan mit David sprach, sagte er ihm: »So hat auch der Herr deine Sünde weggenommen; du wirst nicht sterben« (2. Sam 12, 13). Dies sind bedeutungsschwere Worte, denn sie beinhalten, dass die logische Folge unserer Sünde eigentlich der Tod ist. Erst wenn wir dies bedenken, merken wir so richtig, wie unendlich gnädig Gott war, als er Nathan zu David schickte – nicht mit dem Auftrag, ihm den Tod anzukündigen, sondern um ihn zu retten. Durch die Geschichte, die Nathan erzählte, gab Gott David eine Chance, selber darauf zu kommen, was er da getan hatte und was die Folgen dieser Tat waren. So bekam er die große Gelegenheit, zu sich zu kommen, seine Sünde zu bekennen und Gott um Vergebung zu bitten. Gott sperrt uns nicht in ein finsteres Verlies, um uns umzubringen; er führt uns hinaus in die Sonne, wo wir wieder atmen können.

Es kommt vor, dass jemand, dem Gott längst vergeben hat, sich immer noch mit Schuldgefühlen abplagt und sich selber nicht vergeben kann. Das ist nichts Ungewöhnliches; der Teufel tut sein Bestes, um Zweifel zu säen und unseren Glauben zu schwächen, und eine seiner Lieblingstaktiken ist, uns leise, aber penetrant Sünden unter die Nase zu halten, die wir längst bekannt haben und die vergeben und geregelt sind. Hartnäckig klagt er uns an – es muss doch wohl möglich sein, uns an unserer Erlösung und an Gottes Liebe irre werden zu lassen … Gerne benutzt der Satan dabei unsere Gefühle und füttert sie, so dass Lasten, die Gott uns längst abgenommen hat, uns von neuem und völlig unnötig niederdrücken. Seien wir uns dieser Strategie bewusst, stehen wir fest auf Gottes Wort und Verheißungen, widerstehen wir dem Teufel!

Ich lernte einmal eine Frau kennen, die vor vierzig Jahren eine Abtreibung gehabt hatte. Sie hatte damals nicht aus noch ein gewusst und keinen anderen Ausweg gesehen als eben die Abtreibung. Jahre später bekam sie heftige Gewissensbisse und suchte Hilfe bei einem Therapeuten. Das Durcharbeiten der Abtreibungssituation damals, vor so vielen Jahren, stürzte sie in einen Abgrund von Schuldgefühlen. Sie bekannte Gott schließlich alles und bat ihn um Vergebung, und die Last ihrer Schuld fiel von ihren Schultern.

So weit, so gut. Aber jedes Mal, wenn sie mitbekam, dass eine Frau unfreiwillig schwanger war oder abgetrieben hatte, krampfte sich ihr Herz aufs Neue zusammen, und vor ihrem inneren Auge sah sie sich selber wieder, wie sie ihr eigenes Kind abtrieb. Die alte Gewissensqual war wieder voll da. War dies am Ende Gottes Stimme? War seine Vergebung vielleicht nicht echt gewesen? Doch, sie war echt, Gott hatte ihr vergeben. Aber sie selber konnte sich nicht vergeben, und so schleppte sie die Last, die Gott ihr doch abgenommen hatte, weiter mit sich herum.

Hier erinnere ich mich an eine der Geschichten, mit denen Corrie ten Boom so gerne illustrierte, wie vollkommen Gott vergibt. Sie sagte, dass Gott unsere Sünden in einen tiefen See wirft und anschließend ein Schild am Ufer aufstellt: »Fischen verboten!« Unser Wühlen in der Vergangenheit ist nutzlos. Wenn Gott vergeben hat, dann hat er wirklich vergeben; wir können mit einem weißen, unbeschriebenen Blatt weiterleben. Wie schade, wenn wir uns manchmal dazu hinreißen lassen, das, was Gott ausradiert hat, wieder von neuem aufzuschreiben. Wir gehen damit nur dem Satan an die Angel und sabotieren Gottes Pläne für uns.

Wie sagt Gott in Jesaja 1, 18? »Wenn eure Sünde auch blutrot ist, soll sie doch schneeweiß werden, und wenn sie rot ist wie Scharlach, soll sie doch wie Wolle werden.« Wenn wir unsere Sünden bereut und vergeben bekommen haben, ziehen wir gleichsam einen Pullover aus schneeweißer, allerbester Wolle an. Er kann neue Schmutzflecken bekommen, der Pullover, aber jedes Mal kann er neu gereinigt werden. So reinigt Gott uns immer wieder aufs Neue, wenn unsere Sünde unsere Seele befleckt hat. Halten wir doch fest an dieser Wahrheit, lassen wir es nicht zu, dass der Teufel die alten Flecken wieder herbeizaubert! Wenn Gott uns vergeben hat, brauchen wir uns nicht länger selber zu verurteilen. Mag sein, dass die alten Narben hin und wieder schmerzen, aber wir brauchen und sollen uns nicht von ihnen beherrschen und binden lassen. Jesus ist gekommen, um uns frei zu machen!

Wie gut ist es, zu wissen, dass wir uns auch in den Augenblicken, wo unser selbstgemachtes Leid uns drückt, auf den Felsen der Vergebung Gottes stellen und ohne das Joch der Selbstverurteilung weitergehen können. Wie gut, dass wir gerade auch als Sünder uns immer wieder unter die Flügel des allmächtigen Gottes flüchten und von ihm reinwaschen lassen können. Wie gut auch zu wissen, dass wir auch dort, wo die Nachwirkungen unserer Sünden uns plagen, Gottes Trost und Kraft in Anspruch nehmen können. Und dass wir dann, wenn wir unsere Sünden bekannt haben, für Gott wie neu sind.

Es ist manches schief gelaufen in Davids Leben. Und doch wird er in Apostelgeschichte 13, 22 ein Mann nach Gottes Herzen genannt. Das gilt! Das Neue Testament lässt David nicht in der Versenkung verschwinden, weil er Gottes Maßstäben nicht immer entsprochen hatte. Durch all seine Schwächen und Sünden hindurch sah Gott das Herz dieses Mannes an – den David, der ihn immer wieder suchte und sich danach sehnte, das zu werden, was Gott bereits in ihm sah: ein Mann Gottes!

Teil II

10. Freundschaft, die trägt

Einmal musste ich mich, als ich gerade im Ausland war, plötzlich zwei Operationen unterziehen. Ich erhielt damals von einer Freundin einen Brief, der mir sehr kostbar wurde. Sie schrieb unter anderem: »Wie gerne wäre ich jetzt bei dir – gar nicht so sehr, um etwas zu sagen, sondern um einfach mit dir zusammen bei Gott zu sein.«

Dieser Satz hat mich an Rut erinnert, die wahrscheinlich auch nicht viel sagte, als sie Noomi auf ihrer Reise aus dem Land Moab zurück nach Bethlehem begleitete. Ihre bloße Gegenwart genügte schon. Weil sie selber darum wusste, was es ist, sich in Gott zu bergen, konnte sie ihrerseits ihrer Schwiegermutter Gefährtin und Zufluchtsort sein.

Und ich musste auch an die trauernde Mutter aus Kapitel 3 denken, die nach dem Tod ihres Jungen erleben musste, wie die alten Freunde sich zurückzogen. Doch ein paar blieben und standen zu ihr und ihrer Familie. Sie machten keine großen Worte, aber sie waren treu und sie waren da. Diese stummen, aber gegenwärtigen Freunde waren ein Geschenk des Himmels – Boten Gottes, sichtbare Zeichen seiner Gegenwart.

Genau diese Botschaft vermittelte dieser eine Satz in dem Brief. Sie war hundertmal stärker und tiefer als die »Alles Gute zur Genesung«-Karten mit ihren komischen Bildern und Sprüchen, die man irgendwo kauft und dem Kranken schickt, damit er einen Augenblick etwas zum Lachen hat. Die Botschaft meiner Freundin lautete: »Ich möchte dich vor Gott bringen. Zusammen mit dir möchte ich seine Nähe spüren.« Oder anders ausgedrückt: »Ich möchte mich zusammen mit dir in Gott bergen.« Sie wünschte mir Gottes Nähe, und sie bot sich an, sie mit mir zusammen zu suchen.

David und Jonatan, eine optimale Freundschaft

Die wertvollsten Freundschaften, die wir haben können, sind die, bei denen Gott im Mittelpunkt steht. Ich glaube, Gott benutzt menschliche Freundschaften, um uns ein Stückchen davon erahnen zu lassen, was er selber an erfüllter Gemeinschaft für uns bereithält. Die Freundschaft unter Menschen kann ein Spiegel gewisser geistlicher Wahrheiten sein.

Eine der klassischen biblischen Freundschaften ist die zwischen David und Jonatan, dem Sohn König Sauls. In Zeiten großer Not und Unsicherheit war Jonatan ein Zufluchtsfels für David. Und die beiden Freunde zusammen suchten Zuflucht bei Gott; der eine stärkte den Glauben des anderen. Dass David es lernte, sich an Gott zu halten, lag an vielen Ereignissen in seinem Leben, nicht zuletzt aber an seiner Freundschaft mit Jonatan. Die Freundschaft zwischen Gläubigen kann geistlich sehr fruchtbar sein.

Als David von Saul verfolgt wurde, war Jonatan fest auf seiner Seite. Seine Treue war unglaublich. Er suchte David in seinem Versteck auf, um ihn über die Pläne Sauls – also seines eigenen Vaters! – zu informieren. Diese Loyalität ist umso erstaunlicher, als David ja genau genommen sein Rivale war – der zukünftige König Israels. Davids Berufung bedeutete ja nicht nur, dass er an Sauls Stelle treten würde, sondern auch, dass Jonatan übergangen wurde. Jonatan wusste sehr wohl darum – und machte trotzdem ganz großzügig den Weg frei für David, den von Gott Erwählten. In dieser Freundschaft kam Gott an der ersten Stelle.

Es war eine Freundschaft, die nicht von Menschen ausgedacht oder organisiert, sondern eher im Himmel geplant worden war. Die beiden lernten sich kennen, als David den Philister Goliat getötet hatte und der israelische Oberbefehlshaber Abner den jungen Helden vor Saul führte. Jonatan war zugegen in diesem historischen Augenblick: »Als David aufgehört hatte, mit Saul zu reden, verband sich das Herz Jonatans mit dem Herzen Davids, und Jonatan gewann ihn lieb wie sein eigenes Herz« (1. Sam 18,1).

a) Ein Herz und eine Seele

Jonatans Herz verband sich mit dem Davids – die Worte sind radikal und gewaltig. Hier werden zwei Menschen, die sich bis dahin noch nie begegnet waren, mit Herz und Seele zusammengeschweißt. David, der einfache Hirtenjunge, war aufgrund seines musikalischen Talents an Sauls Hof gekommen und schließlich einer der Waffenträger des Königs geworden (1. Sam 16,14-23). Jonatan dagegen war der Prinz und Thronfolger. Doch die Freundschaft zwischen den beiden ließ die Statusunterschiede zwischen ihnen und jegliche auch nur mögliche Rivalität schlagartig verschwinden. Ein Herz und eine Seele, wurden sie mehr als gewöhnliche Freunde. Diese beiden jungen Männer dienten Gott, und ihre Herzensverbundenheit war mehr als eine Gemeinsamkeit von Vorlieben und Interessen. Sie glaubten an denselben Gott, und dieser Gott war es, der das so unglaublich feste Band zwischen ihnen knüpfte.

Den Holländern kommen Worte wie »Freundesliebe« nicht leicht über die Lippen. Wir sind von der reservierten Sorte, wir lassen unsere tiefen Gefühle nicht gerne hinaus. Den Ehemann oder die Ehefrau und die Kinder liebt man – Freunde *mag* man. Gottes Wort sieht das anders. Jesus ruft seine Jünger dazu auf, einander so zu lieben, wie er sie liebt (Joh 15,12). Und Paulus war gewiss kein »schwächlicher« Typ, aber seine Briefe zeigen uns einen Menschen, der seine Freunde echt und tief liebt. Man schaue sich nur einmal ihre Einleitungs- und Schlusssätze an. »Grüße alle, die uns lieben im Glauben«, heißt es am Ende des Titus-Briefes (Tit 3,15). In 1. Korinther 15,58 sagt Paulus: »Darum, meine lieben Brüder ...«, in 1. Korinther 16,24: »Meine Liebe ist mit euch allen in Christus Jesus!« Der Philemonbrief richtet sich an »Philemon, den Lieben« (Phlm 1,1). Auch Petrus ruft zur Liebe auf: »... habt euch untereinander beständig lieb aus reinem Herzen« (1. Petr 1,22).

Ich bin überzeugt davon, dass alle Christen, die doch in Christus eins sind, einander echt lieben können. Aber ich glaube auch, dass wir Freundschaften von einem solchen Tiefgang wie die zwischen David und Jonatan in unserem ganzen Leben vielleicht nur ein- oder zweimal erfahren. Wenn überhaupt. Man kann solche Freundschaften nicht machen, sie sind eine Gabe Gottes. Sie sind die Art Freundschaft, wo die Herzen einander berühren, wo der eine in dem anderen Geborgenheit und Zuflucht findet, wo wir Trost und Stärkung für uns und unseren Glauben erfahren. Es sind geistliche Seelenfreundschaften, und als solche erwähne ich sie in diesem Buch, das von der Zuflucht in Gott redet. Es sind Freundschaften, die Wegweiser zu Gott sind und die uns verdeutlichen, was Liebe und Gemeinschaft bedeuten.

In seinem Buch für »desillusionierte Christen« führt Gordon Aeschliman* aus, dass »man Gemeinde am besten auf der Basis echter Freundschaft versteht. Kirche und Gemeinde ist nicht in erster Linie eine Struktur oder Organisation ... In ihrem Zentrum sind Menschen, die einander ein sichtbares Bild dessen sind, was es heißt, Familie Gottes zu sein.« Aeschliman selber hat das Vorrecht, Freunde zu haben, die ihn wahrhaftig lieben und die er wahrhaftig liebt. Er spricht in diesem Zusammenhang von einem mystischen Band, das ähnlich ist wie das zwischen Eheleuten. Er schreibt:

> »Es gibt einige wenige Menschen, die ich tief liebe ... Wir sind zusammengeschweißt in der Liebe des Heiligen Geistes und achten einer den anderen höher als sich selbst, wie einen kostbaren Schatz. Wir bringen einander den Trost, den nach Christi Willen die Familie geben soll: Wir ermutigen, ermah-

---

* Gordon Aeschliman, *Cages of Pain: Healing for Disillusioned Christians*, Word Publishing, USA, 1972. Alle Rechte vorbehalten; Zitate mit Erlaubnis des Verlags.

> nen, ehren, vergeben, kämpfen und freuen uns. Wir begegnen einander in Würde. Ja, man könnte sagen, dass wir in dem anderen Jesus entdeckt haben und seine Schöpfung anbeten.«

Aeschliman fährt fort:

> »Ich hoffe, das klingt jetzt nicht schmalzig. Es ist eine Liebesgeschichte ... Wir haben einander schon oft aus dem Dreck gezogen, wir haben Wunden verbunden und bis zur Morgendämmerung füreinander gewacht, wir haben flehentlich gebetet, dass der andere es schaffen möge, wir sind in seine Hölle hinabgestiegen und er in unsere, dass wir verrußt und versengt wieder zurück ans Tageslicht kamen. Und warum nicht? Ist nicht dies Liebe – dass man sein Leben gibt für den Bruder oder die Schwester? Danken wir Gott für den Freund, der uns zu allen Zeiten liebt.«

David und Jonatan schlossen einen Bund miteinander, den sie regelmäßig bekräftigten. Zum ersten Mal wird er in 1. Samuel 18,3 erwähnt: »Und Jonatan schloss mit David einen Bund, denn er hatte ihn lieb wie sein eigenes Herz.« Bemerkenswerterweise wird hier im Hebräischen für »Bund« dasselbe Wort benutzt wie das, das Gott für seinen Bund mit Israel benutzt. Die Freundestreue von David und Jonatan zeigt uns etwas von der Bedeutung jenes größeren Bundes. Wir wissen doch, dass Menschen nicht zur Treue, wie Gott sie will, fähig sind, und oft werden wir in unseren Ehen und Freundschaften tief enttäuscht; Christen sind nicht gefeit gegen Enttäuschungen und Versagen. Aber in Christus können wir uns immer wieder von neuem nach dem Höchsten und Besten ausstrecken, und wir berauben uns selber, wenn wir es zulassen, dass die Enttäuschungen, die wir mit unseren Mitmenschen erlebt haben, uns und unsere Freundschaften beherrschen.

Hier kann uns das Beispiel von David und Jonatan ermutigen. Ihre Freundschaft war eine »Liebesgeschichte« im Sinne Aeschlimans. Sie gehören zu den wenigen Sterblichen, die jene tiefe

Begegnung, jenes mystische Band, wie es sonst nur Eheleute haben, erleben durften. Und dieses Band gründete letztlich in ihrer Liebesbeziehung zu Gott.

b) Wenn Treue etwas kostet

Jonatans Treue zu David war weit und tief. Er opferte sein behagliches Leben als Kronprinz. Er stellte sich beharrlich vor David und ging große Risiken für ihn ein. Diese Treue hatte Folgen. Der eigene Vater versucht, den »abtrünnigen« Sohn, der da gemeinsame Sache mit dem Rivalen macht, zu töten (1. Sam 20,33). Hier sehen wir, was sie ganz praktisch bedeuten können, die Worte Jesu: »Niemand hat größere Liebe als die, dass er sein Leben lässt für seine Freunde« (Joh 15,13).

Treue kostet. In jener frühen Phase der Freundschaft mit David war der Preis für Jonatan besonders hoch. Es gibt Phasen in einer Freundschaft, wo der eine der Stärkere ist und besonders viel an Hingabe und Handlungskraft leisten muss. Als Noomi und Rut von Moab zurück nach Bethlehem reisten, war Rut die Stärkere, die ihrer verbitterten Schwiegermutter Hilfe und Gefährtin war. Als David Jonatan brauchte, war der für ihn da. Später war es umgekehrt: Als Jonatan starb, ließ David (der inzwischen König geworden war) nachforschen, ob noch Verwandte seines Freundes Jonatan lebten. In 2. Samuel 9,1 (und wieder, dringend, in V. 3) fragt er: »Ist noch jemand übrig geblieben von dem Hause Sauls, damit ich Barmherzigkeit an ihm tue um Jonatans willen?« Er hört, dass einer von Jonatans Söhnen, Mefi-Boschet, ein Krüppel, noch lebt, und er holt ihn zu sich an den Hof und behandelt ihn, als sei er einer seiner eigenen Söhne (2. Sam 9,3-13).

Diese Begebenheit erinnert mich an die Bitte, die Jesus am Kreuz an seinen Freund Johannes (»den Jünger, den er lieb hatte«, Joh 19,26) richtete. Er bat ihn, sich um seine Mutter zu kümmern, und Johannes zögerte keinen Augenblick: »Und von der Stunde an nahm sie der Jünger zu sich« (Joh 19,27). Gute Freunde können aufeinander zählen.

Solch ein Freundschaftsbund ist zutiefst bereichernd und tröstlich. Was für ein Geschenk: Gott will uns Freundschaften geben, in denen wir ein Stückchen bedingungslose Liebe und Einssein, Treue und Verantwortung erfahren – und damit etwas spüren oder kosten von Gottes Charakter. Das macht diese Freundschaften so unendlich kostbar. Ich bin überzeugt: Wir dürfen Gott bitten, uns solche Freundschaften, solche Bundesschlüsse zu schenken. Und wenn er sie uns dann gibt, sollten wir sie mit der allergrößten Behutsamkeit behandeln.

Manchmal bleiben Freunde weg. Viele Menschen erfahren es, wie in Zeiten von Krankheit oder Trauer, Arbeitslosigkeit oder Familienproblemen ihr Freundeskreis immer kleiner wird. Wobei die Freunde meist nicht aus purer Herzlosigkeit wegbleiben, sondern weil sie sich hilflos fühlen und nicht wissen, was sie angesichts der Not des anderen sagen oder machen sollen. Manchmal sind sie auch einfach ungeduldig; sie können tiefe und hartnäckige Trauer nicht verstehen, begreifen nicht, dass der andere so lange braucht, um innerlich wieder auf die Füße zu kommen. Sie geben ihre gut gemeinten Ratschläge, und wenn der andere sie nicht befolgt, fühlen sie sich beleidigt, ja, abgelehnt. Es kommt vor, dass der Leidende selber seine Freunde vor lauter Bitterkeit oder Zorn wegstößt. Wie wichtig ist es doch, dass wir lernen, in jeder Lage treu zu sein – und das heißt vor allem, dass wir einfach da sind, dass wir nicht weggehen, dass wir treu im Gebet sind.

In seinem zweiten Brief an Timotheus schreibt Paulus: »Du weißt, dass alle in der Provinz Asien mich im Stich gelassen haben, auch Phygelus und Hermogenes. Ich bitte den Herrn um Erbarmen für die Angehörigen von Onesiphorus. Er hat sich zu mir bekannt, obwohl ich im Gefängnis bin, und hat mich oft ermutigt. Sobald er hier in Rom ankam, hat er nach mir gesucht, bis er mich fand« (2. Tim 1,15-17; Gute Nachricht). Onesiphorus war Paulus ein echter Freund im Herrn und jemand, der seinem Namen (»Nutzbringend«) alle Ehre machte. Als Paulus in Rom inhaftiert war, tat er, was er konnte, um ihn ausfindig zu machen und zu besuchen. Er war – leider – der einzige; die anderen Christen aus Kleinasien hatten es sich leicht gemacht und Paulus im Stich gelassen. Onesiphorus hielt Paulus auch im Gefängnis die Treue; seine Freundschaft ließ sich nicht von widrigen Winden umblasen. Er war eine Oase für den geplagten Paulus, ein lebendiges Beispiel für die Treue Gottes.

c) Gott an der ersten Stelle

Wenn wir uns Jonatan und David anschauen, sehen wir rasch, dass Gott das Zentrum ihrer Freundschaft war. »Jonatan ... ging hin zu David ... und *stärkte sein Vertrauen auf Gott*«, lesen wir in 1. Samuel 23, 16; ähnlich an anderen Stellen. Hier lag das Geheimnis der stabilen Beziehung zwischen diesen beiden Männern. Sie brauchten einander intensiv; aber ihre je ganz persönliche Beziehung zu Gott hielt ihre Freundschaft in der Balance und verhinderte es, dass das Einander-brauchen ungesunde Ausmaße annahm.

Gott benutzte Jonatan als Werkzeug, um Davids Glauben zu stärken. Jonatan war David nicht nur Schutz und Zufluchtsort, er war ihm auch Wegweiser zu Gott, unserer eigentlichen Zuflucht. Die Frucht dieses Wegweisens sehen wir in 1. Samuel 30, 6: Davids Leben ist in großer Gefahr, die Leute wollen ihn steinigen. Wie reagiert er? »David aber stärkte sich in dem Herrn, seinem Gott.« Die Schule von Jonatans Treue hatte sein Gottvertrauen gestärkt. Gott schenkt uns manchmal Menschen, auf die wir uns stützen können; passen wir nur auf, dass dies uns nicht daran hindert, zu lernen, uns auf Gott zu stützen. Es muss uns ein Instinkt werden, in Notsituationen Gott um Hilfe anzugehen und nicht an erster Stelle unsere Freunde.

Noch eine andere Szene zeigt uns, dass Gott in der Freundschaft zwischen David und Jonatan an erster Stelle kam. In 1. Samuel 23, 17 sagt Jonatan zu David: »Du wirst König werden über Israel, und ich werde der Zweite nach dir sein.« Menschlich gesprochen, war Jonatan der Thronfolger Sauls. Aber er verzichtete darauf und machte David Platz, weil er Gottes Pläne für seinen Freund akzeptierte. Er wusste um die Folgen dieser Haltung; sie würde seine eigene Zukunft einschneidend verändern. Aber egal was es ihn kostete – er wollte, dass Gottes Pläne für David sich erfüllten. Können wir uns vorstellen, was es bedeutet (und kostet), jemandem zu sagen: »Ich trete zurück und gebe dir meinen Posten«? Jonatan brachte ein großes Opfer. Aber gute Freunde wollen das Beste füreinander. Und Menschen, die mit Gott gehen, wollen, dass Gottes Pläne sich nicht nur in ihrem eigenen Leben erfüllen, sondern auch in dem des anderen.

d) »Ich brauche dich«

Ich glaube, die Stunden, wo er mit Jonatan zusammen war, waren wie heilendes Öl für Davids Seele. Es waren Oasen des Friedens mitten im Sturm der Angst. In den Psalmen spricht David oft davon, wie er sich von Gott und Menschen verlassen fühlte. Aber Jonatan stand immer zu ihm und schützte ihn, wo er nur konnte. Sogar vor seinem Vater Saul trat er für David ein. Er war ihm ein echter Zufluchtsfelsen.

Ja, bei Freunden können wir Geborgenheit finden. Wir lernen die Bedeutung von Treue und Verlässlichkeit, wir stützen einander im Gebet – und schmecken und sehen so etwas davon, was es heißt, in Gott seine Zuflucht zu finden. Die Geborgenheit menschlicher Freundschaft ist ein unvollkommener Spiegel der völligen Geborgenheit, die Christus uns gibt. Er liebt uns bedingungslos, er tritt für uns ein, er hält seine schützende Hand über uns. Seine Liebe und Treue hören nie auf.

Der Freund als Zuflucht – das bedeutet, dass ich mich öffne, mich bloßlege, es wage zu sagen: »Ich brauche dich.« Ich vertraue mich dem anderen an, ich setze darauf, dass er treu für mich betet. Nicht, dass ein Freund immer zur Stelle sein kann, wenn ich ihn brauche. Auch Jonatan konnte das nicht. Aber *im Prinzip* bin ich für den anderen verfügbar. Seelenfreunde können sich darauf verlassen, dass sie dort, wo es irgend möglich ist, einander tatkräftig helfen. Und *immer* kann ich auf die Gebete des anderen zählen. Und er auf meine.

e) Nähe ist mehr als »Wie geht es dir?«

Der biblische Bericht erwähnt es nicht ausdrücklich, aber bestimmt haben David und Jonatan ihre tiefsten Gefühle miteinander geteilt. Sie hatten jene Art Beziehung, in der man sich einander öffnet. Sie ließen alle Sicherheiten fallen; sie weinten miteinander (1. Sam 20,41).

Wie bereit sind wir, die Kammer unserer Seele zu öffnen? Und wie viele unserer Freunde wollen, dass wir sie ihnen öffnen? Wer ist bereit, sich unserem Schmerz zu stellen, sich unsere Nöte anzuhören? Das ist ja nicht jedermanns Sache. Wir haben Angst davor, »schwach« zu sein, wir scheuen zurück vor Tränen und Gefühlen. Wer rechnet schon damit, dass sein Freund ihm auf die Frage »Wie geht es dir?« seine Eheprobleme ausschüttet oder die Krebsdiagnose berichtet? Wir wollen doch die übliche schlichte Antwort hören: »Danke, gut«, und wenn einer den Mut hat, tiefer zu gehen und uns seine Not zu erzählen, werden wir gleich verlegen, murmeln irgendetwas Unverbindliches und sehen zu, dass wir wegkommen.

Warum das? Weil wir so hilflos vor der Not des anderen stehen. »Danke, mir geht's gut« – das ist so viel einfacher als »Mir geht es elend«. Doch echte Freunde tun genau das – den anderen ermuntern, offen zu sagen, wo der Schuh drückt. Sie geben sich nicht mit den Fakten zufrieden, sie wollen wissen, wie es im Herzen des anderen aussieht. Erst wenn wir einander ins Herz blicken, sind wir einander wirklich nahe.

Davids und Jonatans Freundschaft war von dieser tiefen Sorte. Davids Leben ging damals durch ein dunkles Tal, und meist war Jonatan derjenige, der seinen Freund aufmunterte, tröstete und sein Gottvertrauen stärkte. Doch in 1. Samuel 20 weinen die beiden Freunde gemeinsam. Man mag dies einen Augenblick der Schwäche nennen; für mich ist es ein Augenblick gemeinsamer Stärke, eine Bekräftigung ihrer tiefen inneren Einheit. Denn was geht diesem Weinen voraus? David, von Saul verfolgt, vertraut sich Jonatan an, und obwohl Jonatan nur schwer glauben kann, dass David in seiner Not nicht übertreibt, sagt er ihm seine Hilfe zu.

Er erfährt schon bald, was diese Hilfe ihn kosten kann. Einen oder zwei Tage nach dem Gespräch mit David wird er von seinem Vater um ein Haar getötet, weil er auf Davids Seite ist (1. Sam 20, 33). Einen Vers weiter lesen wir, dass Jonatan zornig vom Tisch aufsteht und den ganzen Tag nichts isst, weil sein Vater David so schändlich behandelt. Am nächsten Tag sucht er David auf, und »sie küssten einander und weinten miteinander, David aber am allermeisten« (V. 41). Menge übersetzt: »... und weinten zusammen, bis David seine Fassung wiedergewann«, was bedeuten würde, dass David der »Stärkere« war, der sich als erster wieder fing. Der hebräische Urtext ist hier nicht ganz eindeutig. Aber auf jeden Fall: Freundschaft ist ein wechselseitiges Geben und Nehmen, in dem mal der eine, mal der andere der Starke ist.

Keine Geborgenheit ohne Verlässlichkeit. Kann ich mich dem anderen wirklich bedingungslos öffnen? Nicht immer. Mögen die Vorsätze noch so gut sein, ein Restrisiko bleibt immer. Es kann vorkommen, dass die liebsten Freunde uns enttäuschen, ja, verraten. Und sind wir denn selber immer 100 Prozent verlässlich? Mit das Wichtigste, das Freunde lernen müssen, ist, den Mund zu halten! Wir müssen lernen, unsere elende Klatschader zu unterdrücken und das, was jemand uns unter vier Augen gesagt hat, an niemanden weiterzugeben – außer an Gott, in unseren Gebeten.

In all diesen Dingen kann uns die Freundschaft zwischen Jonatan und David Vorbild und Herausforderung sein. So hat Gott sich Freundschaft vorgestellt, ja, dies ist die Art Freundschaft, die er uns selber anbietet! David beschreibt dies in Psalm 25, 14, wenn er sagt: »Der Herr ist denen Freund, die ihn fürchten« (Einheitsübersetzung: »Die sind Vertraute des Herrn, die ihn fürchten«). »Vertraute« sind sich nahe. Er, der Abraham, Mose und Henoch seine Freunde nannte, streckt uns heute in seinem Sohn Jesus Christus seine Freundschaftshand entgegen.

Spiegel Gottes

In seinem Buch *Prayer: The Transforming Friendship* sieht James Houston vom Regent College in Vancouver (Kanada) das Gebet als Freundschaft mit Gott. Er schreibt:*

> »Es besteht eine enge Verbindung zwischen unserem Bedürfnis nach tieferen menschlichen Beziehungen und unserem Bedürfnis nach Gemeinschaft mit Gott. Die beiden Dimensionen (Gemeinschaft mit unseren Mitmenschen und mit Gott) stärken einander; es ist eine ständige Interaktion zwischen der Horizontalen und der Vertikalen, der Freundschaft mit Menschen und der Gebetsbeziehung zu Gott. Die eine Dimension prägt die andere mit. Wer Schwierigkeiten hat, bleibende Beziehungen zu seinen Mitmenschen zu knüpfen, die er doch sehen kann, wird sich sehr schwer tun, Gemeinschaft mit dem Gott zu haben, den er nicht sehen kann.«

Manche geistlichen Wahrheiten begreifen wir erst dann richtig, wenn wir uns Parallelen aus unserem irdischen Alltagsleben ansehen. Das gilt nicht zuletzt für die Gemeinschaft mit Gott. Wie wollen wir je verstehen, was Freundschaft mit Gott ist, wenn wir keine menschlichen Freunde haben? Wie können wir Gott als unseren Vater sehen, wenn wir nicht, wie unvollkommen auch immer, einen menschlichen Vater erlebt haben? Wie wollen wir wissen, was es heißt, unter Gottes Flügeln Zuflucht zu suchen (Ps 91, 4), wenn uns nie ein Mensch in die Arme genommen hat oder wir dies wenigstens bei anderen oder auch nur in der Natur beobachtet haben?

---

* James Houston, *Prayer: The Transforming Friendship,* Lion Publishing, 1989.

Die Bilder, die Gott in seinem Wort benutzt, sprechen unsere menschliche Erfahrung an. Manchmal benutzt Gott Menschen, um uns gewisse Aspekte seines Wesens oder geistliche Wahrheiten deutlich zu machen. Natürlich sind menschliche Beziehungen immer unvollkommen; sie sind nur ein trüber Abglanz von dem, was Gott meint und was er uns in aller Fülle geben will. Und doch: Diese unsere Welt und unsere irdischen Freundschaften, sie können uns eine Schule werden, in der wir lernen, was Liebe, Treue, Verlässlichkeit und Zuflucht heißt, und unsere besten Seelenfreunde können uns entdecken helfen, wer Gott ist.

Joyce, eine Frau Mitte vierzig, wuchs seit ihrem dritten Lebensjahr ohne Vater auf. Sie berichtet:

> »Meine Mutter tat ihr Äußerstes, um uns Kinder glücklich und zufrieden aufwachsen zu lassen. Sie liebte uns, sie sorgte für uns, es gab Lachen und Tränen. Wir waren eigentlich eine ziemlich normale Familie. Aber mein ganzes Leben lang habe ich mich mit diesem ›Halb-Nest-Syndrom‹ herumgeschlagen. Unser ›Nest‹ zu Hause hatte ein großes Loch; der Vater fehlte einfach. Ich habe mich nie richtig geborgen gefühlt, und das macht es mir furchtbar schwer, an bedingungslose Liebe und Treue zu glauben.«

Joyces Geschichte zeigt uns, wie wichtig Geborgenheit für ein Kind ist. Erfährt es sie nicht in seinen frühen Lebensjahren, dann – so versichern uns so ziemlich alle Psychologen – kann es davon Narben für den Rest seines Lebens davontragen. Ich will dies nicht leugnen – auch nicht, dass manche Menschen später die helfende Hand eines Therapeuten benötigen. Aber ich bin dankbar, dass Christen über diese psychologische Wahrheit hinausblicken können zu dem Herrn, der über alles menschliche Denken und Erwarten hinaus handeln und heilen kann. Mit offenem Herzen und zum Himmel erhobenen Händen leben – es ist möglich. Es bedeutet, dass ich das Leben so nehme, wie es ist, und doch gleichzeitig in einer anderen Realität lebe – in dem verborgenen Leben mit Gott, wo ich Frieden statt Sorgen, Ruhe statt Rastlosigkeit und Heilung statt Zerbrochenheit finde.

Und diese andere, göttliche Realität kann in unseren menschlichen Freunden ein Stück sichtbare Gestalt gewinnen. Für Joyce kam der Wendepunkt, als eine ihrer Freundinnen ihr sagte: »Ich liebe dich so, wie du bist. Du brauchst dir meine Freundschaft nicht zu verdienen und du kannst sie nicht verlieren, weil sie nicht von deinem Verhalten abhängt.« Anfangs mochte Joyce das kaum glauben, aber es erwies sich als wahr. Ihre Freunde haben ihr geholfen, vertrauen zu lernen, ja, mehr noch: Sie haben ihr jene Grundgeborgenheit gegeben, die sie als Kind nicht haben konnte. Sie zeigten ihr, was Gottes bedingungslose Liebe bedeutet. Gott benutzte in seiner Gnade menschliche Freundschaften, um ihr zu zeigen, wer er ist.

Dies ist ein Beispiel, das es in sich hat, zeigt es uns doch, was für eine Verantwortung wir füreinander haben. Was ich tue, zählt! Christen sind dazu berufen, Gottes Liebe, Treue und Güte ein Stück sichtbar zu machen. So will Gott uns gebrauchen. Wenn wir dies einmal begriffen haben, ist es nur logisch, dass wir unsere Freundschaften aufs Beste pflegen und in unsere Gebete hineinnehmen.

Partner im Gebet

Manchmal wird aus einer engen Freundschaft ein Gebetsbund: Man betet regelmäßig nicht nur füreinander, sondern auch miteinander. Es entsteht eine Gebetspartnerschaft, die Freundschaft bekommt eine geistliche Tiefendimension. Es ist meine Erfahrung, dass Gebetspartner oft Busenfreunde sind oder werden, wie einst David und Jonatan. Die Hauptmerkmale solcher Freundschaft sind Liebe, Treue, Verantwortlichkeit, Transparenz – und natürlich das Gebet selber und seine natürliche Gefährtin, die Hingabe.

Ein Gebetspartner – das ist ein Mensch des Gebets, also jemand, der nicht nur hin und wieder, wenn es klemmt, ein Gebet spricht, sondern dessen ganzes Leben sozusagen gebetsgesättigt ist. Weil er für mich und mit mir betet, hat mein Gebetspartner einen tieferen Einblick in meine Lage, meine Gedanken und Taten, als er aus dem, was ich ihm über mich erzähle, je bekommen könnte. Er versteht mich, er tritt mit mir vor Gott. Gebetspartner sind nicht Zuschauer, sondern Mitkämpfer. Sie sind Pfadfinder, die Gottes Weg für uns suchen, und ehrliche, absolut offene Ratgeber. Sie sind nicht von der pflegeleichten Jasager-Sorte, die alles richtig findet, was wir tun; manchmal sagen sie uns Dinge, die wir nicht gerne hören. Sie wollen uns helfen, Christus nachzufolgen, sie wollen unseren Glauben stärken. Sie können anpacken, aber auch loslassen, sie stellen uns zur Rede, aber sie beherrschen uns nicht.

Wer solch einen Seelenfreund oder Gebetspartner gefunden hat, der merkt, wie sein Leben reicher und sein Wandel mit Gott lebendiger wird. Es ist eine erfreuliche Entwicklung unserer Tage, dass in vielen Ländern der Wert der Freundschaft neu entdeckt wird. In der westlichen Welt ist dies möglicherweise eine Reaktion auf den so weit verbreiteten Individualismus mit seinem Lebensstil der Hektik, Isolation und der »Digitalisierung« von Information. Wir müssen die Freundschaft neu beleben, um wieder Menschen zu werden. Und wir müssen die Gemeinschaft der Christen neu beleben und neu lernen – jenes Zueinander-stehen, durch das wir einander anspornen, in einer gottlosen Welt Gott und seine Werte und Wege zu suchen.

Gemeinde Christi: ein wirkliches Zuhause?

Die Zahl der Singles nimmt stetig zu. Sie sind nicht nur rein äußerlich allein, sondern vor allem auch seelisch. Ihnen fehlt, was die meisten Ehepaare für selbstverständlich halten: jenes »Wir gehören zusammen«. Wohl die meisten Alleinstehenden – ob sie unverheiratet, geschieden oder verwitwet sind – haben ein brennendes

Verlangen nach Gemeinschaft. Wie sehr sehnen sie sich nach einem wirklichen Freund (obwohl auch mancher Verheiratete dieses Bedürfnis kennt). Im Grunde braucht jeder von uns jemanden, dem er sein Herz öffnen kann. Wir stehen hier vor einem seelischen Urbedürfnis des Menschen.

Egal ob verheiratet oder alleinstehend – zum Menschsein in dieser gefallenen Welt gehört eine existentielle innere Einsamkeit. Als Gott Adam geschaffen hatte, gab er ihm eine Gefährtin, denn er sah, dass Adam allein nicht glücklich war. Sie waren ein ideales Paar, Adam und Eva, umso mehr, als ihre Beziehung zu Gott noch heil und ungetrübt war. Dieser Urzustand ist lange dahin. Vieles in unseren menschlichen Beziehungen ist krank und verzerrt. Aber unser Hunger nach jemandem, der bei uns ist, bleibt. Nach wie vor sehnen wir uns nach dem einen Menschen, der 100 Prozent zu uns passt und uns versteht, nach der Geborgenheit perfekter Zweierschaft, nach einem warmen Zufluchtsort in dieser immer egoistischeren Welt. Und immer wieder werden wir enttäuscht – oder ziehen zynisch-verbittert die Konsequenzen und lassen uns mitreißen von dem Trend zum egoistischen Supersolo.

Für Christen ist dieser Trend keine Option. Wir sind zur Gemeinschaft berufen. Es sollte das Markenzeichen der Christen sein, dass sie wie eine Familie miteinander leben und umgehen. 1. Korinther 12, 12-31 spricht dieses Thema mit deutlichen Worten an: Gottes Kinder brauchen einander, Gott will keine Solochristen. Wir alle gehören gleichermaßen zum Leib Christi, egal was unser Familienstand ist (vgl. V. 15-17). Es ist interessant, dass diese Sätze direkt vor dem großen Hohelied der Liebe in 1. Korinther 13 kommen – der Liebe, nach der wir streben sollen (1. Kor 14, 1). Wenn wir einander von Herzen lieben, kann uns der andere nicht egal sein. Paulus, der, soviel wir wissen, selber unverheiratet war, genierte sich nicht, andere Christen um Hilfe anzugehen. Er gehörte zu ihnen und sie zu ihm.

Ich glaube, wir müssen in unseren Tagen die Kunst der Gemeinschaft neu lernen – in unseren Familien, aber auch in der Gemeinde. Die Gemeinde Christi ist von Gott als Zufluchtsort auf dieser Erde gedacht. Wir müssen Platz machen füreinander – für

Jung und Alt, Verheiratete und Alleinstehende. Das kann uns Opfer abverlangen, und es gibt durchaus Zeiten, wo wir zu Recht einen Schutzzaun um unsere Privatsphäre ziehen, weil wir etwa Zeit zur Pflege unserer Ehe brauchen oder für unsere Kinder. Manche Krankheiten erfordern eine Genesungszeit. Was in der Medizin gilt, mag auch in anderen Situationen zutreffen. Doch passen wir gut auf, dass wir es uns »unter uns« nicht so bequem machen, dass dies egoistische Blüten treibt und wir uns in eine private kleine Burg zurückziehen, in die wir niemanden mehr hineinlassen.

Bei Singles kann dieser Hang zur eigenen kleinen Welt, zur Freiheit um jeden Preis, besonders ausgeprägt sein. Sie müssen ja nicht ständig auf einen Partner Rücksicht nehmen. Doch wir alle gehören zum Leib und zur Familie Christi, und in ihr ist es ein Muss, dass ich Zeit und Platz für den anderen habe, und dies nicht nur dann, wenn es in meinen Terminkalender passt, sondern auch, wenn es etwas kostet. Konkret: Gastfreundschaft hat die Regel zu sein und die verschlossene Tür die Ausnahme. Solches Zeit- und Platz-haben fängt, wohlgemerkt, in meinem Herzen an; alles andere folgt daraus.

Manche Singles klagen mir, dass sie sich bei ihren verheirateten Freunden zweit- oder drittklassig vorkommen. »Wenn ich sie besuchen will, muss ich immer erst abwarten, was sie gerade vorhaben«, sagte mir jemand. »Mit mir haben sie nie etwas vor, ich bin das fünfte Rad am Wagen. Es ist gerade so, als ob du auf einen Bus wartest, und wenn er kommt, steigen alle anderen zuerst ein. Du kriegst einfach keine Chance.« Eine junge Witwe musste schmerzlich entdecken, dass die Paare, mit denen sie und ihr Mann befreundet gewesen waren, sie auf einmal nicht mehr als wirklich zu ihnen gehörig betrachteten.

Es geht auch anders. Wie bei der jungen Frau, die sich einer schweren Operation unterziehen musste. Verheiratete Freunde öffneten ihr für die Zeit der Genesung ihr Heim. Ein halbes Jahr verbrachte sie bei dieser siebenköpfigen Familie (ein sechstes Kind war gerade unterwegs). Die Kinder rückten zusammen, so dass sie ein eigenes Zimmer hatte, und so hatte sie in dieser schwierigen

Zeit ein Zuhause. Viele Bekannte bewunderten die selbstlosen Gastgeber; sie selber fanden, dass sie nur das Naheliegende getan hatten. Und ... freuten sich!

Oder ich denke an ein junges Paar, das in einer Krisenzeit Unterschlupf bei einer alleinstehenden Frau fand. Es sollte nur für ein paar Wochen sein, aber es wurden mehrere Monate daraus. Es gab ein paar Probleme und Anpassungsschwierigkeiten, aber es funktionierte.

Sie sollten in Gottes Familie prinzipiell möglich sein, solche Beispiele. Liebe ist das große Schlüsselwort im Leib Christi. Barmherzigkeit und Gastfreundschaft sollten Selbstverständlichkeiten sein für uns. Und sobald sie das sind, werden wir feststellen, dass es wärmer und heimeliger wird in unserem Leben und in unserer Gemeinde. Ein Organismus der Liebe – so will Gott uns haben. Seine Gemeinde auf Erden soll ein Zufluchtsort sein, wo die Menschen schmecken und sehen können, wie gnädig der Herr ist und was es heißt, sich bei ihm zu bergen. Beten wir darum, dass neues Leben in unsere Gemeinden kommt, damit dies Realität wird!

11. Welch ein Freund ist unser Jesus

Im letzten Kapitel habe ich am Beispiel David und Jonatan die Bedeutung der Freundschaft unter Gläubigen unterstrichen. Jetzt möchte ich mich einer anderen Art Freundschaft zuwenden – der mit Gott. Dies bringt uns zu dem Herrn Jesus, der uns ja vorgelebt hat, was es heißt, mit Gott zu gehen und ihn als Freund zu haben. Er ruft uns auf, ebenfalls diese Freundschaft zu suchen und an der Hand seines Vaters zu leben, und er bietet uns an, dabei unser Lehrer zu sein. Jesus ist der eine und einzige, durch den Freundschaft mit Gott in unserem Leben eine Realität werden kann. Er, der einst selbst über diese Erde ging, hat durch seinen Tod und seine Auferstehung den Weg zur Versöhnung und Gemeinschaft mit Gott gebahnt; er sitzt zur Rechten des Vaters und tritt für uns ein. Jeder, der zu Christus kommt und an ihn glaubt, hat freien Zugang zu Gott; er kann vor ihn treten wie ein Kind, das mit kindlichem Vertrauen nach Hause kommt. Wie Jesus zu Thomas sagte: »Ich bin der Weg und die Wahrheit und das Leben; niemand kommt zum Vater denn durch mich« (Joh 14,6).

Durch sein irdisches Leben hat Jesus uns gezeigt, was es heißt, mit Gott zu leben. Durch seinen Tod und seine Auferstehung macht er es uns möglich, dies in die Tat umzusetzen. Aber er hat noch mehr getan: Er hat uns den Vater gezeigt. Durch und in Jesus können wir sehen, wer und wie Gott ist. Wer Jesus kennen lernt, der lernt den Vater kennen. Auch dies sagte Jesus zu Thomas: »Wenn ihr mich erkannt habt, so werdet ihr auch meinen

Vater erkennen. Und von nun an kennt ihr ihn und habt ihn gesehen« (Joh 14, 7). Und als Philippus ihn bittet, ihnen doch den Vater zu zeigen, antwortet Jesus ihm: »Wer mich sieht, der sieht den Vater! ... Glaubst du nicht, dass ich im Vater bin und der Vater in mir?« (Joh 14, 9 - 10) Der Mensch Jesus war die Verkörperung des Vaters, das Ebenbild des unsichtbaren Gottes (Kol 1, 15).

Also: Freundschaft mit Gott ist nur möglich über seinen Sohn Jesus Christus, und dies aus drei Gründen: a) Jesus zeigt uns Gottes Wesen und Herz, er offenbart uns den Vater. b) Jesus zeigt uns, was es heißt, ein Leben mit Gott zu führen. c) Er hat uns durch seinen Tod und seine Auferstehung den Weg zum Vater geebnet. Er ist der einzige Weg!

Freundschaft mit Gott

Schauen wir uns an, wie Jesus während seines Erdenlebens mit Gott ging. Was bedeutete es für ihn in den Höhen und Tiefen seines Lebens, dass Gott sein Vater war? Was bedeutete es, als die Menschen ihm zujubelten? Was bedeutete es, als alle, sogar seine nächsten Freunde, ihn verließen? Was bedeutete es in dem schwarzen Augenblick, als er von Gott verlassen war? Was hieß es für Jesus, sich in Gott zu bergen?

Sehen und Suchen

In Lukas 2, 41 - 52 lesen wir, wie eine große Menschenmenge, darunter der zwölfjährige Jesus und seine Eltern, zum Passafest nach Jerusalem geht. Als man nach dem Fest wieder heimwärts zieht, fehlt Jesus. Josef und Maria merken das nicht sofort; sicher ist ihr Sohn bei einem der Mitreisenden. Erst nach einem Tag beginnen sie ihn zu suchen, und als sie ihn nirgends finden, kehren sie nach Jerusalem zurück. Dort finden sie Jesus »im Tempel sitzen, mitten unter den Lehrern, wie er ihnen zuhörte und sie fragte« (Lk 2, 46).

Ich kann mir die gemischten Gefühle von Josef und Maria gut vorstellen: Sie sind erleichtert, dass dem Jungen nichts passiert ist, aber auch ärgerlich, dass es ihm so egal zu sein scheint, dass seine Eltern sich seinetwegen Sorgen gemacht haben. Auf die Vorhaltung seiner Mutter (V. 48) antwortet Jesus einfach: »Wisst ihr nicht, dass ich sein muss in dem, was meines Vaters ist?« (V. 49)

Dies sind zentnerschwere Worte. Zunächst einmal sind es die ersten, die uns von Jesus in der Bibel überliefert sind. Und zweitens sind sie so höchst ungewöhnlich für einen Zwölfjährigen, für den es doch das Natürliche gewesen wäre, das bunte Gewoge des Festes zu bestaunen, und nicht, theologische Diskussionen zu führen – so dachten jedenfalls seine Eltern, die nichts anderes geglaubt hatten, als dass ihr Sohn sie über all dem bunten Trubel vergessen hatte.

Bedeutungsschwere Worte, und Jesu Eltern verstehen sie nicht (V. 50). Und dabei hatte Maria dreizehn Jahre zuvor eine persönliche Begegnung mit dem Engel Gabriel gehabt, der ihr sagte, was das für ein Sohn werden würde, den sie bekommen würde (Lk 1, 26 ff.). Sie hatte diese Botschaft damals in schlichtem Gehorsam entgegengenommen; Maria war jemand, der Gott kannte und einen tiefen Glauben an ihn hatte. Doch jetzt, wo ihr Sohn ihr im Tempel sagt, dass er in dem sein muss, »was meines Vaters ist«, versteht sie ihn nicht. Gerade hat sie das Passafest gefeiert, aber diese Worte, sie kann sie nicht begreifen. Weiß der Junge nicht, dass sie jetzt wieder nach Hause müssen?

Aber was genau sagt denn Jesus hier? Er bringt sehr deutlich zum Ausdruck, dass er andere Prioritäten hat als seine Eltern in dem Augenblick. Er will noch nicht zurück nach Hause; er hat etwas anderes, besseres vor. Er will dort sein, wo es um seinen himmlischen Vater geht, und da müssen seine Eltern ins zweite Glied zurücktreten.

Der griechische Urtext von Lukas 2, 49 ist nicht ganz eindeutig. Die neutrale Übersetzung »in dem, was meines Vaters ist«

(Luther; Elberfelder) kann auf zweierlei Weise verstanden werden: »im Haus meines Vaters« (so z. B. Gute Nachricht) und »wo es um Gottes Sache geht« (so Hoffnung für alle). Ich möchte hier die beiden Versionen miteinander kombinieren, denn jede beleuchtet einen anderen Aspekt ein- und derselben Sache. Wenn wir den Vater kennen lernen wollen, muss es uns sowohl um seine Gegenwart gehen als auch um seine Sache. Ausgehend von der Szene, die Lukas beschreibt, könnte man sagen, dass wir im Haus unseres himmlischen Vaters, in seiner Gegenwart sein müssen und dass wir uns mit seinem Willen beschäftigen müssen – also sein Wort studieren und es in uns wirken lassen.

Anders ausgedrückt: Wir müssen Gott anschauen (»sehen«) und uns in sein Wort vertiefen (»suchen«). »Suchen« und »sehen« sind die beiden Seiten einer Münze. Und dieses Suchen und Sehen geschieht weitgehend im Verborgenen, im »stillen Kämmerlein«.

Es ist bezeichnend, dass Jesus diese Dinge dort im Jerusalemer Tempel ansprach. Der Tempel war mehr als ein Versammlungsraum der Gläubigen; er symbolisierte den Wohnort Gottes. Im Haus seines Vaters nennt Jesus die Prioritäten in seinem Leben: Gemeinschaft mit dem Vater und Beschäftigung mit seiner Sache. Man könnte es auch so ausdrücken: eine Lebensfreundschaft mit Gott, in der das Suchen seiner Gegenwart und das Nachdenken über sein Wort die Kernelemente sind.

Sehen: Ich muss im Haus meines Vaters sein

Diese Worte Jesu lassen uns tief in sein Herz blicken. Er spricht hier von einer tiefen Sehnsucht nach *Gemeinschaft mit Gott.* Er spricht nicht davon, was wir alles tun und lassen müssen und wie viel Einsatz für Gott nötig ist. Er sehnt sich einfach danach, zu den Füßen seines Vaters zu sitzen, seine Hand zu halten, das Schlagen seines Herzens zu spüren. Es ist die Sehnsucht, die David in Psalm 27, 4-5 so in Worte fasst:

»Eines bitte ich vom Herrn, das hätte ich gerne: dass ich im Hause des Herrn bleiben könne mein Leben lang, zu schauen die schönen Gottesdienste des Herrn und seinen Tempel zu betrachten. Denn er deckt mich in seiner Hütte zur bösen Zeit, er birgt mich im Schutz seines Zeltes und erhöht mich auf einen Felsen.«

Dies sind die Worte eines Menschen, der sich nach einer innigen Beziehung zu Gott sehnt. So tief ist diese Sehnsucht, dass David sagt: »*Eines* bitte ich vom Herrn ...«

Eben diese Sehnsucht nach Gottes Nähe zieht sich wie ein roter Faden durch das irdische Leben Jesu. Es lohnt sich, sich einmal systematisch die Augenblicke anzuschauen, wo Jesus sich zurückzog, um allein mit seinem Vater zu sein. Es gibt auch Szenen – und sie sind genauso interessant –, wo er mitten unter den Menschen ganz offen mit seinem Vater spricht; das Reden mit Gott war ihm das Natürlichste der Welt. Aber Jesus brauchte auch Stunden, wo er ganz allein mit dem Vater sein konnte; sie waren ihm so wichtig, dass er sich immer wieder an einsame Orte zurückzog.

Dergleichen ist nicht immer einfach, besonders wenn der Terminkalender eigentlich voll ist! Bei Jesus war er immer voll – aber er ließ es nicht zu, dass die Menschen oder die Umstände wichtiger wurden als seine Zeit mit Gott. Vor allem Lukas erwähnt diese Stunden der stillen Zwiesprache mit dem Vater. In Lukas 5,16 erfahren wir, dass Jesus sich in die Wüste zurückzog, um zu beten; in Lukas 6,12 verbringt er die ganze Nacht im Gebet auf einem Berg; in Lukas 9,18 betet er, während nur seine Jünger bei ihm sind.

In Lukas 11,1 beobachten die Jünger Jesus beim Gebet und bitten ihn anschließend: »Herr, lehre uns beten.« Offenbar packte die Art, wie Jesus betete, sie so sehr, dass sie dies auch lernen wollten. Es kam auch vor, dass Jesus sie zu einem Zwiegespräch mit Gott mitnahm – so in Lukas 9,28, als Petrus, Johannes und Jakobus mit ihm auf einen Berg gehen dürfen, »um zu beten«. Die Szene ist als die Verklärung Jesu bekannt geworden: Die Jünger sehen, wie Jesus sich vor ihren Augen verwandelt und mit Mose und Elia spricht.

Eine der bewegendsten Stunden in Jesu Gebetsleben wird uns in Lukas 22, 39 - 46 berichtet. Im Garten Gethsemane fordert er seine Jünger auf, zu beten, während er selber »etwa einen Steinwurf weit« weggeht, um ganz privat seinen Leidensweg vor seinen Vater zu bringen. Es ist ein tiefer, einsamer Kampf, und als Jesus zurückkommt, schlafen seine Jünger. Er weckt sie auf: »Steht auf und betet, damit ihr nicht in Anfechtung fallt!« (V. 46) Ein klarer Aufruf zum persönlichen Gebet!

Jesus ging seine Liebesbeziehung mit dem Vater über alles. Es reichte ihm nicht, über ihn zu reden oder ihm zu dienen; er musste seinen Vater von Angesicht zu Angesicht sehen. Wieder muss ich an Davids Worte in Psalm 27, 4 denken, wo er darum bittet, die »schönen Gottesdienste des Herrn« (Elberfelder: »die Freundlichkeit des Herrn«) betrachten zu dürfen. »Im Schutz seines Zeltes« möchte er sein (V. 5) – ein Bild für innigste, persönlichste Gemeinschaft. Gott lädt uns zu sich in sein Zelt ein, um uns von Angesicht zu Angesicht zu zeigen, wer er ist. Er will uns mit seiner Schönheit und Güte überraschen und überwältigen.

Ich glaube, dies war das, was Jesus suchte, wenn er sich zurückzog, um allein mit dem Vater zu sein. Dies ist, was er auch uns empfiehlt, wenn er uns in Matthäus 6, 6 auffordert, in unser »Kämmerlein« zu gehen, die Tür zu verschließen und im Verborgenen mit dem unsichtbaren Gott zu reden. Dort, in der geborgenen Stille der Begegnung, will Gott uns in die Tiefen unseres Herzens führen und uns sein eigenes Herz offenbaren. Von Angesicht zu Angesicht und Herz zu Herz sollen wir vor dem Vater stehen, sein Wesen schmecken und spüren, wer er ist.

Dieses Betrachten der Schönheit Gottes, das David in Psalm 27 anspricht, muss in der Stille gelernt werden. Niemand kann mir dieses Lernen abnehmen. Wir mögen hören und lesen, was andere Menschen in ihrer Gemeinschaft mit Gott entdeckt haben, und das kann und wird uns Mut machen – aber es ist kein Ersatz für das persönliche Erleben mit Gott. Gott ist nicht damit zufrieden, dass ich ihn vom Hörensagen kenne. Er will, dass ich persönlich zu ihm komme, ihn selber höre. Bemühen wir uns also um solche persönlichen Gottesbegegnungen!

Wenn David davon spricht, Gottes Güte zu sehen oder zu schmecken, hat dies fast immer mit dem Sich-in-Gott-bergen zu tun. So in Psalm 36,8-9: »Wie köstlich ist deine Güte, Gott, dass Menschenkinder unter dem Schatten deiner Flügel Zuflucht haben! Sie werden satt von den reichen Gütern deines Hauses, und du tränkst sie mit Wonne wie mit einem Strom.« Wer um Gottes Güte weiß, hat allen Grund, unter seinen Flügeln, wie Boas das in Rut 2,12 ausdrückt, Zuflucht zu suchen. Dort tränkt er uns »mit Wonne wie mit einem Strom«, dort bekommen wir immer mehr, wird unsere Gemeinschaft tiefer und tiefer. Und wieder gilt: Das Hörensagen reicht nicht; wir selber müssen Gottes Güte schmecken und von dem lebendigen Wasser trinken.

In der Stille des »Kämmerleins« will Gott sich uns offenbaren, uns Dinge zeigen, die man in der Welt draußen nicht sehen kann. Wir betreten eine andere Dimension, die Welt der »unsichtbaren Dinge«, die man nur so schwierig oder gar nicht erklären kann. David kommt manchmal nahe heran an eine Beschreibung dieser Geheimnisse, wenn er in Bildern davon singt, was er von Gott sehen oder entdecken durfte. Und doch reichen seine Worte nie aus; Gottes Größe kann man nicht in Worte fassen. Aber wir können ein Stückchen von ihr mit unserem Herzen entdecken! »Im Schutz seines Zeltes« zeigt Gott sich dir und mir ganz persönlich. Was wir dort »sehen«, ist nicht für jedermann, sondern nur für den, dessen Augen und Ohren vom Heiligen Geist angerührt und für Gott geöffnet worden sind. Das ist es ja, was diese Zufluchtstunden bei Gott so kostbar macht.

Wenn wir »die Freundlichkeit des Herrn anschauen« wollen (Ps 27,4; Elberfelder), dann müssen wir uns Zeit nehmen für Gott und sein Angesicht suchen. Pausenlose Hektik und Terminjagd belastet unser Gottesverhältnis, so wie es auch das zu unseren Mitmenschen schwächt. Ich glaube, am besten verstehen diese Wahrheit Menschen, die gerade total verliebt ineinander sind. Ein Liebespaar bringt es immer fertig, Zeit zum Alleinsein zu finden und sich einfach in die Augen zu schauen! Sie sehnen sich danach, zusammen zu sein und einander immer besser kennen zu lernen.

Leider geht dieser Zustand oft rasch wieder vorbei; zu groß ist der Stress des Alltags. So manches Ehepaar muss den Eheberater aufsuchen, weil es sich keine Zeit mehr genommen hat für diese Zweisamkeit, dieses »Schauen« und so seine Beziehung fad und leer geworden ist. Es muss lernen, seine Prioritäten neu zu setzen, damit die Zweisamkeit wieder blühen kann. So ist es auch mit unserer Gottesbeziehung. Es reicht nicht, um die Existenz des »stillen Kämmerleins« zu wissen; wir müssen auch hineingehen. Wenn ich Gott wirklich kennen lernen will, brauche ich Weile, und nicht Eile!

Haben wir uns schon einmal überlegt, dass das Anschauen und Betrachten ja eigentlich etwas Aktives ist? Der Vogelfreund, der das Leben einer bestimmten Vogelart kennen lernen will, verbringt Stunden um Stunden damit, einfach zuzuschauen, zu starren sogar und immer neue Einzelheiten zu entdecken. Er geht meilenweit, um »seinen« Vogel auch nur von weitem zu sehen, und alles, was er sieht, notiert er auf das Genaueste. Ich weiß noch gut, wie ich an einer Fernsehserie über Vögel mitwirkte; wir mussten mitten in der Nacht aufstehen, um das eine Exemplar, das uns noch fehlte, sehen zu können. Es war die reinste Seh-Schule, und sie war überaus lohnend.

Suchen: Ich muss dort sein, wo es um Gottes Sache geht

Als Jesu Eltern ihn im Tempel fanden, unterhielt er sich mit den Theologen. So vertieft war er in dieses »Bibelstudium«, dass alles andere unwichtig geworden war, auch die Abreise seiner Eltern. »Ihr hättet doch wissen müssen, dass ich dort sein muss, wo es um Gottes Sache geht«, erklärt er seinen Eltern (Lk 2,49; Hoffnung für alle). Und so saß er dort unter den gestandenen Bibellehrern seiner Zeit und diskutierte mit ihnen darüber, was in Gottes Wort, der Torah, steht und was es für unser Leben bedeutet. Und alle

Umstehenden wunderten sich über sein Wissen und seine Antworten (V. 47).

Gottes Wort war Chefsache in Jesu Leben. Er kannte es auswendig, studierte es immer wieder, wandte es auf sein Leben an. Sein Gehorsam gegenüber Gottes Wort war bedingungslos. Wir sehen das, als Jesus zu Beginn seines Wirkens vom Teufel versucht wird. Alle drei Versuchungen, die der Satan ihm vorlegt, weist er entschlossen zurück – und jedes Mal beruft er sich auf das Wort Gottes: »Es steht geschrieben ...« (Lk 4,1-12).

Wir sehen es wieder im Garten Gethsemane, wo Jesus an der Schwelle zu seinem Kreuzestod steht. So furchtbar war das Leiden, das auf ihn wartete, dass er buchstäblich Blut schwitzte beim Gedanken daran (Lk 22,44). Doch auch jetzt wählte er Gottes Weg (V. 42). Gehorsam zu Gott und seinem Wort – das ist ein roter Faden in Jesu Leben. Sich in Gott bergen, das hieß für ihn auch, Gottes Wort in seinem Herzen zu bergen.

Was heißt es also, dort zu sein, wo es um Gottes Sache geht? Es heißt, dass ich in allen meinen Lebenssituationen mich bewusst für Gottes Wort entscheide und ihm gehorche. Gemeinschaft mit Gott ist nicht zu trennen von diesem Gehorsam. Wer Gott liebt, der liebt auch sein Wort. Wie es in Psalm 119,2 heißt: »Wohl denen, die sich an seine Mahnungen halten, die ihn von ganzem Herzen suchen.« Und in Psalm 119,10: »Ich suche dich von ganzem Herzen; lass mich nicht abirren von deinen Geboten.«

Wenn ich wirklich zu Gott gehöre und ihn von Herzen liebe, dann kann ich nicht ohne sein Wort auskommen. Ich kann und will es nicht links liegen lassen. Es ist der Kanal, durch den Gott sich mir offenbart, und meine geistliche Speise. Wenn wir in der Gemeinschaft mit Gott wachsen und so werden wollen, wie er uns haben will, dann muss sein Wort Raum in uns finden. Der Platz, den Gottes Wort in unserem Leben hat, sagt viel, wenn nicht sogar alles darüber aus, wie sehr wir ihn lieben. Stellen wir uns also ehrlich der Frage: Liebe ich Gottes Wort? Lebe ich so mit ihm, wie Jesus das tat? In Johannes 14,21 sagt Jesus: »Wer meine Gebote hat und hält sie, der ist's, der mich liebt.«

Auch das Lesen der Bibel ist eine Sache für das »Kämmerlein«. Natürlich profitieren wir auch von dem, was gelehrte und weise Christen uns in der Sonntagspredigt, auf Konferenzen und in Vorträgen sagen oder was wir in den vielen christlichen Büchern lesen. Wir brauchen diese Prediger und Bücher, um unser eigenes Denken und Bibelstudium anzuregen. Aber wir müssen auch allein mit Gottes Wort sein, es mit betendem Herzen lesen und über es nachdenken. Wir müssen es in der Stille in uns einsinken und uns vom Heiligen Geist zeigen lassen, wie wir es richtig zu verstehen oder auf unsere persönliche Situation anzuwenden haben. Es muss uns ein kostbarer Schatz werden, den wir immer bei uns haben – vielleicht nicht immer in der Tasche, aber stets im Herzen.

1943 geschah in einem japanischen Internierungslager etwas, was die Moral der meisten Gefangenen gewaltig hob: Zwei musikbegabte britische Frauen, Margaret Dryburgh und Norah Chambers, notierten auf Papierfetzen einige der bekannteren Stücke von Komponisten wie Brahms, Mendelssohn, Beethoven und Tschaikowski und ließen die Frauen im Lager die Instrumentalstimmen singen. Das »Stimmenorchester« war geboren. Streichquartette, Klavierstücke, ganze Konzertsätze wurden gesungen aufgeführt. Eine der Niederländerinnen im Lager, Helen Colijn, die später ein Buch über diese Jahre schrieb, erinnert sich: »Dies war kein Frauenchor. Es war auch kein Orchester, obwohl ich die Oboe unter den Violinen heraushören konnte. Dies war Musik vom Himmel, ein Wunder Gottes in einem Lager des Schreckens.«

Seit ich das erste Mal von diesem Stimmenorchester hörte (durch Helen Colijn, die einmal zu Gast in einer meiner Radiosendungen war; später dann durch Dirk Jan Warnaar, der nach dem Muster dieses ersten ein eigenes holländisches Stimmenorchester gegründet hat), hat es nicht aufgehört, mich zu faszinieren. Kaum zu glauben: dass es in diesem Konzentrations- und Hungerlager Menschen gab, die Musik in ihrem Herzen hatten – und dies so sehr, dass sie ganze Stücke auswendig kannten und auf dem bisschen Papier, das sie auftreiben konnten, notierten. Sie müssen die Musik echt geliebt haben.

Ich habe mich oft gefragt, ob wir wohl Gottes Wort so tief lieben, dass wir es im Notfall aus dem Gedächtnis aufschreiben könnten, so wie Norah Chambers und Margaret Dryburgh die Stücke großer klassischer Komponisten rekonstruierten. Wären wir in der Lage, etwa die Evangelien aus dem Gedächtnis niederzuschreiben oder einige Paulus-Briefe oder ein, zwei Bücher aus dem Alten Testament? Oder würde es nur für ein paar unterstrichene oder fett gedruckte Stellen reichen? Ist Gottes Wort uns »Musik vom Himmel«? Ich sehe sie vor mir, diese ausgemergelten Gefangenen, die im Sitzen sangen, weil sie zum Stehen zu schwach waren, und frage mich, ob Gottes Wort uns so viel wert ist wie ihnen damals die Musik.

Ja, Gottes Wort ist himmlische Musik. In ihm offenbart Gott sich und redet zu uns. Es zeigt uns, wer Gott ist: in seinen Taten in der Geschichte und im Leben einzelner Menschen, in seinen Worten, die er über sich selber sagt, in Jesus, wie er uns in den Evangelien entgegentritt, und im Zeugnis und in der Weisheit derer, die ihm nachfolgten und so Menschen Gottes wurden. Es ist dynamisch und lebendig, und wenn wir es kennen und ihm gehorchen, wird es uns in Bewegung setzen und uns die Tür zu der überwältigenden Liebe unseres großen Gottes öffnen.

All dies wäre unmöglich ohne die Hilfe des Heiligen Geistes, des »Geistes der Wahrheit«, wie Jesus ihn in Johannes 14,17 nennt. Er ist es, der uns die inneren Augen öffnet und uns die Wahrheit und damit Gottes Wort zeigt. Man kann jahrelang die Bibel studieren, ohne jemals die Wahrheit zu erkennen. Als Teenager kannte ich einen Pastor, der die Bibel in- und auswendig kannte – aber nur als historisches Dokument. Er konnte einen über den historischen Hintergrund der Texte aufklären, über Könige und Herrscher, Kriege und Sitten. Aber geistliche Dinge waren ihm ein Buch mit sieben Siegeln. Er wusste einiges über Jesus, aber was Jesus im Tiefsten für uns bedeutet und was es heißt, mit ihm zu leben, davon hatte er keine Ahnung. Vieles war für ihn eine interessante Überlieferung, mehr nicht. Er ist nicht der einzige seiner Art. Es gibt viele hochgelehrte Theologen, die umso weiter weg von Gott kommen, je mehr sie wissen. Sie studieren und studieren – und übersehen Gott, der uns doch Dinge offenbaren will, die weit über unseren Menschenverstand hinaus gehen.

So ähnlich wie diese Theologen war Jesu Zeitgenosse Nikodemus. Er hatte viel gelernt, aber Jesus verstehen konnte er nicht. Jesus sagte ihm, dass er »aus dem Geist geboren« werden musste (Joh 3, 5). Es ist faszinierend, zu sehen, wie Menschen, die wiedergeboren sind, auf einmal Augen bekommen für Gottes Wort und damit für Gott selber. Und wer einmal angefangen hat, Gott zu entdecken, wird immer mehr haben wollen.

»Sehen« und »suchen« haben es beide mit der Gemeinschaft mit Gott zu tun. Die Worte drücken etwas Dynamisches aus, einen fortlaufenden Prozess. Wer Gottes Freundlichkeit geschaut hat, für den gibt es immer noch mehr zu entdecken. Hören wir also nie auf, Gottes Gegenwart zu suchen.

Zieh dich mal zurück, um bei Jesus zu sein!

Jesus macht es über jeden Zweifel klar, dass ein Leben mit Gott nur durch ihn möglich ist. Ich habe schon erwähnt, was er Thomas sagte: »Ich bin der Weg und die Wahrheit und das Leben; niemand kommt zum Vater denn durch mich« (Joh 14, 6). Diese Worte sind absolut und radikal: *Nur* Jesus ist der Weg. Doch dieser Weg ist für jeden offen, der ihn gehen will. Jesus nennt sich auch die Tür, durch die wir zu Gott kommen (Joh 10, 9). Mit anderen Worten: Unsere Beziehung zum Vater beginnt mit Jesus Christus. Wenn er uns aufruft, ihm nachzufolgen, lädt er uns in eine lebendige Freundschaftsbeziehung ein.

Ich finde es sehr bewegend, wie Markus, als er die Berufung der zwölf Jünger schildert, betont, dass sie »bei ihm [Jesus] sein sollten« (Mk 3, 14). Sie sollten natürlich auch hinausgehen und das Reich Gottes predigen, aber zuerst und vor allem anderen sollten sie bei Jesus sein. Das ist unsere erste und wichtigste Berufung!

Paulus nimmt dies auf, wenn er in 1. Korinther 1,9 sagt, dass Gott uns »zur Gemeinschaft mit seinem Sohn« (Hoffnung für alle) berufen hat.

Es ist wichtig, dass wir uns immer wieder an diese unsere Berufung erinnern. Gewöhnlich fällt es uns ja leichter, nur immer aktiv zu sein. Gerade die Holländer leiden gerne an einer calvinistischen Arbeitssucht. Im Kopf wissen wir zwar, dass wir ja aus der Gnade leben dürfen, aber oft benehmen wir uns gerade so, als müssten wir uns immer noch Gottes Liebe verdienen. Viele Christen stürzen sich in eine kirchliche Überaktivität: Wenn ich dies und das und jenes nicht auch noch tue, bin ich kein richtiger Christ ... Aber Jesus fordert uns auf, einfach bei ihm zu »sein«. Mehr als um unseren Dienst geht es ihm um unsere Hingabe.

Diese Wahrheit wird in Lukas 10,38-42 treffend illustriert: Maria, die sich zu Jesu Füßen setzt, hat »das Bessere gewählt« (Gute Nachricht). Ihre Schwester Marta hatte sich für das Dienen entschieden, was an sich gut war – aber vielleicht nicht in diesem besonderen Augenblick. Jesus sagt hier nicht, dass Dienen an sich falsch ist; aber es darf nie vor unserer Gemeinschaft mit ihm kommen oder ein Ersatz für sie sein. Er will keine Arbeitsbeziehung zu uns haben, sondern eine Liebesbeziehung von Herz zu Herz, und die hatte Maria, als sie sich zu seinen Füßen setzte. Freunde wollen *zusammen sein.*

Jesus betont dies erneut in Johannes 15,15, wenn er sagt: »Ich werde euch nicht mehr Diener nennen; denn ein Diener weiß nicht, was sein Herr tut. Vielmehr nenne ich euch Freunde; denn ich habe euch alles mitgeteilt, was ich von meinem Vater gehört habe.« (Gute Nachricht) Diese Worte sprechen von Transparenz, von Offenheit, die keine Geheimnisse kennt. Die Freundschaft, die Jesus zu uns sucht, duldet keine Hintergedanken. Wir müssen frei sein von allem, was uns von unserer Berufung zur Gemeinschaft mit ihm ablenken will.

Mit Jesus sein – das bringt uns zurück zu dem »stillen Kämmerlein«. Manche Christen verstehen darunter die sogenannte »Stille Zeit«, die sie mit Bedingungen und Regeln versehen, die es strikt einzuhalten gilt. Als ich noch ein junger Christ war, sagte man mir, dass ich morgens spätestens um sechs Uhr aufzustehen hatte, um mindestens eine halbe Stunde mit Bibellesen und Beten zu verbringen. Wobei das Gebet in säuberliche Fächer aufgeteilt war: Anbetung, Sündenbekenntnis, Fürbitte usw.

Nichts gegen Regeln und Disziplin, auch im Leben mit Gott. Wenn wir das Bibellesen und Beten nicht in unseren Tagesablauf einplanen, vergessen wir es womöglich. Rein gefühlsmäßig ist uns ja nicht immer nach Gemeinschaft mit Gott zumute, und im Übrigen werden unsere Gefühle und guten Vorsätze nur zu leicht von anderen Dingen überrollt. Es ist erstaunlich, wie viele »dringende« Dinge einem in den Sinn kommen können, wenn man sich zum Bibellesen hinsetzen will: Dies muss ich noch erledigen, und das kann nicht mehr warten ... und so weiter, bis unser Besuch bei Gott vergessen ist. Ohne eine gewisse Disziplin und Regelmäßigkeit geht die Gemeinschaft mit Gott bald unter.

Doch wichtiger als alle goldenen und sonstigen Regeln ist doch die einfache Tatsache, dass die Zwiesprache mit Gott nicht eine Sache von einer halben oder ganzen Stunde sein sollte, sondern ein Lebensstil. Gemeinschaft mit Gott kann man nicht zu einem System machen; sie ist eine Lebenshaltung, ein Sich-sehnen nach seiner Gegenwart. Wenn dies in unserem Leben eine Realität wird, dann werden wir wie von selbst Zeit für Gott suchen und finden, und unsere Sehnsucht wird immer noch stärker werden. Wer einmal Gottes Güte geschmeckt hat, der will mehr – und irgendwann entdecken wir, dass uns die Gemeinschaft mit Gott über alles geht, ja, dass wir ohne sie nicht mehr leben können.

Jesus, unsere Zuflucht

»Wie oft habe ich deine Kinder versammeln wollen, wie eine Henne ihre Küken versammelt unter ihre Flügel; und ihr habt nicht gewollt!« (Mt 23,37) Diese Worte Jesu kurz vor dem Ende seines Erdenlebens drücken seine tiefe Liebe zu dem Volk aus, das ihn nicht wollte. Jerusalem hat die Propheten getötet und die von Gott Gesandten gesteinigt. Jetzt steht Gottes Sohn selbst vor der Stadt, die Fleisch gewordene Liebe des Vaters, und will ihr Vergebung, Versöhnung und Heilung der Gemeinschaft mit Gott bringen. Und noch etwas bietet Jesus der Stadt an – und uns: Zuflucht bei ihm, unter seinen Flügeln.

Die Henne mit ihren Küken – was für ein mütterliches Bild. Das Problem ist nur, dass die Küken den Schutz der mütterlichen Flügel nicht wollen, sondern sich lieber selbstständig machen. Johannes drückt es in seinem Evangelium so aus: »Er kam in sein Eigentum; und die Seinen nahmen ihn nicht auf« (Joh 1,11).

In Jesus offenbart sich Gott, der Herr. Hat je einer Gott gesehen? Von Mose heißt es, dass Gott mit ihm »von Angesicht zu Angesicht« redete, »wie ein Mann mit seinem Freund redet« (2. Mose 33,11; 5. Mose 34,10). Wenn einer Gott begegnet ist, dann Mose. Er hörte seine Stimme und redete mit ihm. Aber hat er ihn auch *gesehen*? Gottes Worte an ihn in 2. Mose 33,20 beantworten diese Frage: »Mein Angesicht kannst du nicht sehen; denn kein Mensch wird leben, der mich sieht.« (Vgl. auch V. 22-23) Und in Johannes 6,46 sagt Jesus unmissverständlich: »Nicht als ob jemand den Vater gesehen hätte außer dem, der von Gott gekommen ist.«

Doch jetzt ist alles anders. In seiner großen Gnade kommt Gott herab auf diese Erde und wohnt unter den Menschen, sichtbar und greifbar – in Jesus Christus. Unvorstellbar und doch wahr: Jesus offenbart uns Gott selber. Er ist »das Ebenbild des unsichtbaren Gottes« (Kol 1,15); er ist der, von dem Johannes bezeugt: »Niemand hat Gott je gesehen; der Eingeborene, der Gott ist und in des Vaters Schoß ist, der hat ihn uns verkündigt« (Joh 1,18).

In Jesus Christus ist Gott auf die Erde gekommen. Jesus trägt alle Eigenschaften Gottes in sich, er ist »voller Gnade und Wahrheit« (Joh 1,14). Wollen wir unsere Zuflucht zu Gott nehmen? Wir können es – durch seinen Sohn. Wenn Jesus sich mit jener Mutterhenne vergleicht, dann macht er damit klar, dass er selber diese unsere Zuflucht sein will.

Zu Beginn seines Wirkens sprach Jesus in der Synagoge in seiner Heimatstadt Nazareth. Er las aus dem Propheten Jesaja vor und sagte klar, dass er selber der ist, von dem Jesaja sprach. Jawohl, Jesus verkündigt den Elenden das Evangelium, er verbindet die zerbrochenen Herzen, er macht die Gefangenen frei und tröstet die Trauernden (vgl. Jes 61,1-2; Lk 4, 18-19). In Johannes 10 bezeichnet er sich als der Gute Hirte, der seinen Schafen Zuflucht und Geborgenheit gibt; inmitten einer Welt, die in Aufruhr ist, führt er uns auf grüne Weide und zu frischem Wasser.

Jesus ist der Weg und die Tür zur Geborgenheit in Gott. Freundschaft mit dem Vater beginnt mit Glauben an den Sohn. Die Dinge, die wir in der Freundschaft zwischen David und Jonatan sahen, erfahren wir in Vollkommenheit bei Jesus. Er will nicht nur einfach da sein. Er will unser Freund sein, wie David es in Psalm 25,14 besungen hat, und diese Freundschaft geht tiefer als jede menschliche Beziehung. Auch die tiefste menschliche Freundschaft hat ihre Grenzen, und nicht selten erleben wir Enttäuschungen. Wir sind nun einmal unvollkommene, fehlbare Wesen. Wie nah ich einem menschlichen Freund auch sein mag, ich kann immer nur *bei* ihm sein. Jesus aber lädt uns ein, *in* ihm zu sein, und will selber *in* uns sein. Er in uns und wir in ihm – er legt es uns ans Herz: So soll es sein und bleiben! (Joh 15,4-5)

Es ist faszinierend, zu sehen, wie in den Psalmen die Zuflucht bei Gott eigentlich immer ein Sich-bergen *in* Gott ist. In Psalm 143,9 etwa sollte man statt »*zu* dir nehme ich meine Zuflucht« vielleicht lieber »*in* dir suche ich meine Zuflucht« übersetzen. Wenn ich zu Gott gehe und alles ihm hinlege, dann verstecke ich mich nicht hinter ihm, sondern in ihm; noch sicherer kann kein Ort der Welt sein.

12. Vertrauenssache

Zuflucht suchen können wir nur bei jemandem, den wir für wirklich verlässlich halten. Wir müssen davon ausgehen können, dass er es in allen Lebenslagen gut mit uns meint und uns nicht im Stich lassen wird. Letztlich ist bedingungslose Liebe und Treue gefragt – doch genau das sind die Bereiche, wo Menschen einander so tief enttäuschen. Trotz aller guten Vorsätze: Immer wieder werden Versprechen gebrochen, Vertrauen verraten, und viele Menschen werden dabei so verletzt, dass sie nie mehr jemandem ihr Vertrauen schenken.

Solche Negativerfahrungen mit Menschen können auch unser Gottesverhältnis in Mitleidenschaft ziehen. Wir projizieren unsere Misstrauensgefühle auf Gott. Wer unter einem Rabenvater aufgewachsen ist, tut sich schwer, Gott als seinen himmlischen Vater zu sehen. Wer als Kind nicht geliebt wurde, kann große Schwierigkeiten haben, dem Gott der Liebe und Gnade zu vertrauen. Wer immer wieder bestraft wurde, sieht womöglich in jeder Enttäuschung im Leben eine Strafe Gottes. So können schlimme Erfahrungen mit Menschen unser Zuflucht-suchen bei Gott blockieren, Vorurteile und Ängste unsere Gemeinschaft mit ihm trüben. Ohne es zu merken, versuchen wir pausenlos, Gottes Liebe durch unser Wohlverhalten zu verdienen; wir benehmen uns nicht wie Kinder, sondern wie verängstigte Sklaven.

Auf einer Tagung für christliche Studenten fragte ich die Teilnehmer einer Gesprächsgruppe, was sie davon abhalten konnte, ihr Leben Gott anzuvertrauen. Mehrere Möglichkeiten kamen zur Sprache, und eine der wichtigsten war ein gewisses Misstrauen gegenüber Gott: Wie soll ich wissen, ob Gottes Pläne für mich gut sind? Vielleicht finde ich sie gar nicht gut! »Ich hab mein Leben lieber selber im Griff«, sagte eine Studentin. »Sicher ist sicher.« Andere stimmten ihr bei. »Ich möchte gern heiraten«, meinte eine, »aber was ist, wenn Gott will, dass ich ledig bleibe?« Und eine andere: »Ich habe Angst, dass Gott will, dass ich mein Studium aufgebe oder sogar aufs Missionsfeld gehe.«

Wir hatten etwas Wichtiges entdeckt in diesem Gruppengespräch: Manchmal haben wir Angst, dass Gott etwas von uns verlangen könnte, das uns gegen den Strich geht, und diese Angst lässt uns davor zurückscheuen, ihm unser Leben zu übergeben. Diese Zurückhaltung verträgt sich freilich nicht mit unserer Berufung als Christen, denn wenn Jesus uns dazu aufruft, ihm nachzufolgen, will er unser bedingungsloses Vertrauen und unsere ganze Hingabe.

Prüfen wir uns darum einmal: Was für ein Gottesbild habe ich, und wie ist es entstanden? Es könnte sein, dass dieses Gottesbild reichlich subjektiv und einseitig ist und dass es höchste Zeit ist, dass ich den Gott meiner Vorstellungen fahren lasse und den Gott der Bibel kennen lerne. Die Bibel betont vor allem zwei Dinge über Gott: Er ist Vater und er ist heilig.

Unser Vater

Als Jesu Jünger ihn bitten, sie beten zu lehren, beginnt Jesus mit dem Wort »Vater!« (Lk 11,2). Der heilige Gott lädt uns ein, »Vater« zu ihm zu sagen. Mit dieser Anrede dokumentieren wir, dass wir Kinder Gottes sind, und nehmen die innige Beziehung, die dies bedeutet, in Anspruch. Jesus illustriert diese Beziehung gleich im Anschluss an das Vaterunser in Lukas 11: Er vergleicht Gott mit einem guten Freund, der einem selbst mitten in der Nacht die Tür öffnet und einem gibt, was man braucht. Man kann nicht bei jedem zu nachtschlafender Zeit anklopfen; wir kennen vielleicht nur einen oder zwei Menschen, bei denen wir das wagen würden. Sie sind das, was ich »Hintertür-Freunde« nenne: Ich brauche nicht an der Haustüre zu klingeln, ich gehe einfach durch die Hintertür, denn bei diesen Freunden bin ich zu Hause. Und so ist es auch bei Gott: Bei ihm sind wir zu Hause, er sorgt für uns wie ein guter Vater für seine Kinder. In Lukas 12, 30 stellt Jesus klar, dass seine Jünger sich nicht um tausend große und kleine Dinge Sorgen zu machen brauchen, denn »euer Vater weiß, was ihr braucht« (Gute Nachricht).

In unserer Studenten-Gesprächsgruppe war es die Tatsache, dass Gott ein liebender Vater ist, die schließlich die Gemüter beruhigte. Sollte der Gott, der sich unser Vater nennt, uns etwas Böses wünschen? Ist ein (guter) Vater nicht gerade der eine, auf den ich immer zählen kann? Ist dies nicht die Botschaft von Jesu Gleichnis vom verlorenen Sohn in Lukas 15?

Die Gefühle gingen zum Teil hoch in jener Diskussion über Gott, den Vater. Viele Menschen haben ja als Kinder ganz andere Väter kennen gelernt. Ich kenne eine junge Christin, die Gott schon seit Jahren liebt, aber das Wort »Vater« in ihren Gebeten nicht über die Lippen bringt, weil es für sie mit lauter Elend verbunden ist. In unserem Zeitalter der Ehescheidungen, der allein erziehenden Mütter und der verwahrlosten oder missbrauchten Kinder ist es wichtiger denn je, genau zu erklären, was es heißt, dass Gott unser Vater ist.

»Papa«

Die beste Erklärung, wie wir uns seine Vaterschaft vorzustellen haben, gibt uns Gott selber. In Kapitel 13 werden wir uns die Bilder, die er dazu benutzt, genauer ansehen. Manchmal greift Gott auch auf das Bild der Mutter zurück, um seine zarte Fürsorge zu betonen. Paulus sagt uns, dass wir Gott »Abba« nennen dürfen, was so ähnlich ist wie unser Wort »Papa« (Röm 8, 15). *Abba* ist ein aramäisches Wort, das schon das kleinste Kind aussprechen konnte. Ich persönlich finde, dass »Papa« inniger klingt als »Vater«. Es ist gerade so, als ob Gott jegliche auch nur mögliche Distanziertheit zwischen ihm und uns ausräumen will. Der heilige, Ehrfurcht gebietende Gott erteilt uns das unerhörte Vorrecht, so nahe zu ihm zu kommen wie ein kleines Kind zu seinem Papa. Nicht, dass wir alle Ehrfurcht über Bord werfen und ihn als Kumpel behandeln dürfen! Aber wir dürfen in kindlichem, grenzenlosem Vertrauen vor ihn treten.

Unser himmlischer Vater – das ist der Gott, der in Jeremia 29,11 sagt: »Denn ich, ich kenne meine Pläne, die ich für euch habe ..., Pläne des Heils und nicht des Unheils; denn ich will euch eine Zukunft und eine Hoffnung geben« (Einheitsübersetzung). Diese Worte, ausgesprochen über den Juden im babylonischen Exil, sind ein Zeugnis der Liebe Gottes zu seinen Kindern. Sind unsere Augen einmal für diese Liebe geöffnet, können wir unser Misstrauen und unsere Zweifel ablegen. »Wenn ihr zu mir umkehrt und stillhaltet, dann werdet ihr gerettet. Wenn ihr gelassen abwartet und mir vertraut, dann seid ihr stark« (Jes 30,15; Gute Nachricht). Der Vatergott gibt uns Geborgenheit.

Der treue Gott

Es ist interessant, dass David, der doch so viel Mühsal und Enttäuschung kennen lernte, so oft von Gottes Treue sprach und sich so an ihr festhielt. In seinem Danklied in 2. Samuel 22 sagt er, dass Gott »Gnade erweist seinem Gesalbten, David und seinem Hause ewiglich« (V. 51). Er sagte dies, nachdem Gott ihn vor den Nachstellungen seiner Feinde gerettet hatte, also nachdem Gottes Treue sich erwiesen hatte. Aber er bezeugte Gottes Treue auch mitten in der Not. So singt er, als er sich vor Saul in einer Höhle verstecken muss: »Mein Herz ist bereit, Gott, ... dass ich singe und lobe. ... Denn deine Güte reicht, so weit der Himmel ist, und deine Wahrheit, so weit die Wolken gehen« (Ps 57,8.11).

Wenn wir wissen, dass Gott seine Versprechen hält und seine Güte zu uns ewig ist (Ps 138,8), wenn wir wissen, dass er uns nicht uns selber, den Umständen oder anderen Menschen überlässt und dass er stets alles unter Kontrolle hat, dann hat das Folgen für unser Leben. Wir bekommen Mut weiterzugehen, auch wenn der Weg uns krumm, ja, beängstigend erscheint. Wir erkennen: Was *Gott* im Leben seiner Kinder tut, ist immer gut. Wir haben es in den vergangenen Kapiteln doch schon gesehen, wie souverän Gott die Fäden zieht, um seine Pläne auszuführen und uns exakt dahin zu bringen, wo er uns haben will! David unterstreicht dies in Psalm 25,10: »Die Wege des Herrn sind lauter Güte und Treue für alle, die seinen Bund und seine Gebote halten.« Dieses Wissen bringt *Frieden* in das ruhelose Herz.

Und es setzt uns in Bewegung! Als Gott Abraham befahl, sein Vaterland und seine Verwandtschaft zu verlassen und in das Land zu ziehen, »das ich dir zeigen will«, »zog Abram aus, wie der Herr zu ihm gesagt hatte« (1. Mose 12,1-4). Er gehorchte und ging – weil er glaubte, dass Gott treu war.

Das Wissen um Gottes Treue macht uns auch *beharrlich*. Als Gott Abraham versprach, ihn zu einem großen Volk zu machen (1. Mose 12,2), zweifelte Abraham keinen Augenblick daran, dass Gott diese Verheißung wahr machen konnte und würde. Wie es in Römer 4,18 heißt: »Er hoffte, obwohl es keinen Grund zur Hoffnung gab, und vertraute darauf, dass Gott ihn zum Vater vieler Völker machen werde« (Gute Nachricht). Trotz hohen Alters und Unfruchtbarkeit »wurde er nicht schwach im Glauben« und »zweifelte nicht an der Verheißung Gottes« (Röm 4,19-20).

Das Wissen um Gottes Treue *stärkt* auch *unseren Glauben*. In den Jahren, die Abraham warten musste, bevor Gottes Verheißungen an ihn sich auch nur zum Teil erfüllten, wuchs er im Glauben. Er »wurde stark im Glauben und gab Gott die Ehre und wusste aufs Allergewisseste: was Gott verheißt, das kann er auch tun« (Röm 4,19-21). Wer auf Gottes Treue baut, der wird durchhalten und nicht aufgeben.

Die Heiligkeit Gottes

Manchmal wird Gottes Vaterschaft so stark betont, dass man seine Heiligkeit dabei übersieht. Doch Gott ist nicht entweder Vater oder heilig; er ist immer beides, und wir müssen beides festhalten: seine Vaterliebe und seine Heiligkeit.

Heiligkeit – das bedeutet Reinheit, Perfektion. Wir drücken das sprachlich gerne durch die Silbe *all-* aus. Gott ist allmächtig, allgegenwärtig, allwissend – lauter Dinge, die man von keinem anderen Wesen sagen kann. Er allein ist würdig, »der Höchste« genannt zu werden (so z. B. in 1. Mose 14, 19-20). Als Gott David von seinen Feinden und Saul errettet hat, singt David: »Der Höchste ließ seine Stimme erschallen« und »Denn wer ist Gott, wenn nicht der Herr, oder ein Fels, wenn nicht unser Gott?« (Ps 18, 14. 32)

»Fels« – das beinhaltet Stärke, Stabilität, Unerschütterlichkeit. So auch andere Bezeichnungen, mit denen David seinen Gott beschreibt. Er nennt ihn »meines Lebens Kraft« (Ps 27, 1), seinen »Schild« (Ps 3, 4), »meine Burg« (Ps 91, 2). Gottes Heiligkeit hält allem stand.

Gott ist heilig, Gott ist vollkommen – davor können wir uns nur in anbetender Ehrfurcht neigen. Das Wort *Gottesfurcht* ist ein urbiblischer Begriff. Gott kann man nicht um den Finger wickeln; *er* nimmt *uns* bei der Hand, verlangt unseren unbedingten Gehorsam. Seine Gebote und Wege sind perfekt, sein Wesen unveränderlich, seine Verheißungen verlässlich. All dies gibt uns *Gewissheit*: Wir können unsere Zweifel und Bedenken fahren lassen, wir können und sollen standhaft werden, selbst im Leiden.

Doch gerade dann, wenn sie mit Leid konfrontiert werden, bekommen viele Menschen Zweifel an Gottes Heiligkeit. Oder an seiner Gerechtigkeit oder anderen seiner Eigenschaften. Manchmal gar an seiner Existenz: Wenn es Gott gibt, warum dann all das Leiden? Wie kann Gott das zulassen? Wo bleibt da seine Macht, seine Treue, seine Größe? Immer wieder stolpern wir über dieselben Fragen.

Wenn Jerry Bridges in seinem Buch *Gott vertrauen*[*] sagt, dass unser Gottvertrauen sich auf Gottes Allmacht (Souveränität), Weisheit und Liebe gründet, formuliert er damit auch drei Hauptbereiche des Zweifels. Allmacht, Weisheit und Liebe sind ja alles Aspekte der Heiligkeit Gottes. Sie sind das Erste, was wir bei Gott in Zweifel ziehen, wenn das Leiden zuschlägt. »Das kann doch nicht von Gott kommen«, sagen wir, »das muss ein Fehler sein, Gott hat wohl die Kontrolle verloren« – es muss etwas nicht stimmen mit Gottes *Allmacht.* Wir fragen uns, wie ein liebender Gott diese Ehescheidung oder jene Behinderung zulassen kann – und Gottes *Liebe und Güte* steht auf dem Prüfstand. Oder wir bezweifeln, ob Gott noch weiß, was er da tut, wenn doch alles so schlimm und sinnlos ist – wir werden irre an Gottes *Weisheit.*

Im Folgenden möchte ich diese drei Eigenschaften Gottes – seine Allmacht, Güte und Weisheit – im Lichte der Bibel näher untersuchen. Ich mache dabei von den sehr erhellenden Ausführungen von Jerry Bridges Gebrauch und möchte ihm für seine Erlaubnis, sie in diesem Buch zu verwenden, danken.

a) Gott ist allmächtig

Als der amerikanische Rabbi Harold Kushner hörte, dass sein dreijähriger Sohn an einer seltenen Krankheit litt, die den Alterungsprozess drastisch beschleunigte und ihn keine 15 Jahre alt werden lassen würde, brach seine Welt zusammen, und er begann ein intensives Ringen mit der Vorstellung vom guten, allmächtigen Gott. Das Ergebnis dieses Ringens, sein Buch *Wenn guten Menschen Böses widerfährt*, zeigt, dass Kushner sich außerstande sieht, Gottes Güte und die Tatsache des Leidens miteinander in Einklang zu bringen. Er kann nur noch den Schluss ziehen, dass Gott zuweilen gleichsam die Kontrolle verliert, so dass Dinge gesche-

---

[*] Jerry Bridges, *Gott vertrauen*, Marburg: Francke, 1990.

hen, die er gar nicht will. An einen allmächtigen Gott glauben kann Kushner nicht mehr. Ich zitiere:[*]

»Ich glaube an Gott. Aber ich glaube nicht in der Weise an ihn wie vor Jahren, als ich heranwuchs oder Theologiestudent war. Ich bin mir der Grenzen Gottes bewusst geworden. Seine Grenzen liegen in den Naturgesetzen, in der Entwicklung der menschlichen Natur und der menschlichen Freiheit. ... Es fällt mir leichter, einen Gott zu verehren, dem Leiden verhasst sind, der sie aber nicht verhindern kann, als einen Gott, der Kinder leiden und sterben lässt, aus welchen Gründen auch immer.«

Und am Schluss seines Buches schreibt Kushner:[**]

»Bist du bereit, Gott zu vergeben und Ihn zu lieben, auch wenn du erfahren hast, dass Er nicht vollkommen ist, auch wenn Er dich im Stich gelassen und enttäuscht hat, weil Er Unglück und Krankheit und Grausamkeit in Seiner Welt zulässt – und auch nicht verhindert, dass dir Böses widerfährt? Kannst du lernen, Ihn zu lieben und Ihm zu verzeihen trotz der Grenzen, die auch Ihm gesetzt sind, so wie Hiob Ihm verzieh, und so wie du einst lerntest, deinen Eltern zu verzeihen und sie zu lieben, auch wenn sie nicht so weise, so stark oder so vollkommen waren, wie du es gern gehabt hättest?«

Dass Gott böse ist, will Kushner nicht glauben, dass er allmächtig ist, kann er nicht mehr glauben, wenn doch so viel Leid in der Welt ist, und so glaubt er an einen Gott, der hilf- und machtlos ist – um überhaupt Gott weiter anbeten zu können. Die Naturgesetze und

---

[*] Harold Kushner, *Wenn guten Menschen Böses widerfährt*, Gütersloh: Gütersloher Verlagshaus G. Mohn, 1990, S. 126.

[**] Harold Kushner, S. 139 f.

der Mensch und seine moralische Freiheit werden für Kushner stärker als Gott. Gott hat nicht nur zugelassen, dass das Leid und Unheil in die Welt gekommen ist; er selber ist ihm auch unterworfen.

Kushners Reaktion ist kein Einzelfall. Wenn wir Dinge erleben, die wir nicht mit Gottes Güte vereinbaren können, sagen wir leicht: »Das kann Gott doch nicht wollen.« Was ja auch stimmt. Gott wollte nicht, dass das Böse in diese Welt kam. Er hatte sie perfekt geschaffen und hatte für sie und die Menschen in ihr nur Gutes im Sinn. Aber zu diesem Guten gehörte auch die Entscheidungsfreiheit, die er dem ersten Menschenpaar gab. Adam und Eva waren keine Roboter oder Marionetten; sie hatten einen Willen und Eigenverantwortung, wie sich ja gerade an ihrem Sündenfall zeigt. Gott hatte ihnen gezeigt, was gut war. Sie entschieden sich für das Böse. Natürlich hätte er das verhindern können! Aber er wollte, dass seine Menschen die Freiheit zum Wählen hatten – selbst dann, wenn diese Wahl gegen seinen Willen ging. Die Früchte dieser falschen Ur-Entscheidung des Menschen sind noch heute sichtbar, aber Gott steht nicht machtlos vor ihnen; der Riss, der in seine Schöpfung gekommen ist, hat ihn nicht gelähmt.

Wir haben also Recht, wenn wir sagen: »Das hat Gott nicht gewollt.« Aber wir haben nicht Recht, wenn wir damit meinen, dass Gott die Dinge aus der Hand geglitten sind und er halt nichts machen konnte – was ja bedeuten würde, dass nicht nur wir hilflose Opfer der Menschen und der Umstände sind, sondern auch Gott selber. Ein solcher Gott ist ein letztlich machtloses Wesen, das zwar mit uns in unserem Elend weinen, uns aber nicht helfen kann. Wenn wir Gott so sehen, schreiben wir ihm menschliche Eigenschaften zu, machen wir ihn, wie Kushner das tut, praktisch zu einem Menschen wie uns.

Es ist ja wahr, dass Gott unser Leiden ans Herz geht. Aber seine Tränen sind nie Zeichen seiner Machtlosigkeit. Als Jesus sah, wie Maria und die Leute, die mit ihr gekommen waren, um den toten Lazarus weinten, wurde er tief erschüttert und weinte selber (Joh 11,33.35). Nach dem griechischen Urtext »stöhnte« Jesus in seinem Geist, was in den Übersetzungen mit Ausdrücken wie

»ergrimmte er« (Luther) oder »Er wurde zornig« (Gute Nachricht) wiedergegeben wird. Was war es, was Jesus so aufwühlte? Dass auf der Erde der Tod herrscht. Er, der Gott der Auferstehung und des Lebens, der Herr der Ewigkeit, der das Zeitliche auswischt, steht am Grab des Lazarus nicht nur vor der Trauer der Hinterbliebenen und dem Verlust eines lieben Freundes, sondern vor der ganzen sinnlosen, verqueren Realität des Todes.

Aufgewühlt und zornig war Jesus. Aber nicht hilflos! Schon einen Augenblick später zeigte er, dass er der Herr auch über den Tod ist. Er kann immer eingreifen, und hier in Betanien tat er es, indem er Lazarus von den Toten auferweckte. Es war eine Tat, die die Menschen zum Glauben an ihn und seine Allmacht bringen sollte; wie es in Vers 15 heißt: ». . . damit ihr glaubt.« Hier begegnet uns ein Gott, der überhaupt nicht machtlos oder begrenzt ist, wie Kushner das vermeint. Seine Souveränität erstreckt sich selbst über das Grab, unseren »letzten Feind«.

In der ganzen Bibel begegnen wir dieser Allmacht Gottes. Er offenbart sich als der Allmächtige. Als er in 1. Mose 17, 1 Abraham erscheint, sagt er: »Ich bin der allmächtige Gott.« Er, der Schöpfer des Himmels und der Erde, ist Herr über die *Natur*. Er ist der Gott des Windes, der den Sturm auf einem See stillen kann. Er kann Wasser aus einem Felsen schießen lassen und das Wasser des Roten Meeres teilen. Zahllose in der Bibel berichtete Wunder erinnern uns an Gottes große Taten in seiner Schöpfung.

Er ist auch der Herr der *Geschichte*. Er bewies seine Allmacht, als er sein Volk Israel aus der Sklaverei in Ägypten herausführte und ihm auf seiner ganzen Wüstenwanderung bis ins Gelobte Land voranging. Und er ist Herr auch über die Geschicke der *Einzelnen*, wie wir in den vorangegangenen Kapiteln schon so oft gesehen haben. Er ringt nicht hilflos die Hände, wenn Böses geschieht. Er kann jeden Schicksalsschlag in seine Pläne einbauen.

Gott stand nicht hilflos da und es ist ihm nicht entgangen, als Noomi, Rut und Orpa Witwen wurden. Ruts Kinderlosigkeit war kein Problem für ihn, der jeden Schoß schließen und öffnen kann. Rut, die in Moab in zehn Jahren kein Kind bekommen hatte, bekam von ihrem zweiten Mann, Boas, einen Sohn. Rahel war jahrelang unfruchtbar – bis Gott an sie dachte und sie fruchtbar machte (1. Mose 30,22). Als Josef von seinen Brüdern nach Ägypten verkauft wurde, ließ Gott ihn genau dort landen, wo er ihn haben wollte. Er führte auch David sicher durch Sauls Nachstellungen hindurch. Auch dann, wenn wir uns nur noch als Opfer der Umstände oder böser Menschen fühlen – Gott ist groß, Gott ist mächtig, Gott ist der Herr! Wie Oswald Chambers einmal sagte: »Nicht die Welt oder die Umstände diktieren die Tagesordnung, sondern der große ICH BIN!«

Gott ist allmächtig – solange unser Leben glatt verläuft, stimmen wir diesem Satz gerne zu. Doch wenn Schmerz und Not über uns hereinbrechen, sind wir versucht, Gottes Allmacht zu bezweifeln. In solchen Augenblicken, wenn die Wogen der Gefühle über uns hereinbrechen, ist es lebenswichtig, dass wir uns an Gottes Wort und die Beispiele seiner Allmacht in der menschlichen Geschichte klammern. Die Bibel ist uns unter anderem dazu gegeben, dass wir nicht vergessen, wer Gott ist. Sie ist voller »Gedenksteine«. Und auch unser eigenes Leben bietet uns solche Gedenksteine – die vergangenen Führungen Gottes, die uns seine Allmacht und Treue vor Augen geführt haben. Vergessen wir sie nicht! »Dies nehme ich zu Herzen, darum hoffe ich noch«, sagt der Prophet Jeremia, »... deine Treue ist groß« (Klgl 3,21.23).

b) Gott ist gut

Kushner findet, dass Gott zwar gut, aber nicht allmächtig sei. Noomi kam zu genau dem entgegengesetzten Ergebnis. Wir haben es schon gesehen: Sie nannte Gott auch in ihrem Leid weiter den »Allmächtigen« – aber einen Allmächtigen, der ihr das Leben bitter machte (Rut 1,20-21). Noomi konnte nicht mehr an Gottes Güte glauben. Auch dies ist eine häufige Reaktion, und sie entspringt aus der uralten Frage: »Warum lässt Gott das zu?« Wenn Gott allmächtig ist, müsste er doch all das Leiden wegnehmen können, und wenn er es nicht tut, glauben wir einen guten Grund zu haben, an seiner Güte zu zweifeln. Denn wie kann ein *guter* Gott das *Böse* in unserem Leben zulassen? Wie unlogisch, wie unmöglich!

Wenn wir Gottes Güte daran messen, was alles um uns herum geschieht, schleicht sich bald der Zweifel ein. Wir haben gleichsam eine Tür einen Spalt breit geöffnet, und Gottes alter Feind, der Teufel, lauert darauf, durch sie hineinzuschlüpfen und sie noch weiter zu öffnen, damit wir immer mehr zweifeln und schließlich aus dem Zweifel Unglauben, ja, ein Abscheu gegen Gott wird. Genau das war ja seine erste Tat im Garten Eden: dass er den Zweifel an Gottes Güte in das Herz der Menschen säte. Denn konnte Gott wirklich gut sein, wenn er es ihnen verbot, von diesem Baum zu essen, der sie doch klug machte? Und sie hörten auf die Worte des Teufels, ließen einen Keil zwischen sie und Gott treiben und gingen in die Irre.

Richten wir nicht nur Gedenksteine an Gottes Allmacht und Treue auf, sondern auch an seine Güte und Liebe. Wir begegnen ihr schon gleich nach dem Sündenfall, als Gott Adam und Eva begegnet und dabei den allergrößten unter den Gedenksteinen seiner Güte verheißt: Es wird ein Erlöser kommen (1. Mose 3, 15). Eigentlich redete er schon vom Kreuz Christi. Dort müssen die letzten Zweifel an Gottes Güte verschwinden. Hier sehen wir Gottes große Antwort auf den Sündenfall des Menschen: Er opfert seinen einzigen Sohn, damit wir von unserer Sünde erlöst werden. Das größte Leiden, ja, den Tod nahm Jesus Christus für uns auf sich – noch reiner und heller kann Gottes bedingungslose Liebe und Güte nicht leuchten.

Es ist so, wie Paulus in Römer 5, 8 sagt: »Gott aber erweist seine Liebe zu uns darin, dass Christus für uns gestorben ist, als wir noch Sünder waren.« Die Tiefe des Leidens Christi – nein, ich kann sie nicht messen oder verstehen. Keine menschliche Leidenserfahrung kommt dem, was er für uns erduldete, auch nur nahe. Ganz allein ging er den furchtbaren Weg. Noch bei der Kreuzigung versuchten seine Feinde ihn mit ihrem Spott: Gott konnte ihm doch wohl helfen und ihn retten? Bestimmt wollte er das sogar? Warum tat er das dann nicht?

Merken wir, dass es in diesen Fragen um Gottes Allmacht und Güte geht? Sind wir uns im Klaren darüber, dass Jesus es erleben musste, von Gott verlassen zu sein (Mt 27, 46)? Doch all dies konnte seinen Glauben an Gott und seine Entscheidung, für uns den bitteren Leidenskelch auszutrinken, nicht erschüttern. Sein Leben und Tod sind ein einziges Zeugnis grenzenloser Liebe, der letztgültige Beweis, dass Gott unendlich gut ist.

Aber es geht noch weiter: Jesus ist von den Toten auferstanden, und dies bedeutet, dass *ich* in *meinem* Leiden nie so allein und gottverlassen sein werde wie er. Jesus, der auferstandene Herr, der zur Rechten des Vaters sitzt, ist nicht nur *mit* mir in meinem Leid, sondern auch *in* mir mit seiner Kraft. Ich kann, wie Paulus es ausdrückt, ihn und die Kraft seiner Auferstehung kennen lernen (Phil 3, 10). Und Paulus sagt auch:

> »Ich bin nur ein zerbrechliches Gefäß für einen so kostbaren Inhalt. Denn man soll ganz deutlich sehen, dass die übermenschliche Kraft von Gott kommt und nicht von mir. Obwohl ich von allen Seiten bedrängt bin, werde ich nicht erdrückt. Obwohl ich oft nicht mehr weiter weiß, verliere ich nicht den Mut. Ich werde verfolgt, aber Gott verlässt mich nicht. Ich werde niedergeworfen, aber ich komme wieder auf. Ich erleide fortwährend das Sterben Jesu an meinem eigenen Leib. Aber das geschieht, damit auch das Leben, zu dem Jesus erweckt wurde, an mir sichtbar werden kann.« (2. Kor 4, 7-10; Gute Nachricht)

Es ist Jesus selber, der uns ständig an Gottes Liebe und Güte erinnert. Oder auch David, etwa im 13. Psalm, der zunächst die Klage eines von seinen Feinden Verfolgten und von Gott Verlassenen ist – bis er im 6. Vers ausruft: »Ich aber traue darauf, dass du so gnädig bist; mein Herz freut sich, dass du so gerne hilfst.« Und in Psalm 52, 10 singt er: »Ich aber werde bleiben, wie ein grüner Ölbaum im Hause Gottes; ich verlasse mich auf Gottes Güte immer und ewig.« Dies sind die Worte eines Mannes, der auch im dunklen Tal der Probleme das Licht der Güte Gottes sah – des

Gottes, der ihn wachsen und gedeihen und nicht verdorren ließ. Gottes Pläne für uns sind gut, und dieses »gut« lässt sich durch keine noch so widrigen Umstände erschüttern!

Gottes Güte ist aus unseren Umständen nicht immer sofort ersichtlich; sie scheinen manchmal das genaue Gegenteil zu beweisen. Und dennoch sagt David in Psalm 25, 10: »Die Wege des Herrn sind lauter Güte und Treue für alle, die seinen Bund und seine Gebote halten.« Manchmal musste er sich selber an diese Wahrheit erinnern. In einer Stunde seines Lebens, wo seine Gefühle ihm zuschrien, dass Gott ihn vergessen hatte, rief er aus: »Ich *aber* traue darauf, dass du so gnädig bist« (Ps 13, 6). Halten wir uns an die Tatsachen und nicht an unsere Gefühle. Gott ist gut!

Am tiefsten erfahren wir Gottes Güte, wenn wir ihm persönlich begegnen und seine Liebe an unser Herz klopft. David beschreibt diese Erfahrung in Psalm 31, 20-22: »Wie groß ist deine Güte, Herr, die du bewahrt hast denen, die dich fürchten, und erweisest ... denen, die auf dich trauen! Du birgst sie in deinem Schutz ... Gelobt sei der Herr; denn er hat seine wunderbare Güte mir erwiesen ...« Ebenso in Psalm 63, 3-4: »Ich habe dich gesehen im Heiligtum, ich habe deine Macht und Herrlichkeit erlebt. Deine Gnade ist besser als das leibliche Leben« (Bruns). Und in Psalm 90, 14 (Hoffnung für alle) betet Mose: »Herr, schenke uns deine Liebe jeden Morgen neu!«

Diese Freudenrufe über Gottes Güte – und es ließen sich ihnen noch viele hinzufügen – drücken eine wichtige Wahrheit aus: Gott will, dass wir seine Güte allein in ihm selber suchen; er selbst will derjenige sein, der unsere Sehnsucht stillt. Haben wir dies einmal in unserem Herzen entdeckt, werden wir weniger abhängig sein von dem Auf und Ab in unserem Leben und in schweren Stunden nicht so schnell ein Fragezeichen hinter Gottes Güte setzen. Statt dessen werden wir mit dem Verfasser des 94. Psalms bekennen: »Wenn ich sprach: Mein Fuß ist gestrauchelt, so hielt mich, Herr, deine Gnade« (Ps 94, 18).

c) Gott ist weise

Oft kommen unsere Zweifel daher, dass wir keine Ursache für unsere Not ausmachen können. Vielleicht könnten wir sie ja akzeptieren – wenn wir sie wenigstens verstehen könnten ... Wir suchen eine Erklärung, und genau da liegt unser Problem. Mit unserem begrenzten Menschenverstand werden wir nie alles ausloten und verstehen können; dazu bräuchten wir die Perspektive der Ewigkeit. Aber wenn wir derart an unsere Grenzen stoßen, dann – ja, dann schieben wir manchmal Gott die Schuld zu und bekommen Zweifel an *seiner* Weisheit.

Gottes Wort lässt keinen Zweifel daran, dass die Menschen sich Gottes Wesen und Gedanken überhaupt nicht vorstellen können: »Denn meine Gedanken sind nicht eure Gedanken, und eure Wege sind nicht meine Wege, spricht der Herr, sondern so viel der Himmel höher ist als die Erde, so sind auch meine Wege höher als eure Wege und meine Gedanken als eure Gedanken« (Jes 55,8-9). Ähnlich Römer 11,33-34, wo Paulus ausruft: »O welch eine Tiefe des Reichtums, beides, der Weisheit und der Erkenntnis Gottes! Wie unbegreiflich sind seine Gerichte und unerforschlich seine Wege! Denn wer hat des Herrn Sinn erkannt, oder wer ist sein Ratgeber gewesen?« Und als David in Psalm 139 schildert, wie Gott ihn durch und durch kennt, muss er bekennen: »Diese Erkenntnis ist mir zu wunderbar und zu hoch, ich kann sie nicht begreifen« (V. 6).

Diese und noch viele andere Texte lassen keinen Zweifel daran: Gottes Weisheit ist unendlich. Es ist unmöglich, dass er je mit seinem Latein am Ende ist und keine Lösung mehr weiß. Menschen können sich in eine Sackgasse hineinmanövrieren – Gott nie. Es gibt vieles, was wir nicht verstehen, aber das bedeutet nicht, dass es zu hoch für Gott ist.

Das Musterbeispiel dafür, wie Menschen Gottes Wege nicht verstehen, sehen wir in der Art, wie Jesu Zeitgenossen auf ihn reagierten. Viele sahen ihn als politischen Befreier Israels vom Joch Roms. Einmal wollten sie ihn kurzerhand zu ihrem König machen. Und er sprach ja auch oft von seinem »Reich«. Aber was er mit diesem Reich meinte, das begriffen die Menschen nicht.

Als Jesus dann gekreuzigt wurde, sahen viele darin den Beweis, dass er gescheitert war. Nicht nur seine Feinde kamen zu diesem Schluss, sondern auch viele seiner Anhänger, die nicht begreifen konnten, was da geschehen war. »Aus der Traum«, war alles, was sie denken konnten. Erst später, nach der Auferstehung, entdeckten sie, dass die Feinde Jesu nur das ausgeführt hatten, »was du [Gott] längst geplant und vorherbestimmt hattest« (Apg 4,28; Gute Nachricht). Paulus nennt die Kreuzigung Jesu die »Weisheit Gottes, die im Geheimnis verborgen ist«. Sie ist »nicht eine Weisheit dieser Welt, auch nicht der Herrscher dieser Welt«. Keiner dieser Herrscher hat sie erkannt, denn sonst »hätten sie den Herrn der Herrlichkeit nicht gekreuzigt« (1. Kor 2,6-8). Wir kleinen Menschen können niemals den unendlichen Gott begreifen! Aber sein Heiliger Geist kann uns helfen, geistliche Augen und himmlische Weisheit zu bekommen.

Simons und Helens Ehe ist kinderlos geblieben. Dabei haben sie ein Herz für Kinder und sind in einer christlichen Kinderarbeit tätig. Warum bekamen sie selber keine Kinder? Ich weiß es nicht. Ich weiß auch nicht, warum Helen mit etwa 40 Jahren Multiple Sklerose bekam. Früher oder später wird diese Krankheit nicht nur ihr Leben immer mehr einengen, sondern auch Folgen für Simons Leben und für ihre gemeinsame Kinderarbeit haben. Gottes Weisheit in dieser Situation – ich vermag sie nicht zu erkennen. Simon und Helen wären ein perfektes Elternpaar geworden, und ihre evangelistische Arbeit mit Kindern ist in dieser säkularen Welt ungeheuer wichtig. Wenn ich über all das nachdenke und es in Worte zu fassen versuche, dann muss ich zugeben, dass ich Gott hier nicht verstehen kann.

Aber was denken Simon und Helen selber? Es war ein schwieriger Abschnitt in ihrem Leben, als sie einsehen mussten, dass ihr Kinderwunsch nicht in Erfüllung gehen würde. Es kostet Zeit und Kraft, so etwas zu akzeptieren. Es ist nicht einfach, mitzuerleben, wie andere Leute Kinder bekommen, und sich mit ihnen zu freuen, ohne traurig oder neidisch zu werden. Aber Simon und Helen schafften es schließlich. Und sie wuchsen in ihre Kinderarbeit hinein, die ihnen großen Spaß machte. Dann kam die Multiple Sklerose. Ein paar Jahre nach der Diagnose und fast 25 Jahre, nachdem ich zusammen mit ihnen ein Jahr an der gleichen britischen Bibelschule verbracht hatte, traf ich sie wieder. Ich traf zwei Menschen, die ganz anders sind als die, die ich vor 25 Jahren kennen gelernt hatte.

Sie ist größer, die Veränderung, als man das üblicherweise antrifft. Sie sind natürlich etwas älter und weiser geworden, und die ersten grauen Haare sind da. Aber was viel wichtiger ist: Hier sind zwei Persönlichkeiten, die noch mehr von Gott ausstrahlen, eine Ehe, die stärker geworden ist, eine tiefe innere Einheit, eine tiefe Liebe zu Jesus und ein Friede, der höher ist als alle Vernunft. Zwei Menschen, die Gottes Eingreifen in ihrem Leben bezeugen und dieses Eingreifen um keinen Preis würden missen wollen. Rein menschlich gesprochen, hätte das Leben netter zu ihnen sein können. Kinderlosigkeit und Krankheit sind nicht schön. Aber wenn ich diese Menschen aus der Perspektive der Ewigkeit betrachte, dann erkenne ich, wie gesegnet sie sind. Und das Wunderbare ist, dass Simon und Helen das auch so sehen. Hätten sie vor 25 Jahren selber den Gang ihres Lebens wählen können, er wäre wohl ganz anders verlaufen. Doch Gott in seiner unendlichen Weisheit führte sie den Weg, der letztlich der beste und richtigste ist. Ich würde es nicht wagen, diese Worte auszusprechen, geschweige denn zu schreiben, wenn nicht Simon und Helen genau das Gleiche sagen würden.

Wir dürfen aus den Wechselfällen unseres Lebens keine vorschnellen Schlüsse über Gottes Weisheit ziehen. Solange wir auf dieser Erde leben, werden wir nie imstande sein, Gottes großen Plan zu verstehen. Das Einzige, was wir tun können, ist lernen, uns vertrauensvoll dem Einen in die Hände zu geben, der alle Dinge weiß. Jeremia ruft uns zu: »So spricht der Herr: Ein Weiser rühme sich nicht seiner Weisheit, ein Starker rühme sich nicht seiner Stärke, ein Reicher rühme sich nicht seines Reichtums. Sondern wer sich rühmen will, der rühme sich dessen, dass er klug sei und mich kenne, dass ich der Herr bin, der Barmherzigkeit, Recht und Gerechtigkeit übt auf Erden« (Jer 9,22-23). Mit anderen Worten: Menschliche Weisheit, Stärke und Reichtum sind relativ; worauf es wirklich ankommt, ist, dass wir *Gott* kennen. Hier zeigt uns wieder David den Weg zum kindlichen Gottvertrauen: »Ich gehe nicht um mit großen Dingen, die mir zu wunderbar sind. Fürwahr, meine Seele ist still und ruhig geworden wie ein kleines Kind bei seiner Mutter; wie ein kleines Kind, so ist meine Seele in mir« (Ps 131,1-2).

An Gottes Gerechtigkeit, Allmacht, Güte und Weisheit glauben – das bedeutet, dass wir ihm unser eigenes Denken und Wollen ausliefern. Unser Verständnis reicht nur bis zu einem gewissen Punkt. Manchmal produzieren wir bei unseren stümperhaften Versuchen, das Leiden durch das »Gute«, das daraus kommt, zu erklären, allzu schnelle »Lösungen«, die keine sind. Denn Leid ist immer schlimm, auch wenn es gute Frucht bringen und uns wertvolle Lektionen lehren kann. Manchmal tut es noch nicht einmal das, jedenfalls soweit wir sehen können. Und doch ist Gott Gott.

Wenn unsere Fragen uns plagen

Zuflucht bei Gott suchen bedeutet, unsere eigene Hilflosigkeit und Kurzsichtigkeit einzugestehen und Gott zu vertrauen. Ich finde die Worte, die Hiob nach Jahren des scheinbar sinnlosen Leidens zu Gott sprach, unglaublich bewegend und wahr:

> »Ich erkenne, dass du alles vermagst, und nichts, das du dir vorgenommen, ist dir zu schwer. »Wer ist der, der den Ratschluss verhüllt mit Worten ohne Verstand?« Darum hab ich unweise geredet, was mir zu hoch ist und ich nicht verstehe ... Ich hatte von dir nur vom Hörensagen vernommen; aber nun hat mein Auge dich gesehen. Darum spreche ich mich schuldig und tue Buße in Staub und Asche« (Hiob 42, 2-6).

Wo die einen im Angesicht des Bösen und Schrecklichen Gottes Gerechtigkeit in Zweifel ziehen, geben andere, wie Kushner, ihrem Glauben an Gottes Allmacht den Abschied. Viele, deren Lebensschiff auf Grund gelaufen ist, können Noomis Zweifel an Gottes Güte nachempfinden, und wohl jeder von uns ist schon einmal, wenn der Schmerz zu groß wurde, an Gottes Weisheit irregeworden. Wir werden immer wieder unsere Fragen haben; das gehört zum Leben. Ich habe sogar den Eindruck, dass die Zahl meiner Fragen im Laufe meines Lebens größer und nicht kleiner wird. Aber, so merkwürdig das klingen mag, mein Bedürfnis, um jeden Preis Antworten zu finden, wird weniger dringend – nicht, weil diese Antworten nicht wichtig wären, sondern weil ich allmählich verstehe, dass ich in diesem irdischen Leben nie den Punkt erreichen werde, wo alles klar ist und glatt aufgeht!

Dieses Eingeständnis bedeutet mitnichten, dass ich den Kopf in den Sand stecke und gar nichts mehr frage. Manchmal frage ich durchaus – bis mir das Bewusstsein meines Nichtwissens und der Heiligkeit Gottes den Mund verschließt. Wer bin ich denn, dass ich Gott mit meinem quengeligen »Warum?« im Ohr liegen dürfte? Wir haben einfach nicht das Recht, Gott für die Dinge, die wir nicht verstehen können, zur Verantwortung zu ziehen oder ihm Vorwürfe zu machen. Gott braucht sich vor niemandem zu rechtfertigen.

Wir meinen vielleicht, dass Gott uns etwas schuldig sei und uns Rede und Antwort zu stehen habe. Aber damit ziehen wir Gott auf unsere menschliche Ebene hinab, betrachten ihn nicht mehr als Herrn, sondern als unseresgleichen. Aber Gott ist kein Mensch, er ist der Heilige. Wir haben kein Recht, ihn zu verhören – aber er lädt uns ein, zu ihm zu kommen und ihm unser Herz auszuschütten, und wenn ich dies tue, erlebe ich es manchmal, wie meine Fragen von Gottes Liebe weggespült werden. Bei Gott, meiner Zuflucht, finde ich Ruhe und kann meine Fragen loslassen. Und sobald ich dies tue, zeigt er mir noch mehr von seinem Wesen.

Wir sehen dies auch in dem bereits in Kapitel 2 erwähnten Psalm 73. Nachdem Asaf seine Klagenliste über Gottes scheinbare Ungerechtigkeit vorgetragen hat, geht er in Gottes Heiligtum

(V. 17), und dort werden seine Augen geöffnet und er sieht die Dinge, die ihn so aufwühlten, aus der richtigen Perspektive: Das so unfaire Glück der Gottlosen wird letztlich zu nichts führen; das, was Asaf da beneidet hat, hat gar keinen Bestand. Aber noch viel wichtiger ist, dass Asaf den kostbarsten Schatz der Welt entdeckt: das Vorrecht, Gott zu kennen. In Vers 23 sagt er: »Dennoch bleibe ich stets an dir; denn du hältst mich bei meiner rechten Hand, du leitest mich nach deinem Rat und nimmst mich am Ende mit Ehren an.«

Dies mag sehr fromm klingen, aber es ist wahr. Gott kennen und ihm gehören, mit all dem, was dies für dieses und das künftige Leben bedeutet – das wiegt mehr als all das noch so Schmerzliche und Unverständliche, das wir hier auf dieser Erde erleben. Wir entdecken diese Wahrheit in dem Augenblick, wo wir die Schuhe unserer Fragen und unseres Stolzes ausziehen und in Gottes Heiligtum treten, um ihn selber zu suchen und nicht nur die Antworten auf unsere Fragen. Sie sind ohnehin nie garantiert, diese Antworten. Selbst im Licht Christi bleibt ein unerklärliches, ein ständiges Geheimnis.

Was Hiob und Asaf hier ausdrücken, ist Gottes Wille auch für uns. Er will, dass wir ihm selber begegnen und ihn nicht nur vom Hörensagen her kennen. Er will, dass wir ihn als den allgerechten, allmächtigen, allguten, allweisen Vater kennen lernen, als den, der total und perfekt verlässlich und vertrauenswürdig ist. In die Sprache des Neuen Testaments übersetzt: Gott will, dass wir Gemeinschaft mit seinem Sohn, Jesus Christus, haben. Beim Herrn sein – das ist unsere eigentliche Bestimmung, hier auf dieser Erde und in der Ewigkeit. All das, was wir in unserem Erdenleben erfahren, kann dazu dienen, dass wir ihn tiefer kennen und lieben lernen.

Das mag zunächst wie ein Widerspruch klingen; Probleme wirken doch gemeinhin eher entfremdend als verbindend. Doch nicht so bei Gott! *Oft suchen wir gerade dann, wenn wir absolut am Ende sind, Gottes Gegenwart besonders dringend und haben eine tiefe Begegnung mit ihm.* Im Leiden kann Segen verborgen sein.

René

Am Ende dieses Kapitels möchte ich das Erleben eines amerikanischen Ehepaares weitergeben, dessen Tochter 1991 mit nur 34 Jahren bei einem Unfall starb. René war eine temperamentvolle und begabte junge Frau und eine begeisterte Christin. Nach ihrem Universitätsabschluss und einem Studium an einer Bibelschule in Europa begann sie eine Arbeit mit jungen Menschen. Ihr tödlicher Unfall passierte während eines Young- Life-Summercamps in den USA.

Als ich vor einigen Jahren Renés Eltern kennen lernte und sie mir von dem tödlichen Unfall ihrer Tochter erzählten, sagte ihr Vater, Charles, etwas, das mich aufhorchen ließ: »Wenn wir nicht so fest an Gottes Allmacht geglaubt hätten, wir hätten Renés Tod nicht überlebt.« Als ich ihn fragte, wie er das meinte, schilderte er mir den Unfallhergang. René stürzte von einer sogenannten Wasserseilbahn ab. Das ist ein Seil, das zwischen einem hohen Gerüst und einem Verankerungspunkt unter Wasser gespannt ist und an dem man, durch einen Gurt gesichert, ins Wasser hinunterrutscht. Bei René war das Seil nicht vorschriftsmäßig befestigt, so dass sie abstürzte.

Als ihre Eltern den schrecklichen Anruf bekamen, war René auf dem Weg ins nächste größere Krankenhaus. Diagnose: Hirntod. In diesem ersten Schockaugenblick übertönte eine Frage alle anderen: *Warum?* Aber es kamen bald noch mehr Fragen. Als sie im Krankenhaus eintrafen, fragten die Ärzte sie fast als Erstes, ob sie ihre Einwilligung geben würden, dass Renés Organe als Spenderorgane verwendet wurden. René war derweil an alle möglichen Schläuche und Geräte angeschlossen, um die Zeit bis zu einer Organentnahme zu überbrücken. Der Anblick stürzte ihre Eltern in einen tiefen inneren Kampf. Stimmte die Diagnose der Ärzte überhaupt; war ihre Tochter wirklich tot? Und was, wenn Gott eigentlich vorhatte, sie durch ein Wunder zu heilen?

Renés Mutter, Carol, berichtet:

»Wir mussten uns auf der Stelle entschließen: Wollten wir Gott vertrauen? Wir wollten, und darauf konzentrierten wir all unsere Kraft und das trug uns durch. Der Schock war so groß, dass wir wie gelähmt waren. Erst später hatten wir sozusagen Platz für die vielen Fragen, die auf uns einstürzten: wie sinnlos dieser Unfall war, wie grausam und abrupt dieses kostbare Menschenleben geendet hatte. Wir mussten ganz bewusst den Glaubensschritt tun und sagen: Gott ist Herr auch dieser Situation. Irgendwie wurden wir vor der letzten Verzweiflung bewahrt. Freunde begannen spontan eine Gebetskette, und wir spürten, wie wir durch diese Not hindurchgetragen wurden. Später ließ Gott uns eine Mutter kennen lernen, die ihre Tochter durch einen ähnlichen Unfall verloren hatte, und wir konnten unseren Schmerz und unsere Fragen mit ihr teilen. Es hilft so sehr, jemanden zu haben, der einen wirklich versteht.«

Renés Vater sagte, dass fünf Dinge ihnen besonders wichtig wurden:

»1. Wir fanden, dass wir nicht das Recht hatten, Gott für den Tod unserer Tochter zur Verantwortung zu ziehen. In meinen Gebeten machte ich klar, dass ich als Knecht Christi hier nicht mitreden konnte. Ich musste dies laut sagen, weil ich merkte, wie der Teufel unsere Fragen als Hebel benutzen wollte, um unseren Glauben zu untergraben, und es gab ja so viele Fragen. Unsere Tochter war so begabt und lebensfroh gewesen und hatte Gott so gedient.
2. Je näher wir Gott sind, umso weniger fragen wir. Wir lernen es, alles anzunehmen, was er uns schickt, weil er es als Werkzeug benutzen kann, um uns zu den Menschen zu machen, die er haben will. Wir waren beide sechzig, als der Unfall kam, und hatten einige Lebenserfahrung. Wir wussten auch, dass wir nicht die ersten waren, die ihr Kind verloren hatten.
3. Der Satan ist Gottes Feind, der Gottes Reich sabotieren will. Es hatte ja nicht nur René für Gottes Reich gearbeitet,

sondern auch wir. Wir waren in der Militärseelsorge tätig und standen kurz vor einer wichtigen Konferenz, auf der ich sprechen sollte. Was würde ich jetzt noch sagen können?

4. Wir sehen unser Leben als eine Pilgerfahrt, bei der wir unseren Blick unbedingt auf Gottes Ziel heften müssen, egal was alles unterwegs passiert. Wir beteten darum, dass aus dem Tod unserer Tochter etwas Gutes kommen möge. Wir beteten auch ständig um Gottes Erbarmen, im Sinne von Klgl 3,32: »... er betrübt wohl und erbarmt sich wieder nach seiner großen Güte.«

5. Als Beerdigungstext für unsere Tochter wählten wir Psalm 84,6-8: »Wohl den Menschen, die dich für ihre Stärke halten und von Herzen dir nachwandeln! Wenn sie durchs dürre Tal ziehen, wird es ihnen zum Quellgrund, und Frühregen hüllt es in Segen. Sie gehen von einer Kraft zur andern.« Wir baten die Leute um Spenden statt Blumen, damit wir Renés Traum, jungen Menschen das Evangelium zu bringen, weiter erfüllen konnten.«

Was für ein Vorrecht es war, diese lieben Menschen kennen zu lernen und zu hören, wie Renés Mutter sagte: »Die Bibel ruft uns auf, auf Gottes Allmacht, Liebe und Weisheit zu vertrauen. Ich musste dies auch bei meiner Tochter akzeptieren, obwohl es mir eigentlich völlig gegen den Strich ging; ich hatte René doch so geliebt.«

Seit Renés Tod haben ihre Eltern etwa hundert Briefe von jungen Leuten aus aller Welt erhalten, die auf die eine oder andere Art durch René geprägt worden sind. Für einige war ihr Tod der Wendepunkt im Leben, der sie zur Bekehrung zu Christus führte. Sie schrieben Sätze wie: »Ich möchte in meinem Leben Gott so entschieden nachfolgen, wie René das tat«, oder: »Ich kam auf die Füße, weil René sich so um mich kümmerte.« Einer schrieb: »René glaubte an mich, als alle anderen mich für einen hoffnungslosen Fall hielten.«

Seitdem sind einige Jahre vergangen. Charles und Carol werden für den Rest ihres Lebens um ihre Tochter trauern. Aber der Stachel ist weg. Heute können sie sagen: »Es ist gerade so, als ob das alles so sein sollte. René hatte mehrere Sachen in ihrem Leben erledigt. Sie stand vor einer Weichenstellung in ihrem Beruf. Sie hatte einiges bereinigt, sich mit Menschen versöhnt. Irgendwie war sie vorbereitet gewesen.«

Renés Eltern sind weiter ihren Weg mit Gott gegangen, und er hat ihr Vertrauen gesegnet. Sie haben bei ihm Zuflucht und inneren Frieden gefunden. Sie haben einen Blick über das Hier und Jetzt hinaus bekommen und die Frucht dieses scheinbar so sinnlosen Unfalls entdeckt: eine Ernte junger Menschen, die Gott nachfolgen und das Wachsen in ihm zu ihrem Lebensziel gemacht haben.

13. Zuflucht bei Gott – Was ist das?

Wir haben gesehen, wie Rut Zuflucht unter den Flügeln des Allmächtigen suchte (Rut 2, 12) und wie dies nicht ohne Vertrauen zu Gott geht. Und haben wir einmal dieses Gewaltige begriffen, dass Gott sowohl der Heilige als auch unser Vater und Freund ist, dann wissen wir ohne jeden Zweifel, dass es kein besseres Fundament und keine bessere Zuflucht für unser Leben gibt. In diesem Kapitel nun möchte ich untersuchen, was auf uns wartet, wenn wir so Gottes Nähe suchen. Wir werden uns drei Hauptbereiche anschauen: Fürsorge und Schutz, bedingungslos angenommen sein und zur Ruhe kommen. Wir werden uns auch biblische Ausdrücke anschauen, die in Zusammenhang mit der Zuflucht bei Gott benutzt werden und die diese drei Aspekte unterstreichen. Ich möchte beginnen mit den Begriffen »Zuflucht suchen« und »Flügel«.

Das hebräische Verb *hasah* in Rut 2, 12, das in den deutschen Übersetzungen gemeinhin mit »Zuflucht suchen« oder auch »sich bergen« wiedergegeben wird, erscheint im Alten Testament 37 Mal, meist in den Psalmen. Gewöhnlich ist es mit einem anderen Wort kombiniert, das die Art der Zuflucht oder das Wesen dessen, bei dem wir uns bergen, angibt. Es sind Wörter wie »Zelt« (beweglich, mobil), »Haus« oder »Wohnung« (ein vorübergehender Zufluchtsort), »Burg« (massiv, Schutz gebend), »Schild« (persönlicher Schutz) und »Zuflucht« (sichere Geborgenheit).

In Rut 2, 12 ist die Zuflucht unter Gottes »Flügeln«. Das entsprechende hebräische Wort für Flügel, *kanap*, erscheint im Alten

Testament 111 Mal, oft in Verbindung mit »Schatten«. Schauen wir uns als Erstes dieses Wort »Flügel« an. Was will Gott uns mit ihm sagen? Was finde ich unter seinen Flügeln?

Fürsorge und Schutz

Zum ersten Mal begegnet uns das hebräische *kanap* in 2. Mose 19,4, wo Gott auf dem Berg Sinai zu Mose sagt: »Ihr habt gesehen, was ich mit den Ägyptern getan habe und wie ich euch getragen habe auf Adler*flügeln* und euch zu mir gebracht.« Das Bild des Adlers kehrt wieder im Lied des Mose in 5. Mose 32,10-12: »Er fand ihn ... Er umfing ihn und hatte Acht auf ihn. Er behütete ihn wie seinen Augapfel. Wie ein Adler ausführt seine Jungen und über ihnen schwebt, so breitete er seine *Fittiche* aus und nahm ihn und trug ihn auf seinen *Flügeln.* Der Herr allein leitete ihn ...«

Ein hoch durch den Himmel fliegender Adler ist ein mächtiges Schauspiel der Kraft und »Gegenwart«. Seine Flügel haben eine gewaltige Spannweite, und er kann selbst eine große und schwere Beute hoch hinauftragen. Der Adler hat keine natürlichen Feinde, niemand in seinem Territorium kann es mit ihm aufnehmen. Aber dieser mächtige Raubvogel hat noch eine andere Seite! Die gerade zitierten Texte sprechen nicht nur von seiner beängstigenden Kraft, sondern auch von der behutsamen Fürsorge für seine Jungen.

Nach 5. Mose 32,11 scheint der Mutteradler seine Jungen im Flug aufzufangen und auf seinen Schwingen zu tragen. Ein Vogelkundler hat mir versichert, dass dies zwar noch nie beobachtet wurde, aber nach Meinung der Fachwelt durchaus so sein kann. Die dazu erforderliche Kraft und Wendigkeit hat der Adler jedenfalls, und viele Tiere tragen ihre Jungen. Doch das »Tragen« hat hier noch eine andere Bedeutung: Wenn der Mutteradler oder Vateradler unter seinen Jungen fliegt, erzeugt sein Flügelschlag eine Art Aufwind, der die Jungen hochhebt. Das Adlerkind fliegt selber und wird doch gleichzeitig getragen – ein wunderbares »Zusammenspiel«.

Der Adler ist dafür bekannt, dass er sehr weit geht, um seine Jungen zu schützen. Wenn es stürmt, steht er aufrecht über dem Nest, mit weit ausgebreiteten Schwingen, damit sie nicht davongeblasen werden, und bei starker Hitze gibt er ihnen mit seinen Flügeln Schatten. Er kann seine Jungen im Flug füttern. Aber verwöhnen tut er sie nicht! Wenn sie ihre Flugfedern bekommen und es Zeit ist, flügge zu werden, beginnt der Ernst des Lebens; manchmal geben ihre Eltern ihnen mehrere Tage nichts zu essen, bis sie aus lauter Hunger ihren ersten Flug wagen. Geborgenheit, aber auch Impulse zur Selbstständigkeit – es ist die ideale Kinderstube.

In 5. Mose 32,10-12 vergleicht Gott sich mit dem Adler. Auch er ist der Schrecken seiner Feinde (hier: der Ägypter), und auch er behütet, trägt und leitet seine Kinder: Er »fand« sie, »umfing« sie, »hatte Acht« auf sie, »behütete« sie, »führte« sie ..., lauter aktive Verben, die von tiefer Liebe, Barmherzigkeit und Fürsorge sprechen. Und auch von Gottes Allwissenheit; es gibt keinen Ort, an dem er uns nicht finden könnte, wir sind nie außerhalb seiner Sicht- und Reichweite.

David unterstreicht diese gewaltige Wahrheit in Psalm 139,7-10:

> »Wohin soll ich gehen vor deinem Geist, und wohin soll ich fliehen vor deinem Angesicht? Führe ich gen Himmel, so bist du da; bettete ich mich bei den Toten, siehe, so bist du auch da. Nähme ich Flügel der Morgenröte und bliebe am äußersten Meer, so würde auch dort deine Hand mich führen und deine Rechte mich halten.«

Und in Vers 5 sagt er: »Von allen Seiten umgibst du mich und hältst deine Hand über mir.« Die gleiche Wahrheit drückt 5. Mose 33, 26-27 so aus: »In seiner Majestät fährt er [Gott] über den Himmel, auf den Wolken eilt er dir zu Hilfe. Der ewige Gott ist deine Zuflucht, Israel, in seinen Armen fängt er dich auf« (Gute Nachricht).

Ein Boden zum Wachsen

Gottes Arme fangen uns auf – was bedeutet das für unseren Alltag? Wie die Jungen des Adlers, so genießen auch Gottes Kinder tiefe Fürsorge und Schutz. Die Gewissheit, dass Gott um uns ist, ist ein sicheres Fundament, von dem aus wir getrost Gottes Willen tun und das annehmen können, was er in unser Leben hineinschickt. Wir wissen ja: Unser himmlischer Vater schwebt ständig über, um und unter uns, stets bereit, uns aufzufangen und zu tragen. Manchmal verlangt er von uns Dinge, die einen Sprung ins Unbekannte erfordern – und wir wagen den Sprung, in dem Wissen, dass er ja da ist, um uns zu helfen. So wie der Adler über seinen Jungen schwebt, ist Gott »am Himmel« und »auf den Wolken« und wacht über seinen Kindern. Was für ein herrliches Bild! Derart ausgerüstet und geschützt haben wir alles, um wachsen und zu reifen Männern und Frauen Gottes werden zu können. Gottes Schule kann ein Leben lang dauern und manche Sprünge können uns Angst machen, aber wir brauchen sie für unser inneres Wachstum.

Es wird immer noch Situationen in unserem Leben geben, die wir lieber umgehen oder doch zumindest aufschieben würden. Das kann eine Operation oder ein Krankenlager sein, eine schwierige Konfrontation in einer Konfliktsituation, eine schwere Entscheidung oder Angst vor Einsamkeit oder Verlassenheit. Es ist eine urmenschliche Reaktion, dass wir vor Problemen und Schwierigkeiten am liebsten weglaufen würden. Wir sehnen uns nach der Geborgenheit, die wir als Kinder hatten, wir würden am liebsten dauernd im »Nest« bleiben und nicht dem Schmerz des Lebens entgegentreten müssen. Diese Sehnsucht kann so stark werden, dass wir noch als Erwachsene die Flucht vor der Wirklichkeit antreten. Manchmal klammern wir uns auch an andere Menschen, in der Hoffnung, dass sie uns durchtragen werden.

Wenn wir versucht sind, so zu fliehen, sollten wir uns an Gottes Verheißung seiner auffangenden Arme erinnern. Aber was bedeutet sie denn für mich? Wie ernst nehme ich sie überhaupt? Ist Gott wirklich meine »Burg« und mein Schutz? Wenn meine

Zuflucht bei Gott ist und nicht bei einem Menschen oder Ort oder auch mir selber, dann kommt es auf meine Umstände gar nicht so an. Der Herr, »der am Himmel daherfährt dir zur Hilfe und in seiner Hoheit auf den Wolken«, ist durch keine Grenzen gebunden. Die Verheißung seiner tragenden, bergenden Arme gilt immer und überall. Wenn Gott in meinem Leben gegenwärtig ist, dann kann ich immer auf ihn zählen, dann steht seine Zufluchtstür mir immer offen!

Manchmal können die äußeren Umstände, in denen ich stecke, so stark werden, dass sie Gottes Wahrheit gleichsam übertönen. Dann brauche ich Mitmenschen, die mich an die göttliche Realität erinnern. Als ich wieder einmal im Ausland war, passierte mir ein Malheur nach dem anderen, und ich war drauf und dran, meine Koffer zu packen und wieder nach Hause zu fahren. Es war eine unreife Reaktion, ich wollte vor den Problemen weglaufen. Zum Glück war eine Freundin da, die mich tröstete und mir Mut machte, zu bleiben. Sie erinnerte mich an Gottes ewige Arme und versicherte mir ihre Fürbitte. Ihre Parole lautete nicht: »Bring dich in Sicherheit«, sondern: »Gib nicht auf und vertraue auf Gott!« Und so wagte ich, da ja keine Menschen da waren, die mich an der Hand hielten, den Sprung – und landete in Gottes Armen!

Manchmal müssen wir erst richtig tief fallen, bevor wir Gottes Arme unter uns spüren. Wir müssen von den Felsen menschlicher Gewissheiten herunterspringen, um Gottes Gegenwart und Schutz zu entdecken. Manchmal nimmt Gott selber die Sicherheiten, an die wir uns klammern, weg, um uns näher zu sich zu führen und uns zu zeigen, was wirkliche Geborgenheit ist. Wir brauchen leere Hände, um den Punkt zu erreichen, wo uns nichts anderes mehr übrig bleibt, als uns in Gottes Arme fallen zu lassen. Wir stürzen gleichsam durch den heulenden Sturm hinunter in die tobenden Wellen, die uns hierhin und dorthin werfen. Und dann, wenn wir ganz unten sind, umgibt uns plötzlich eine tiefe Stille. Es ist ein unaussprechlicher Friede in den Armen des ewigen Vaters, Ruhe mitten im Sturm. Wohlgemerkt: schon mitten *im* Sturm, nicht erst hinterher!

Ein feste Burg

Gottes Fürsorge und Schutz – das ist jene feste Grundgeborgenheit, die wir in der Gemeinschaft mit Gott bekommen. In der Bibel wird sie mit Bildern wie »Fels«, »Burg«, »Zuflucht« umschrieben. Und in der Tat: Wenn wir in Not sind, dann suchen wir solche »Burgen« – ob nun Orte oder Menschen –, die uns Schutz geben. Die Burg (oder »Fluchtburg«) war ja dazu da, dass die Menschen sich bei Gefahr in ihr verschanzen konnten. Wenn der Feind kam, wurden die Tore verschlossen, und auf den Mauern nahmen die Verteidiger ihre Positionen ein.

Es gelang ihnen nicht immer, die Burg zu veteidigen. Der Schutz, den Menschen geben können, mag noch so gut organisiert sein, er hat seine Grenzen. Es hat im Laufe der Geschichte viele Menschen gegeben, die alles taten, ja, die ihr Leben einsetzten, um andere zu beschützen – aber eine absolute Garantie konnten sie nicht geben. Im Zweiten Weltkrieg verloren viele, die verfolgten Menschen Schutz und Zuflucht gegeben hatten, ihr eigenes Leben dabei. Einige von ihnen waren Christen, die voll auf Gottes Schutz und Hilfe gesetzt hatten; aber sie wurden gefangen genommen und getötet. Ist man also doch nicht so sicher unter den Flügeln des Allmächtigen?

Die holländische Evangelistin Corrie ten Boom landete in einem deutschen KZ, weil sie zusammen mit ihrem Vater und ihrer Schwester in ihrem Haus in Haarlem Juden versteckt hatte. Ihr Vater starb im Gefängnis in Scheveningen, ihre Schwester kam in dem KZ um, in dem auch Corrie war. Die Geschichte der Familie ten Boom ist in dem später verfilmten Buch *Die Zuflucht* aufgezeichnet. Diese Familie, die ihre Zuflucht in Gott gefunden hatte, machte ihr eigenes Heim zu einer Zufluchtsstätte – und musste dafür Leiden und Tod in Kauf nehmen. Corrie ten Boom, die überlebte, war über fünfzig, als sie aus dem Lager freikam. Den Rest ihres Lebens verbrachte sie als Evangelistin, die die Botschaft von der Liebe Gottes predigte. Wie konnte sie das – immer noch Gott ihre Zuflucht nennen, nachdem sie so viel Not durchgemacht und miterlebt hatte, wie ihre Schwester, ihr Vater und viele andere so grausam umkamen?

Sie konnte es, weil sie Gottes Güte nicht nur in guten, sondern auch in bösen Zeiten erlebt hatte. Sie konnte bezeugen, dass er selbst in einem Konzentrationslager spürbar gegenwärtig war, auch wenn er keine Mauern sprengte und nicht sichtbar eingriff, als Corrie und ihre Schwester ausgemergelt und hilflos vor ihren Peinigern standen. Gottes Erlösung war nicht körperlich, sie lag auf einer völlig anderen Ebene. Er segnete Corrie und viele andere einfach durch seine Gegenwart. Er war ein sicherer Zufluchtsort mitten *in* all dem Elend und Leiden.

Wenn der amerikanische Autor Gordon MacDonald in seinem Buch *Restoring Your Spiritual Passion* von »geschützten Orten« spricht, meint er genau dieses Zuflucht-Suchen bei Gott. Manchmal suchen wir Gottes Gegenwart an einem bestimmten Ort; wir ziehen uns zum Beispiel in ein Kloster oder sonst ein abgelegenes Plätzchen zurück. Aber unsere Gemeinschaft mit Gott ist nicht an irgendwelche Orte gebunden. Der beste und sicherste Ort, sagt MacDonald, ist ein himmlischer – einer, den wir selber in uns tragen und den wir herbeiholen können, indem wir Gottes Angesicht suchen. Dies kann überall geschehen: im Gefängnis, in unserem Auto, an einem Krankenbett, zu Hause, am Telefon oder wenn wir unseren Hund ausführen. Die Zwiesprache mit unserem himmlischen Vater ist das Natürlichste von der Welt, sie kann an jedem Ort und zu jeder Zeit geschehen. Sobald wir Gott anrufen, wird der Ort, wo wir uns gerade befinden, damit zu einem »geschützten Ort« – weil Gott in ihm gegenwärtig ist.

Heißt das, dass wir in solchen Stunden automatisch sicher vor jeder Gefahr sind? Nein. Der Schutz, um den es hier geht, hat mit Gottes Gegenwart zu tun, und nicht mit der Abwesenheit von Gefahr. Es ist ein Schutz, der das Hier und Jetzt transzendiert. Die Tatsache, dass Gott ein ewiger Gott ist, fügt meinem Leben gleichsam eine Dimension hinzu; ich sehe das, was mir widerfährt – und das kann lebensbedrohend sein – in einem anderen Licht, weil ich weiß, dass das, was hier in diesem Leben geschieht, noch nicht das Letzte ist. Ich weiß, dass der Tod für einen Christen nicht das Ende ist und dass nichts mich vom ewigen Gott trennen kann. Gott kann in mein Hier und Jetzt hineintreten und mir eine

Kraft und eine Hoffnung geben, die mich weit über die gegenwärtige Not hinaus tragen. Wie schlimm auch meine Lage sein mag – sie kann nie größer sein als der, in dessen Hände ich mein Leben gelegt habe. Er ist Herr über Vergangenheit, Gegenwart und Zukunft, und darum finde ich in ihm – und nur in ihm – wirkliche, absolute, letzte Zuflucht und Schutz.

Wir müssen geistliche Augen bekommen, um diese herrliche Wahrheit der Zuflucht in Gott verstehen zu können. Ein bewegendes biblisches Beispiel ist der erste christliche Märtyrer, Stephanus. Wir lesen seine Geschichte in Apostelgeschichte 6 und 7, wo er als »voll heiligen Geistes und Weisheit« und »voll Gnade und Kraft« beschrieben wird (Apg 6, 3. 8). Stephanus war für die griechischen Witwen in der Gemeinde zuständig und »tat Wunder und große Zeichen unter dem Volk« (Apg 6, 8). Doch dann kam es zu einem Komplott gegen ihn und er wurde vor dem Hohen Rat wegen Gotteslästerung angeklagt. Es war ein ungerechter Prozess mit falschen Zeugen. Seine brillante Verteidigungsrede brachte seine Gegner so auf, dass sie ihn auf der Stelle vor die Stadt schleppten und steinigten. Doch kurz bevor sie ihn packten, schaute Stephanus zum Himmel hoch und sah »die Herrlichkeit Gottes und Jesus zur Rechten Gottes stehen« (Apg 7, 55; Elberfelder). Was geschah hier? Stephanus fand Zuflucht bei Gott. Er erlebte nicht nur Gottes Gegenwart und Nähe, Gott schenkte ihm sogar einen Blick in den Himmel, wo Jesus zur Rechten des Vaters stand.

Wohlgemerkt: *stand.* Meist heißt es ja, dass Jesus zur Rechten Gottes *sitzt.* Doch hier steht er, was diese Szene besonders bewegend macht. Sein Stehen zeigt seine tiefe Liebe und Anteilnahme an seinem Jünger Stephanus, der schon in den nächsten Minuten grausam getötet werden wird. Es ist gerade so, als ob Jesus hier Stephanus signalisiert: »Ich bin bei dir, und ich bete für dich.« Die tiefe Geborgenheit, die dieser Blick auf Jesus Stephanus gab, ließ ihn mitten in der Steinigung Worte sagen, wie Jesus sie am Kreuz gesprochen hatte: »Herr Jesus, nimm meinen Geist auf!« und: »Herr, rechne ihnen diese Sünde nicht an!« (Apg 7, 59 - 60) Im Augenblick des Sterbens liefert Stephanus sich völlig an den Herrn aus, auf den er seine ganze Hoffnung gesetzt hat; und in diesem

Augenblick völliger Geborgenheit bei Gott findet er Raum dafür, sogar um Vergebung für seine Peiniger zu bitten.

Bei Gott geborgen sein – das ist, als ob Gott uns in einen schützenden Kokon* einspinnt. Er zaubert unsere Not nicht weg. Wir stehen weiter mit beiden Füßen auf der Erde – und sind doch gleichsam eingehüllt von der Realität des Himmels. Gott nimmt uns nicht aus der Welt hinaus; er schützt uns in ihr (Joh 17, 15). Ob wir allein in einem Krankenhausbett liegen oder ungeliebt von unserem Ehepartner sind – was immer es auch ist, wir können uns von dem unsichtbaren Kokon der Arme Gottes einhüllen lassen und so mitten im Sturm Frieden finden. Wir betreten diese »geschützten Orte«, wenn wir Gott anrufen, und wir können dies auch für andere tun, in unserer Fürbitte für sie. Und je mehr wir dies üben, umso häufiger werden wir entdecken, dass der Zufluchtsort der Gegenwart Gottes uns mitten in unseren Nöten Luft zum Atmen und Leben gibt.

Bedingungslos angenommen

Ich glaube, als Boas Rut sagte, dass sie unter Gottes Flügeln Zuflucht genommen hatte (Rut 2, 12), kam sie sich vor wie jemand, der in die Arme genommen und getröstet wird. Sich unter Gottes Flügeln bergen – das Bild strahlt Geborgenheit und Wärme aus. Wir kommen zu ihm, so wie wir sind, ohne Angst, ohne Wenn und Aber, in dem Wissen, dass er uns voll Liebe anneh-

---

* Dieses Bild von dem Kokon hat nichts mit der Schneckenhausmentalität (»cocooning«) vieler heutiger Menschen zu tun, die niemanden in ihre eigene kleine Welt hineinlassen. Christen sind geborgen in Gottes Liebe, aber sie haben den Auftrag, in die Welt hineinzugehen und nicht aus ihr zu flüchten. In seinem hohepriesterlichen Gebet für seine Jünger sagt Jesus: »Ich bitte dich nicht, dass du sie aus der Welt nimmst, sondern dass du sie bewahrst vor dem Bösen. Sie sind nicht von der Welt, wie auch ich nicht von der Welt bin ... Wie du mich gesandt hast in die Welt, so sende ich sie auch in die Welt« (Joh 17, 15-18).

men wird. David spricht dies in Psalm 61,5 an: »Lass mich ... Zuflucht haben unter deinen Fittichen.« Und in Psalm 91,4: »Er wird dich mit seinen Fittichen decken, und Zuflucht wirst du haben unter seinen Flügeln.«

In Lukas 15 erzählt Jesus das Gleichnis vom verlorenen Sohn, der in einem fernen Land sein Erbe durchbringt, bis er zum Schweinehirten herabsinkt, zu sich kommt und beschließt, zurück zu seinem Vater zu gehen. Er fühlt sich so unwürdig und schuldig, dass er vorhat, seinen Vater um eine Anstellung als einfacher Tagelöhner zu bitten. Aber es kommt anders. Als der Vater ihn von ferne kommen sieht, rennt er ihm entgegen und nimmt ihn in die Arme. Er erdrückt die Worte seines Sohnes indem er ihn an sein Herz presst. Bedingungslose Liebe in Aktion! Der verlorene Sohn findet in den Armen des Vaters Sicherheit, Vergebung und Trost. Und dieser Vater ist niemand anderes als Gott, unser himmlischer Vater.

Der verlorene Sohn kam aus eigenem Antrieb nach Hause und wurde mit offenen Armen empfangen. In Lukas 19,1-10 lädt Jesus den berüchtigten Oberzöllner Zachäus ein, nach Hause zu kommen. Er sieht ihn auf seinem Maulbeerbaum, den er erstiegen hat, um Jesus besser sehen zu können (und vielleicht selber nicht gesehen zu werden?), und lädt sich bei ihm ein. Was für eine behutsame Art, mit einem Sünder umzugehen! Anstatt ihm öffentlich seine Selbstbereicherung vorzuwerfen, gewährt Jesus ihm die Ehre, ihn persönlich zu bitten, bei ihm einkehren zu dürfen.

Oder denken wir an die Frau in Johannes 8,1-11, die beim Ehebruch erwischt worden war. Jesus verurteilt sie nicht, sondern bietet ihr einen Neuanfang an: »Geh hin und sündige hinfort nicht mehr« (V. 11). Ich bin sicher, dass sie seine Worte befolgt hat. Die Begegnung mit Jesu bedingungsloser Liebe ist so überwältigend, dass sie uns gleichsam entwaffnet. In Gottes Armen werde ich nicht nur getröstet, ich werde zurechtgebracht. Ich erkenne, wie unwürdig ich bin, lege meine Maske ab und sehne mich danach, anders zu werden. Zachäus war nicht mit einfacher Wiedergutmachung an den Menschen, die er betrogen hatte, zufrieden; er gab ihnen ihr Geld vierfach zurück (Lk 19,8).

Wissen wir, was es bedeutet, nach Hause zu unserem himmlischen Vater zu laufen und von ihm umarmt und festgehalten zu werden? Wagen wir das – *Kinder* Gottes sein, ohne Rollenspiel und Masken? Haben wir je seine Liebe so erfahren, dass unsere Last buchstäblich von uns abfiel und der Schmerz und die Schuld weg waren? Wissen wir, wie das ist, in seiner Gegenwart zu stehen und die Realität seiner Liebe und Vergebung zu spüren? Können wir ehrlich sagen, dass wir das *wissen* – und nicht bloß davon gehört haben?

Ich glaube, als der Vater den verlorenen Sohn umarmte, war der zunächst einmal ängstlich und verkrampft. Doch dann merkte er, dass er keine Angst zu haben brauchte. Ein solches Willkommen hatte er ja nicht erwartet. Er hatte nichts anderes angenommen, als dass er sich, nachdem er sein Leben so verpfuscht hatte, den Rückweg ins Vaterhaus mühsam würde verdienen müssen. Wie einst Adam schämte er sich der Nacktheit seiner Schuld und wollte sie mit guten Werken bedecken. Doch der Vater ließ ihm ein Festgewand holen und ein fröhliches Fest vorbereiten.

Hier sehen wir ihn vor uns, unseren himmlischen Vater, wie er sein Kind in die Arme nimmt und festhält und ihm den wortlosen Trost seiner Nähe gibt. Jeder von uns kennt doch diese Sehnsucht, sich einfach an jemanden zu kuscheln und anspruchslos nur zu »sein«, zu ruhen. Gott lädt uns genau dazu ein. Wir berauben uns selber, wenn wir es nicht lernen, ihm freimütig und ohne falsche Scham unser Herz auszuschütten. Wir können mit unseren hässlichsten Sünden zu ihm kommen und sie mit Namen nennen – und er hört uns an und verstößt uns nicht, öffnet weit seine Arme und vergibt uns. Mit so einem himmlischen Vater kann unser Leben anders werden!

Und nicht nur Vergebung bietet Gott uns an, sondern auch Heilung. Wir dürfen all unsere Wunden, ob sie nun von unseren Sünden, von anderen Menschen oder vom Leben allgemein geschlagen worden sind, vor Jesus bringen. Es ist egal, ob sie groß und stinkend und kompliziert sind oder nur kleine Kratzer. Vielleicht hat es bei uns immer geheißen: »Reiß dich zusammen«, vielleicht sind wir so erzogen worden, dass man seinen Schmerz mit einem tapferen Lächeln zuzudecken hat. Aber wir können uns bewusst dafür entscheiden, unsere Not Gott zu bringen und uns von ihm trösten zu lassen. Zu Gott seine Zuflucht nehmen, das heißt in ihm ruhen und alles loslassen. Er wartet mit ausgebreiteten Armen auf uns – aber um diese Arme zu erfahren, müssen wir zu ihm kommen.

Der Prophet Maleachi versichert uns, dass es Heilung unter den *Flügeln* der »Sonne der Gerechtigkeit« gibt (Mal 3,20; Elberfelder). Wenn wir mit unseren Wunden vor Gott treten, wird er uns trösten und sie reinigen und verbinden. »Der Herr ist nahe denen, die zerbrochenen Herzens sind, und hilft denen, die ein zerschlagenes Gemüt haben«, sagt David in Psalm 34,19. Und in Psalm 147,3 heißt es: »Er heilt, die zerbrochenen Herzens sind, und verbindet ihre Wunden.« Gott selber will »das Verwundete verbinden und das Schwache stärken« (Hes 34,16). Dies sind die Worte des guten Hirten, und er spricht wie eine Mutter. Jesus, unser Hirte, kommt, um »die zerbrochenen Herzen zu verbinden« und »zu trösten alle Trauernden« (Jes 61,1-2). »Er wird die Lämmer in seinen Arm sammeln und im Bausch seines Gewandes tragen« (Jes 40,11).

In Markus 10,16 nimmt Jesus Kinder in die Arme, legt ihnen die Hände auf und segnet sie. Die Jünger wollen die Kinder erst nicht zu ihm lassen; ihr Meister hat doch wohl Wichtigeres zu tun ... Aber Jesus macht klar, dass er Zeit für diese Kleinen hat, auch wenn sie nur »einfach so« bei ihm sein wollen, und er gibt ihnen viel mehr, als sie erwartet hatten: er segnet sie. Auch wir sollen ja wie Kinder zu Jesus kommen, und hier sehen wir ein Beispiel dafür, was das heißt. Wie natürlich und ungeniert klettert ein Kleinkind auf den Schoß der Mutter oder des Vaters, um zu schmusen! Nicht im Traum käme es auf die Idee, dass es abgewiesen wird.

In Lukas 7,36-50 kommt, als Jesus bei einem Pharisäer zu Gast ist, eine Prostituierte herein und salbt ihm weinend die Füße. Die Augen der anwesenden Frommen werden immer größer. Doch Jesus überhört ihr Getuschel und Gekicher. Er lässt es zu, dass diese Sünderin ihn berührt. Er stößt sie nicht fort, sondern nimmt sie vor der gnadenlosen Kritik der Anwesenden in Schutz. Diese Frau, die es gewohnt war, dass anständige Leute nichts mit ihr zu tun haben wollten, wird von Jesus angenommen und öffentlich bestätigt. Sie erfährt seine heilende Vergebung. Ihr Vertrauen auf Jesus wurde nicht enttäuscht (vgl. auch Ps 34,6).

Wir sind Kinder Gottes. Haben wir auch schon diese Beziehung zu unserem »Abba«, dass wir »einfach so« zu ihm gehen, um uns von ihm umarmen zu lassen und seine Nähe zu spüren? Wir werden reich gesegnet werden, wenn wir dies lernen!

»Meine Seele verlangt nach dir« – diese Worte finden wir oft in Davids Psalmen. Sie zeigen uns einen Mann Gottes, der wie ein Kind zu seinem himmlischen Vater kommen konnte. Er wusste, dass Gott ihn liebte und annahm, auch wo er falsch gehandelt hatte. »Wie ein kleines Kind bei seiner Mutter« (Ps 131,2), so konnte er sich in Gottes Arme fallen lassen. Können wir das auch? Kommen wir zu Gott, weil wir uns nach ihm sehnen, und nicht, weil wir wieder einmal etwas von ihm haben wollen? Wer einmal Gottes Güte geschmeckt hat, kann nicht mehr genug davon bekommen. Wer einmal gelernt hat, sich in vertrauendem Glauben in Gott zu bergen, der wird nicht mehr ohne diese Zweisamkeit mit dem himmlischen Vater sein wollen. In Gottes Armen empfangen wir seine Segensströme, in der Geborgenheit seiner bedingungslosen Liebe erfahren wir Vergebung und Heilung und Zurechtbringung, so dass wir neue Schritte tun können.

In Gottes Armen kann ich mich ändern

Im ersten Teil dieses Kapitels sahen wir, wie das Bild der Flügel Gottes Fürsorge und Schutz ausdrückt und wie dieser Schutzraum ein idealer Boden zum Wachsen ist. Die Flügel als Bild für das bedingungslose Angenommensein von Gott führen uns zu dem Ort, wo Veränderung möglich ist. Sich ändern – das kann schwieriger und schmerzlicher sein als wachsen; ich muss eine Kehrtwendung machen, alte Gewohnheiten ablegen. Das kann wehtun. Es erfordert Mut, seine Fehler zuzugeben. Wir alle wissen, dass Druck die Sache hier nur noch schlimmer machen kann: Wir ziehen uns noch mehr in uns zurück, wir versuchen uns zu verteidigen, anstatt die Wahrheit zuzugeben.

Es ist biblisch und nötig, dass wir mit unseren Sünden konfrontiert werden, aber nirgendwo ist dies befreiender, als wenn Jesus selber dies tut, in einer persönlichen Begegnung mit uns. Und es geschieht wohl auch nirgendwo liebevoller, denn Jesu Zurechtweisung geschieht immer auf dem Hintergrund seines Angebotes, uns zu vergeben, zu reinigen und einen neuen Anfang zu geben. Er will uns nie »fertig machen«, er will uns heilen. Ja, es ist gut, sich unter den Flügeln des Allmächtigen zu bergen – und dort zu sehen, was sich alles bei mir ändern muss, und die Kraft zu bekommen, damit anzufangen.

Zur Ruhe gekommen

Bei meinem Studium des Wortes »Flügel« in der Bibel merkte ich unter anderem, dass es oft mit dem Wort »Schatten« verbunden ist. Dieses Wort erscheint erstmals in 1. Mose 19, wo die beiden Engel in Sodom eintreffen und von Lot eingeladen werden, bei ihm zu übernachten. Als die Männer der Stadt sie bedrohen, tritt Lot ihnen entgegen und sagt: »... aber diesen Männern tut nichts, denn darum sind sie unter den Schatten meines Dachs gekommen« (V. 8). »Schatten« übersetzt das hebräische *sel*; modernere Bibelübersetzungen verwenden »Schutz«. Wir finden das Wort wieder in Psalm 17,8-9, wo David Gott bittet: »Behüte mich wie einen Augapfel im Auge, beschirme mich unter dem Schatten deiner Flügel vor den Gottlosen, die mir Gewalt antun, vor meinen Feinden, die mir von allen Seiten nach dem Leben trachten.« Ebenso in Psalm 57, der entstand, als David vor Saul in eine Höhle floh: »... unter dem Schatten deiner Flügel habe ich Zuflucht, bis das Unglück vorübergehe« (V. 2).

Der Schatten hat im Nahen Osten eine viel größere Bedeutung als in Mitteleuropa. Wir erleben sie nicht sehr oft, diese sengende Hitze, die die Menschen um die Mittagszeit in die Häuser treibt, um hinter geschlossenen Fensterläden etwas Ruhe und Kühle zu finden. Wir reagieren da ganz anders! Vielen unserer Urlaubs-Sonnenanbeter scheint ein Sonnenbrand lieber zu sein als schattige Kühle. Aber in den heißen Ländern richten die Menschen ihren Tagesrhythmus nach der Temperatur ein und verzichten nicht auf die Siesta im schattigen Zimmer. Und der Schäfer führt, wenn die Sonne hoch am Himmel steht, seine Herde an einen schattigen Ort. Er ist lebensnotwendig, der Schatten.

Ich entdecke eine bemerkenswerte Parallele zwischen dem Segen des Schattens in den heißen Ländern und dem Schutz unter Gottes Flügeln. Wie der Schatten uns vor der sengenden Sonne bewahrt und neue Kräfte gibt, so schützen Gottes Fittiche uns vor dem Bösen und geben unserer Seele Ruhe und Erfrischung. Den Aspekt des Schutzes haben wir in diesem Kapitel bereits behandelt; wenden wir uns also dem der Ruhe zu.

In Matthäus 11,28 lädt Jesus uns ein: »Kommt her zu mir, alle ihr Mühseligen und Beladenen! Und ich werde euch Ruhe geben« (Elberfelder). Mit anderen Worten: »Kommt aus der erstickenden Hitze eures Lebens hinein in den Schatten unter meinen Flügeln! Legt alle eure Sorgen ab, lasst alles fallen, was ›draußen‹ vorgeht! Ich will euch eine Ruhe geben, die bis tief hinein in eure Seele geht.«

Was Jesus hier anspricht, ist nicht ein Ausruhen des Körpers – so wichtig dies auch sein kann –, sondern innere Ruhe. Wenn wir schlafen, ruhen wir körperlich, aber die Ruhelosigkeit tief in unserer Seele bleibt unberührt davon. Es ist möglich, ausgeruht zu sein und doch keine Ruhe zu haben. Und genau diese *innere* Ruhe möchte Gott uns geben. Wenn ich Frieden in meiner Seele haben will, dann muss ich *Gottes* Schatten suchen.

Dies ist ein Prinzip, das David in seinen Psalmen wiederholt unterstreicht. Das Ruhen in Gott gibt ihm alles, was er braucht, sein ganzer innerer Durst wird gestillt. Der 23. Psalm fasst dies in dieses Bild: »Der Herr ist mein Hirte, mir wird nichts mangeln. Er weidet mich auf einer grünen Aue und führet mich zum frischen Wasser. Er erquicket meine Seele« (V. 1-3). Jesus sagt: »Ich will euch Ruhe geben.« David sagt: »Er erquicket meine Seele« (Hoffnung für alle: »Er gibt mir neue Kraft«). Beides gehört zusammen: In Gottes Gegenwart finde ich Ruhe, und diese Ruhe gibt mir die Kraft, weiterzugehen.

Doch wir finden im Schatten unter Gottes Flügeln nicht nur Ruhe und Erfrischung, unsere Seele findet auch Nahrung. David sagt in Psalm 36,8-9: »Wie köstlich ist deine Güte, Gott, dass Menschenkinder unter dem Schatten deiner Flügel Zuflucht haben! Sie werden satt von den reichen Gütern deines Hauses, und du tränkst sie mit Wonne wie mit einem Strom.«

Die »reichen Güter deines Hauses« – das meint die Qualität der Speise, die Gott uns gibt. Im Zeitalter der Schlankheitsdiäten mag dieses Bild nicht mehr so »zeitgemäß« sein, aber es will ausdrücken, dass Gott seinen Kindern das Allerbeste gibt. Mich erinnert dies an Gottes Verheißung des großen Freudenmahls in seinem Reich in Jesaja 25,6, wo er »allen Völkern« die allerbesten Speisen und Weine vorsetzen wird. Es ist ein Bild der überfließenden Fülle, des fröhlichen Feierns und genießerischen Sattwerdens.

Bei Gott satt werden – wie viele von uns kennen das eigentlich? Oft sind unsere Besuche bei Gott doch nur Stippvisiten. Wir tragen ihm kurz und knapp unsere Anliegen vor, bitten ihn, unsere Lieben zu segnen und vielleicht noch ein paar Missionare – aber wer von uns bleibt lange genug bei Gott, um seine Güte zu schmecken und sich an seiner Nähe zu freuen? Wer nimmt sich die Zeit, den kühlen Schatten unter seinen Flügeln zu genießen und dankbar zu essen und zu trinken, was er uns gibt? »Tu deinen Mund weit auf, lass mich ihn füllen!«, sagt Gott in Psalm 81,11. Und David singt: »Denn bei dir ist die Quelle des Lebens« (Ps 36,10) – mit anderen Worten: »Ich brauche deine Gegenwart, um erfrischt und gestärkt zu werden.«

Genau diese Botschaft verkündet Jesus der Frau am Jakobsbrunnen: »Du schöpfst hier Wasser, das deinen Durst nur vorübergehend stillt. Ich will dir Wasser geben, das dich satt macht; wenn du einmal davon getrunken hast, wirst du nie wieder durstig sein, ja, das Wasser, das ich dir gebe, wird in dir eine Quelle werden, die bis ins ewige Leben fließt.« Er wiederholt diese Botschaft in Joh 7,38: »Wer an mich glaubt, wie die Schrift sagt, von dessen Leib werden Ströme lebendigen Wassers fließen.« Und der Evangelist Johannes fügt hinzu: »Jesus meinte damit den Geist, den die erhalten sollten, die ihm vertrauten« (V. 39; Gute Nachricht).

Wir, die wir in den Tagen nach Jesu Erdenleben und Auferstehung leben, wissen, dass wir die Quelle des Lebens, von der David sprach, in und durch Jesus haben. Er ist die Erfüllung der Verheißungen Gottes, und diese Erfüllung wird in unserem Leben eine Realität durch den Heiligen Geist, der für immer bei uns sein will. In Jesus begegnen wir Gottes ganzer Güte. Wenn wir mit ihm leben, erfahren wir, dass er in der Tat die lebendige Quelle ist.

Aber Jesus spricht auch immer wieder jene andere wichtige »Nahrungsquelle« an: Gottes Wort. Wir müssen uns von dem Wort ernähren, um in unserem Leben mit Gott wachsen zu können. Die Bibel ist gleichsam voll von dem besten Fleisch und den erlesensten Weinen. Sie hat uns so viel zu bieten, dass wir uns reichlich Zeit nehmen sollten, um es alles zu entdecken. Sorgen wir dafür, dass wir regelmäßig und tief von Gottes Wort »essen«, damit wir geistlich wachsen können.

Elia und Jona

Wenn ich an den »Schatten« denke, mit dem Gott uns in der Hitze des Lebens erfrischt, kommen mir zwei Menschen in den Sinn, die diesen Schatten ganz unerwartet bekamen, als sie ihn eigentlich gar nicht suchten. Der erste ist der Prophet Elia, den wir in 1. Könige 19 mitten in einer tiefen Depression antreffen. Er hatte sein Äußerstes für Gott getan, aber dann einen Punkt erreicht, wo er sich ausgebrannt, einsam und verlassen vorkam. In Vers 10 bringt er das, was geschehen ist, auf den Punkt; er vergleicht seinen Eifer für Gott mit der Untreue Israels und stellt fest, dass er als Einziger noch übrig ist und dass man ihm nach dem Leben trachtet. Ähnlich wie David ist er auf der Flucht, verfolgt von mächtigen

Feinden (V. 1-3), aber anders als David, der in seinen Nöten bei Gott Zuflucht suchte, zieht Elia sich in sich selber zurück. Er läuft in die Wüste, wo er sich unter einem Wacholder (immerhin etwas Schatten!) niederlässt und in lebensmüder, selbstmitleidiger Verzweiflung einschläft (V. 4-5).

Dann passieren zwei Dinge. Erstens schickt Gott einen Engel, der Elia weckt und zu essen und zu trinken gibt. Das geschieht zweimal. Elia, durch das Essen gestärkt, macht sich auf und geht vierzig Tage und Nächte bis zum Berg Gottes (V. 5-8). Hier haben wir ein ganz praktisches Beispiel einer Gottesbegegnung: Gott rührt Elia im *Schatten* des Wacholders an und gibt ihm die Kraft, die er braucht, um nicht aufzugeben, sondern weiterzumachen.

Das Zweite, was geschieht, ist, dass das Wort Gottes zu Elia kommt, als er auf dem Berg die Nacht in einer Höhle – also wieder einem Zufluchtsort – verbringt. Gott fragt ihn: »Was machst du hier, Elia?« (V. 9) und gibt ihm so Gelegenheit, sein Herz auszuschütten und zu sagen, wie ihm zumute ist. Elias Antwort zeigt seine tiefe Verzweiflung. Er beklagt sich bitter über seine Lage – und vielleicht auch über Gott, denn es steckt ein Stück Anklage in seiner Feststellung, dass er, der sich so für Gott eingesetzt hat, jetzt in dieser Einsamkeit ist und um sein Leben fürchten muss.

Gott hört Elia an. Und dann kommt er ganz persönlich zu ihm – nicht mit Blitz und Donner und Macht, wie es sonst manchmal geschieht, sondern in einem »stillen, sanften Sausen«. Im hebräischen Urtext schwingt hier eine geradezu unüberbietbare, unaussprechliche Zartheit und Behutsamkeit. Gott neigt sich ganz nah zu Elia herab. Der verhüllt sein Gesicht, und dann hört er es wieder: »Was hast du hier zu tun, Elia?« (V. 13) Wieder schüttet er sein Herz vor Gott aus. Und Gott trägt ihm auf, zurück durch die Wüste nach Damaskus zu gehen. Elias Gehorsam setzte große Ereignisse in Gang.

Gehen wir jetzt zu dem Propheten Jona, dessen wechselvolle Geschichte wohl die meisten kennen. Sie beginnt damit, dass Gott ihm aufträgt, der Stadt Ninive sein Gericht zu predigen, und Jona kurzerhand davonrennt. Er flüchtet nicht nur vor seiner Berufung, er flüchtet vor Gott selber (Jona 1,3). Nur durch Gottes Eingreifen entgeht er dem nassen Tod, als ihn die anderen in dem fürchterlichen Sturm über Bord werfen; er wird von einem großen Fisch verschlungen. Dort im Bauch des Fisches (Jona 2,1) dankt Jona Gott für seine Errettung und verspricht, ihm fortan zu gehorchen. Man beachte, wie hier jemand an einem höchst ungewöhnlichen, ja, unangenehmen Ort Gott lobt und dankt, im Magen eines Fisches. Gott kann die schrecklichste Umgebung zu einem Ort der Zuflucht machen, wo er uns begegnet! Er ist nicht an irgendwelche Orte oder Zeiten gebunden, er begegnet uns dort, wo wir sind.

Nachdem Jona von dem Fisch an Land gespuckt worden ist, bekommt er erneut den Auftrag, der Stadt Ninive Gottes Gericht zu predigen. Jona gehorcht – und die Leute von Ninive tun Buße, worauf Gott Erbarmen hat und sein Gericht zurücknimmt; die Stadt wird nicht zerstört (Jona 3,10). Dieser Gnadenakt lässt Jona ausrasten. »Ach, Herr, das ist's ja, was ich dachte«, wirft er Gott vor, »ich wusste, dass du gnädig, barmherzig, langmütig und von großer Güte bist und lässt dich des Übels gereuen« (Jona 4,2). Anders ausgedrückt: »Ich hätte es mir ja denken können, dass das kommen würde. Warum hab ich bloß so viel Zeit und Kraft mit dieser blöden Stadt vergeudet?« Und er wünscht sich den Tod. Nach dieser Klagerede geht er zu einem Punkt östlich der Stadt und macht sich eine Hütte, in deren Schatten er abwartet, was passieren wird. In einer Situation der durch eigenen Ungehorsam leer gewordenen Hände geht er seinen eigenen Weg und sucht sich seine eigene Lösung für seine Probleme – seinen eigenen »Schatten«.

Und hier begegnet ihm Gott wieder, und er beginnt mit der Frage: »Meinst du, dass du mit Recht zürnst?« (Jona 4,4). Es ist die Frage eines Gottes, dessen Liebe sich durch nichts begrenzen lässt, auch nicht durch unsere Sturheit. Was jetzt folgt, geschieht völlig unabhängig von Jonas Reaktion und beruht allein auf Gottes bedingungsloser Gnade. Wir lesen in Vers 6: »Gott der Herr aber ließ eine Staude wachsen; die wuchs über Jona, dass sie Schatten gäbe seinem Haupt und ihm hülfe von seinem Unmut.« Gott schenkt ihm das Wunder *seines* Schattens, um ihn zu erfrischen, ihm seine Güte zu zeigen und ihn seine eigene Kurzsichtigkeit einsehen zu lassen.

Doch Jona versteht Gottes Gnadenbotschaft nicht, und so nimmt Gott ihm den Schatten wieder weg, worauf die sengende Hitze Jona so zusetzt, dass er sich wieder den Tod wünscht (V. 8). Und jetzt, in der unbarmherzigen Sonnenhitze, bringt Gott ihm die Lektion bei, die er ihn eigentlich in der Kühle des Schattens hatte lehren wollen.

Schule der Beharrlichkeit

Manchmal hindert uns unsere negative Einstellung daran, Gottes Botschaft an uns und seine Liebe zu erkennen. Manchmal schaffen wir uns in unserem Zorn oder unserer Verbitterung unsere eigenen Ruheplätze, fern von Gott. Manchmal, wenn wir ihm davongelaufen sind, muss er uns in eine harte Schule nehmen, uns in Schmerz und Leid seine Barmherzigkeit zeigen und zu sich, dem wahren »Schatten«, zurückrufen.

Wir werden Zeiten der Dürre und der leeren Hände erleben, aber selbst dort wird der Herr uns in seiner großen Barmherzigkeit sättigen. In Jesaja 58, 11 lesen wir: »Und der Herr wird dich immerdar führen und dich sättigen *in der Dürre* und dein Gebein stärken. Und du wirst sein wie ein bewässerter Garten und wie eine Wasserquelle, der es nie an Wasser fehlt.« Selbst dann, wenn wir Gott nicht suchen, ja, uns vielleicht sogar von ihm zurückziehen, kommt er zu uns und bietet uns an, bei ihm unsere Zuflucht zu suchen, mit allem, was das bedeutet. Elia gab er Schlaf und Essen, Raum zum Ausschütten seines Herzens und einen neuen Blick – lauter Dinge, die ihn zurück auf die Füße kommen und weiterkämpfen ließen. Und nicht nur das: Er hatte erfahren, wie kostbar es ist, dem Herrn persönlich zu begegnen.

Zum Dienst bereit

Wir haben uns drei Dinge angeschaut, die Gott uns schenkt, wenn wir unsere Zuflucht zu ihm nehmen: Er gibt uns Fürsorge und Schutz, er nimmt uns bedingungslos an und er lässt uns zur Ruhe kommen. Diese drei Dinge sind der Boden, der Früchte des Wachstums, der Veränderung und der Beharrlichkeit hervorbringen wird. Aber da ist noch mehr: Sich in Gott bergen – das prägt uns sichtbar, äußerlich wie innerlich.

Nachdem Mose, der wusste, was es ist, Gott zum Freund zu haben, nach seinen vierzig Tagen und Nächten mit Gott auf dem Berg Sinai zurück zu den Israeliten kam, glänzte sein Gesicht, »weil er mit Gott geredet hatte« (2. Mose 34,29). Menschen, die Gott kennen, werden verwandelt; das Wunder und das Glück der Gemeinschaft mit Gott strahlt aus ihnen heraus. Dieses Leuchten ist nicht ein Zufallsflackern, sondern gründet in Gottes Liebe und Treue. Was im stillen Kämmerlein geschieht, kann nicht verborgen bleiben; es drückt unserem Leben unauslöschlich seinen Stempel auf.

Wir werden nicht nur zu leuchtenden Menschen, wenn wir uns in Gott bergen, wir werden auch stärker. Zu Beginn dieses Kapitels untersuchten wir das Bild des Adlers, mit dem Gott sich selber beschreibt. Dieses Bild kehrt in Jesaja 40,29-31 wieder, aber mit einem Unterschied: Jetzt beschreibt es die *Menschen,* die auf Gott hoffen. »Er gibt dem Müden Kraft und Stärke genug dem Unvermögenden. ... die auf den Herrn harren, kriegen neue Kraft, dass sie auffahren mit Flügeln wie Adler, dass sie laufen und nicht matt werden, dass sie wandeln und nicht müde werden.« In Psalm 103,3-5 bezeugt David, dass Gottes Vergebung und Heilung, seine Gnade und Barmherzigkeit, sein überschwenglicher Segen ihn wieder jung werden lassen wie einen Adler. Und in Psalm 138,3 bekennt er: »[Du] gibst meiner Seele große Kraft.«

Wie bekommen wir diese Kraft? Gott gibt sie uns nicht einfach so in die Hand. Wenn wir uns noch einmal Jes 40 zuwenden, lesen wir in Vers 31, dass diese Kraft die Menschen bekommen, die

»auf den Herrn harren«. Dieses »Harren« oder »Hoffen« oder »sehnsüchtige Warten« geht auf ein hebräisches Wort zurück, das soviel wie »ineinander verschlungen sein« bedeutet. Wir müssen also enger mit Gott verbunden werden, wir müssen ihn immer mehr und immer tiefer zu unserer Zuflucht machen; nur so bekommen wir seine Kraft.

Dieses Bild der Kraft begegnet uns auch im 12. Kapitel des Hebräerbriefes, das auf die Liste der Glaubenshelden in Hebräer 11 folgt. Hebräer 12 ruft uns auf, treu und standhaft zu sein. Das Leben des Gläubigen wird als Wettkampf beschrieben, zu dem wir alles überflüssige Gepäck (»alles, was uns beschwert, und die Sünde, die uns ständig umstrickt«, V. 1) ablegen müssen. Unsere einzige Chance, das Ziel zu erreichen, liegt darin, dass wir den ganzen Lauf hindurch unseren Blick auf Jesus geheftet halten, den »Anfänger und Vollender des Glaubens«, der den Tod überwunden hat und zur Rechten Gottes sitzt, »damit ihr nicht matt werdet und den Mut nicht sinken lasst« (V. 2-3).

Die Verse 12 und 13 fordern uns auf, unsere müden Hände und wankenden Knie zu stärken und sichere Schritte zu machen, »damit die lahm gewordenen Füße nicht auch noch verrenkt, sondern wieder heil werden« (Gute Nachricht). Wir sollen die Schwächeren unter uns stützen, damit sie nicht auf dem Weg liegen bleiben. Wenn ich dies lese, sehe ich wieder Rut vor mit, wie sie Noomi begleitet. Unter Gottes Flügeln bekam Rut genügend Kraft, nicht nur für sich selbst, sondern auch um ihrer Schwiegermutter, die in ihrer Bitterkeit schwach geworden war und zurückzubleiben drohte, zu helfen.

Und so werden wir, wenn wir immer mehr Gottes Zuflucht und Gegenwart suchen, immer mehr zu Menschen, die zum Dienen taugen – zu Leuten, die ausstrahlen und weitergeben, was Gott selber ihnen gegeben hat. Wir, die wir Gott als unseren Zufluchtsort gefunden haben, sollen selber Zufluchtsorte werden in einer Welt, in der die Menschen hierhin und dorthin treiben und ängstlich einen Halt suchen. In seinem Namen dürfen wir zu ihnen gehen und ihnen den Weg weisen zu dem, der uns wirkliche Geborgenheit gibt. Wir werden zu Menschen, die Gottes Wesen widerspiegeln in der Art, wie sie andere aufnehmen, lieben und ihnen vergeben. Wir können die Ruhe und Kraft, die wir bei Gott gefunden haben, weitergeben an die Strauchelnden und Schwachen und Jungen im Glauben, dürfen sie einladen zu seiner grünen Aue und seinem frischen Wasser.

Wiedergeborene Christen sollten den Menschen ein attraktives, reizvolles »Rätsel« sein, Menschen sein, die die anderen zum Fragen bringen – durch die Qualität und die Energie eines Lebens, das die Herrlichkeit Gottes widerspiegelt. Strahlende Lichter in dieser dunklen Welt sollen wir nach Jesu Willen sein, und unser Licht wird umso stärker leuchten, je inniger wir mit unserer Kraftquelle verbunden sind und je öfter wir unsere Batterien unter den Flügeln Gottes neu aufladen lassen.

14. Herr, lehre uns, in deiner Gegenwart zu leben

Es gibt eine Kindheit, die wir hinter uns lassen müssen, und eine Kindheit, in die wir hineinwachsen müssen. Die eine ist ein Kindischsein, von dem sich nur einige der Weisesten unter den Menschen befreien. Die andere ist ein Wie-ein-Kind-sein, das der höchste Gewinn des Menschen ist.

In dem holländischen Hungerwinter 1944 war die Autorin Else Vlug eines der vielen Kinder, die zu Bauernfamilien aufs Land verschickt wurden. Die Kinder brauchten diese Erholung dringend, aber viele hatten schreckliches Heimweh. So auch Else; sie fühlte sich einsam, traurig, ungeborgen. In dieser Not setzte sie das in die Praxis um, was sie, so lange sie sich zurückerinnern konnte, zu Hause gelernt hatte: Sie suchte Zuflucht bei Gott. So weit weg von zu Hause und allem, was ihr lieb und vertraut war, war dies der einzige Ausweg: ihren himmlischen Vater suchen. Sie kam mit offenem, vertrauensvollem Herzen zu ihm; sie hatte keinen Grund, misstrauisch zu sein, hatte sie doch nur Gutes über ihn gehört. Sie wurde denn auch nicht enttäuscht. Was sie glaubte, wurde Realität: Gott wurde ihre Zuflucht und ihr Zuhause.

In unserer Beziehung zu Gott brauchen wir genau diese Haltung des vertrauensvoll-kindlichen Staunens. Kinder grübeln nicht lange darüber nach, wie das »funktioniert«, zu Gott zu kommen, und ob das auch wirklich für sie gilt. Sie kommen einfach, voller erwartungsvollem Vertrauen. Sie kommen zur Tür herein, ohne auch nur anzuklopfen. Diese natürliche, kindliche, reine Art, vor Gott zu treten, meint Jesus in Markus 10,15, wenn er sagt: »Wahrlich, ich sage euch: Wer das Reich Gottes nicht empfängt wie ein Kind, der wird nicht hineinkommen.« Er sagte dies, als die Menschen kleine Kinder zu ihm brachten. Er wimmelte sie nicht ungeduldig ab, sondern nahm sie in die Arme und segnete sie.

Als Else Vlug im Winter 1944 mit ihren leeren Händen zu Gott kam, erfuhr sie eben das Gleiche und lernte etwas, das sie nie mehr vergessen hat. Gott war treu zu diesem kleinen Mädchen und begegnete ihm so, wie es das verstehen konnte. Er tröstete Else und füllte ihre Hände mit kleinen Dingen, die sie glücklich machten. Er zeigte ihr seine Größe und Güte in den Wundern der Natur, in all den Dingen, die sie auf dem Bauernhof entdeckte. Heute, über fünfzig Jahre später, ist Else im Glauben und Vertrauen gewachsen, trotz all der Probleme, die nun einmal zum Leben dazugehören. Sie weiß aus Erfahrung, was es bedeutet, sich in Gott zu bergen; sie weiß, dass Gott vollkommen zu seinem Wort steht. David sagt es in Psalm 25,3 – mit Worten, die Paulus in Römer 5,5 wieder aufnimmt –: »Denn keiner wird zuschanden, der auf dich harret.« Wenn wir es lernen, uns zu Gott zu flüchten, dann werden wir nie enttäuscht, ja, wir werden überrascht und überwältigt sein von seiner Güte.

Es ist traurig, aber viele von uns haben dieses kindliche Gottvertrauen verloren. Bittere Erfahrung hat uns gelehrt, dass es klüger ist, vorsichtig zu sein mit seinen Beziehungen. Wir vertrauen nur mit Vorbehalt, wir zögern hundertmal, ehe wir uns einem anderen Menschen wirklich öffnen. Diese Haltung kann auf unser Verhältnis zu Gott abfärben. Wir haben weiter oben schon gesehen, wie wir oft mit Zweifeln zu kämpfen haben, ob Gott wirklich das Beste für uns will. Tief drinnen glauben wir, dass es das Sicherste ist, wenn wir selber die volle Kontrolle über unser Leben und unsere Zukunft haben.

Und genau das ist unser Fehler! Unser begrenzter Verstand begreift nicht, dass der Mensch ja gar nicht rein solo funktionieren kann. Dazu war er nie geschaffen; wir sind zum Leben mit Gott geschaffen, und wenn wir unsere scheinbare Unabhängigkeit hochhalten, machen wir zwangsläufig fatale Fehler. Wir wählen das Falsche und werden zu seinem Sklaven. Die Abhängigkeit dagegen, wie Gott sie gemeint hat, macht uns frei. Die Bibel sagt uns klipp und klar, dass es uns von Natur aus nach Dingen gelüstet, die nicht gut für uns sind. Sie sind nicht neutral oder harmlos, sie binden und zerstören uns. Folgen wir dagegen Gott, dann gehen wir auf einer Straße, die uns ans Ziel führt – zum ewigen Leben in der Gemeinschaft mit Gott.

Das Leben ist dazu da, dass wir Gott kennen lernen und uns von ihm zu den Menschen machen lassen, die er haben will. Damit dies Realität werden kann, muss ich alles, was diesen Prozess behindert, ablegen. Ich muss meinen Drang, nur mir selber zu trauen und meine Entscheidungen selber zu treffen, gleichsam verlernen. Ich muss mich selber verlieren, um Christus zu gewinnen. Um entdecken zu können, wie groß Christi Kraft in mir ist, muss ich den Punkt erreichen, wo ich begreife, dass meine eigene Kraft nicht ausreicht. Kurz: Ich muss lernen, von ihm abhängig zu werden.

Manchmal benutzt Gott Leiden, um uns zu diesem Lernprozess zu helfen. Josef musste es immer wieder erfahren, wie das, was er aufgebaut hatte, wieder zerbrach. Kaum dachte er, dass er es jetzt aber endlich geschafft hatte, als ihm alles wieder durch die Finger rann. Aber diese Erfahrung machte ihn zu einem Mann Gottes, dessen Glück nicht von den äußeren Umständen abhing, sondern von Gott. Er wurde ein Mensch, in dem Gottes Geist wohnte, und viele Menschen können bestätigen, was er erfuhr: Durch ihr Leiden lernten sie es, abhängig von Gott zu sein – und so Schätze zu heben, die sie nicht für möglich gehalten hatten. Von Gott abhängig sein macht uns nicht arm, sondern reich.

In Markus 1,16-20 lesen wir, dass die ersten Jünger alles verließen, um Jesus nachzufolgen. In der Tat: Jesus nachfolgen verlangt Selbstverleugnung, d. h. ich verzichte auf meine Rechte. Ich werde mir darüber klar, dass meine Wünsche und Pläne sich nicht automatisch erfüllen werden. Ich gebe alle meine Wünsche, ja, mich selber an Christus ab.

Das bedeutet nicht, dass ich ein hilfloser Sklave ohne jeden eigenen Willen werde! Ich folge ja einem Herrn, der gesagt hat:

»Ich werde euch nicht mehr Diener nennen; denn ein Diener weiß nicht, was sein Herr tut. Vielmehr nenne ich euch Freunde« (Joh 15,15; Gute Nachricht). Ja, es geht noch weiter: Paulus sagt in Römer 8,15: »Denn der Geist Gottes führt euch nicht in eine neue Sklaverei; nein, er macht euch zu Gottes Kindern« (Hoffnung für alle). In der Sprache der damaligen Kultur ausgedrückt, sind wir Sklaven, die von ihrem Herrn freigekauft und anschließend als Kinder adoptiert worden sind. Wir sind »Gottes geliebte Kinder« (Eph 5,1; Hoffnung für alle) – eine gewaltige Wahrheit!

Im Rahmen dieser Liebesbeziehung also lernen wir es, immer mehr von Gott abhängig zu sein. Wir lernen es, indem wir an seiner Hand durch das Leben gehen – eine Reise hinein in ein »Leben im Überfluss« (Joh 10,10; Gute Nachricht). Dieses Leben beginnt hier auf der Erde, aber seinen Höhepunkt wird es erreichen, wenn wir bei unserem Herrn im Himmel sind. Wenn wir aber dieses unser Ziel erreichen wollen, müssen wir ohne Wenn und Aber Gott gehorchen und von ihm abhängig sein. »Folge mir nach« – das fordert bedingungslosen Einsatz und Selbstauslieferung. Aber wir wissen ja, wer es ist, der uns da ruft!

Als die ersten Jünger – Petrus und Andreas, Jakobus und Johannes – ihren Fischerberuf an den Nagel hingen, um mit Jesus zu gehen, verließen sie ihre menschlichen Sicherheiten – um eine viel größere Sicherheit zu gewinnen. Petrus beschreibt dies in Johannes 6,66-69. Es war ein entscheidender Augenblick: Gerade haben viele seiner Anhänger Jesus den Rücken gekehrt, weil sie merken, was die Nachfolge sie kosten würde. Jesus fragt die Zwölf, ob sie ihn auch verlassen wollen, und Petrus antwortet: »Herr, wohin sollen wir gehen? Du hast Worte des ewigen Lebens; und wir haben geglaubt und erkannt: Du bist der Heilige Gottes.« Oder wie er es in Matthäus 16,16 ausdrückt, wo Jesus ihn fragt, für wen er ihn hält: »Du bist Christus, des lebendigen Gottes Sohn!«

Gott kennen lernen

Es ist möglich, sehr viel über Gott und den christlichen Glauben zu wissen, ohne den, um den es dabei doch geht, je persönlich kennen gelernt zu haben. Ja, das gibt es: Man kann die Bibel in- und auswendig kennen, Bibelstunden und Predigten halten und öffentlich für christliche Werte eintreten – aber Gott selber kennt man nicht. All diese christlichen Aktivitäten sind gut und schön und nötig, aber sie sind noch keine Garantie dafür, dass wir Gott kennen. Wir können sie mit den ehrlichsten Motiven der Welt betreiben, ohne Gott wirklich in unserem Herzen zu haben.

In seinem Buch *Gott erkennen* stellt James I. Packer fest, dass ein klein wenig Gotteserkenntnis mehr wert ist als ein großer Haufen von Wissen über ihn. Ein dicker Brocken, aber wahr! Es gibt tatsächlich Menschen, die haben einen mit biblischem Wissen vollgestopften Kopf und können klug und tief über Gott reden – aber Gottes Stimme selber hört man nicht heraus. Es geht eher über als um ihn. Und umgekehrt gibt es Christen, die weder Theologie noch Hebräisch studiert haben, aber in deren Worten eine solche Weisheit ist, dass sie nur von Gott selber kommen kann. Sie sind die wahrhaft geistlichen Menschen, die wissen, was es ist, zu den Füßen des Herrn zu sitzen und seine Stimme im Herzen zu vernehmen. Sie haben in ihrer Christusnachfolge den Heiligen Geist selber als Lehrer gehabt.

Packer sagt weiter etwas, was gerade für unser Buch, in dem es ja um das Leiden und das Zuflucht-nehmen in Gott geht, sehr erhellend ist:

> »Die Frage ist nicht, ob wir gute Theologen sind oder die Probleme des Christenlebens ›ausgewogen‹ (ein schreckliches Wort!) angehen. Die Frage ist vielmehr, ob wir ehrlich sagen können – nicht, weil ein guter evangelikaler Christ das so glauben muss, sondern weil es eine Tatsache in unserem Leben ist –, dass wir Gott erkannt haben und dass deswegen

alle Unannehmlichkeiten und alles Verzichtenmüssen, die unser Christsein mit sich bringt, letztlich nicht zählen. Wenn wir wirklich Gott kennen, werden wir eben das sagen – und wenn wir es nicht sagen können, ist es höchste Zeit, dass wir uns über den Unterschied zwischen Gotteserkenntnis und bloßem Wissen über Gott klar werden.«*

Aber wie fängt man das an – Gott erkennen? Nun, es beginnt damit, dass ich ihm in meinem Leben Platz mache und auf ihn höre. Es bedeutet, dass ich mein Herz, meinen Geist, meine Augen und Ohren zu Gott hin öffne und alles daran setze, ihn zu entdecken. Es bedeutet, dass meine Prioritäten sich verändern und ich manches zurückstelle oder aufgebe, um Gottes Wort zu lesen – und zwar zu lesen nicht im »gelehrten« Sinne des Bibelstudenten, der noch ein paar neue Details in seinen Wissensfundus aufnehmen will, sondern als Sucher, der mit aller Kraft Gottes Wesen kennen lernen möchte. Ich möchte herausfinden, wer Gott ist. Ich möchte auf den Schlag seines Herzens hören. Ich möchte immer mehr lernen, was er mit mir vorhat, möchte immer besser ihm gehorchen und sein Wort auf mein Leben anwenden können. Ich möchte auch lernen, Gemeinschaft mit ihm zu haben, zu seinen Füßen zu sitzen, seine Gegenwart einzutrinken. Ich möchte lernen, mit ihm zu reden: mit und ohne Worte, im Beten und Hören.

All dies bedeutet, dass mein Christsein mehr wird als nur der sonntägliche Gottesdienstbesuch und eine andere Richtung einschlägt als die Suche nach mehr Informationen über Gott. Ich möchte Gott vielmehr ganz persönlich kennen lernen. Ich möchte ihn immer mehr suchen, um in meiner Freundschaft und meinem Wandel mit ihm zu wachsen. Ich sehne mich danach, sagen zu können, dass ich Gott nicht nur vom Hörensagen oder aus

---

* James I. Packer, *Knowing God*, London: Hodder & Stoughton, 1973. Deutsche Ausgabe: *Gott erkennen*, Bad Liebenzell: Verlag der Liebenzeller Mission, 1973. Das Zitat ist direkt aus dem englischen Text neu übersetzt.

Büchern kenne, sondern dass ich ihn gleichsam mit meinen eigenen Augen gesehen habe. Ich will Gott aus erster Hand kennen lernen! Ich will aufhören, fromm zu sein und statt dessen geistlich echt werden.

Wer Gott mit Ernst sucht, wird erfahren, dass er solches Suchen belohnt (Hebr 11,6). Jakobus 4,8 fordert uns auf: »Naht euch zu Gott, so naht er sich zu euch.« Gott wird uns antworten. Er wird zu uns kommen, sich uns offenbaren und uns so helfen, ihn besser kennen zu lernen. Und dann beginnt ein wunderbares Wechselspiel: Ich begegne Gott – ich sehne mich danach, ihm noch tiefer zu begegnen – ich suche ihn erneut – ich begegne ihm wieder.

Angefangen hat es vielleicht mit einer Willensentscheidung von mir, aber dann wird es mir zu einem Herzenswunsch, Gott immer mehr kennen zu lernen. In dem bereits erwähnten Psalm 27 drückt David so aus, wie kostbar und unverzichtbar die Gemeinschaft mit Gott ihm geworden ist: »Eins habe ich vom Herrn erbeten, danach trachte ich: zu wohnen im Hause des Herrn alle Tage meines Lebens, um anzuschauen die Freundlichkeit des Herrn und nachzudenken in seinem Tempel« (Ps 27,4; Elberfelder).

Hier sehen wir sie wieder, die beiden Pfeiler der Gotteserkenntnis: bei Gott sein und seine Freundlichkeit anschauen und über ihn nachsinnen. Gott kennen lernen und Wissen über Gott bekommen – es sind zwei Seiten einer Münze, aber das Hauptziel ist immer, Gott kennen zu lernen. David zeigt uns im 27. Psalm, wie für den, der Gott kennen gelernt hat, alles andere weniger wichtig wird (was nicht das Gleiche ist wie »unwichtig«). Wir sehnen uns nach Gott, wir strecken uns nach dem Ziel aus. Früher wussten wir es mit unserem Kopf, dass man ohne Gott nicht leben kann – jetzt wissen wir es mit dem Herzen. In Psalm 16,2 singt David: »Ich habe gesagt zu dem Herrn: Du bist ja der Herr! Ich weiß von keinem Gut außer dir.« Wenn wir sagen, dass wir ohne Gott nicht mehr leben können, bekennen wir damit, dass wir ganz und gar auf ihn und seine Hilfe angewiesen sind.

Vor Jahren erstand ich ein kleines Buch mit Briefen, Gedanken und geistlichen Prinzipien eines französischen Mönches, Bruder Laurentius, der im 17. Jahrhundert lebte und in der Küche sei-

nes Klosters die Freuden der Gemeinschaft mit Gott entdeckte.*
Sein Leben wurde von dem einen großen Ziel beherrscht, stets in Gottes Gegenwart zu leben. Er berief sich dabei auf die Tatsache, dass Gott im Gläubigen wohnt und ihm den Auftrag gibt, seinerseits in ihm zu bleiben (Joh 15,4). Das Erstere müssen wir uns immer wieder vor Augen halten, das Zweite erfordert einen Lernprozess. Aus diesem Grund spricht Bruder Laurentius davon, sich in der Gegenwart Gottes zu »üben«; die Gemeinschaft mit unserem Herrn kommt nicht von alleine. Das Geistliche geht uns von Natur aus so sehr gegen den Strich, dass wir es ohne Übung und Disziplin nicht lernen können. Und eine der allerersten Lektionen, die wir lernen müssen, ist das ständige, freimütige Gespräch mit Gott, durch das wir uns in seiner Gegenwart verankern.

Bruder Laurentius hebt dabei die Bedeutung des Gebets hervor, und in der Tat: Unser Gebetsleben sagt uns Bände über unsere Gemeinschaft mit Gott. Aber lassen wir Bruder Laurentius selber reden:

> »Die heiligste der Übungen und die, die dem täglichen Leben am nächsten liegt, ist die Übung der Gegenwart Gottes – das ist, dass wir uns seiner göttlichen Gegenwart freuen und sie zu einer festen Gewohnheit unseres Lebens machen; dass wir in demütiger Liebe mit Gott reden, und dies allezeit, ohne Grenze und Ausnahme, zuvörderst aber in der Stunde der Versuchung, der Verzweiflung, der Dürre der Seele, des Ekels, ja, der Treulosigkeit und Sünde. Wir müssen beständig danach trachten, so dass all unser Tun, was es auch sein mag, ein neuer kleiner Anlass zur Gemeinschaft mit Gott wird. Was könnte Gott mehr gefallen, denn dass jeden Tag tausendmal tausend all seine Geschöpfe so innehalten und ihn in ihrem Herzen anbeten?«

---

* Brother Lawrence, *The Practice of the Presence of God*, übers. von E. M. Blaiklok, Hodder & Stoughton, 1981.

Es braucht Beharrlichkeit, um uns dies zur Gewohnheit zu machen. Und in der Tat: Wenn wir in Gottes Schule der Nachfolge gehen, werden wir bald entdecken, dass genau dies eine der Eigenschaften ist, die es zu pflegen gilt und die Auswirkungen auch auf die anderen großen »Fächer« (wie Bibellesen, Gebet und Gehorsam) hat. Beharrlichkeit lässt sich nicht leicht definieren; man bekommt sie vor allem durch das Durchleben von Notzeiten. Manchmal führt uns unser Herr durch Lernphasen, die alles andere als angenehm sind, die aber in unserem Leben gute Früchte tragen. Wieder und wieder überrascht er uns mit seiner Gegenwart, seiner Güte und seinem Segen, und nach und nach werden uns diese Dinge so kostbar, dass wir immer mehr Gottes Gegenwart suchen – nicht, um eine Pflicht zu erfüllen, sondern weil wir uns so danach sehnen.

In dem Maße, wie wir Gott kennen lernen, wächst eine wunderbare Freundschaft mit ihm. Was wir früher nur vom Hörensagen kannten, wird jetzt unsere persönliche Erfahrung – und nicht nur unsere, denn es wird in unserem Leben auch für die anderen sicht- und greifbar. Jetzt lernen wir sie kennen, die tiefe Freude und den Frieden, die der bekommt, der mit Gott geht und ihn erkennt. Es kann passieren, dass wir vor lauter Freude und überwältigender Dankbarkeit in unserer Anbetung alles andere um uns vergessen. In 2. Samuel 6, 14 lesen wir: »Und David tanzte mit aller Macht vor dem Herrn her«, mochte seine konsternierte Frau sagen, was sie wollte.

Etwas Ähnliches geschieht in Lukas 7, 36 - 50, wo die »Sünderin« (Prostituierte) mitten in das Gastmahl hineinplatzt und Jesus laut weinend die Füße salbt und die Tränen mit ihrem Haar trocknet. Wie unkorrekt, wie peinlich! Aber Jesus erwidert auf die Vorhaltungen der anderen: »Sie hat viel Liebe gezeigt« (V. 47). Wir sind schnell dabei, es zu kritisieren, wenn jemand sich »unmöglich« benimmt, aber Gott sieht das Herz an, das da so unorthodox von der Liebe zu ihm überfließt!

Gott freut sich, wenn seine Schöpfung ihn lobt und anbetet: »Der Himmel freue sich, und die Erde sei fröhlich, das Meer brause und was darinnen ist; das Feld sei fröhlich und alles, was darauf ist;

es sollen jauchzen alle Bäume im Walde ...« (Ps 96,11-12). »Die Ströme sollen frohlocken, und alle Berge seien fröhlich« (Ps 98,8). Das nenne ich Begeisterung! Ich muss dabei an eine Konferenz denken, bei der es unter anderem um die Freude ging. Der Abschlussgottesdienst endete mit einem passenden Lied, und während die Teilnehmer es ziemlich getragen sangen, ging auf einmal die Tür auf und ein ganzer Haufen junger Leute kam herein, Hände klatschend und mit diversen Musikinstrumenten und bunten Ballons. Das Singen wurde zum Jubeln. Ein paar Leute fanden das nicht sehr ehrfürchtig, andere fanden, dass diese jungen Leute die Botschaft dieser Konferenz verstanden hatten.

»Kommt her zu mir alle ... Nehmt auf euch mein Joch und lernt von mir ...« Diese Worte Jesu in Matthäus 11,28-29 sind die eines Lehrers, der seine Schüler zu sich ruft. Jesus nachfolgen – das ist ein Lernprozess, und in dieser Schule sind wir nicht allein. Zusammen mit uns lernen andere; wir sind Teil der Gemeinschaft der Gläubigen.

Vernachlässigen wir ihn nicht, den regelmäßigen Kontakt mit anderen Christen. Wir schaffen es nicht alleine, wir brauchen den anderen und der andere uns. Die Urgemeinde wusste das und machte Ernst damit; ihre Geschichte, wie sie in der Apostelgeschichte aufgezeichnet ist, ist eine einzige Ode an die »Gemeinschaft der Heiligen«. »Sie blieben aber beständig in der Lehre der Apostel und in der Gemeinschaft ...« (Apg 2,42). Es ist gut und notwendig, allein mit Gott zu sein, aber isolieren dürfen wir uns nicht.

Ohne Zweifel kann man auch als »Solochrist« überleben; das bezeugen uns viele Christen, die eine Einzelhaft hinter sich haben. Ihre Isolation untergrub ihren Glauben nicht; oft waren sie nach der Inhaftierung stärkere Christen als vorher. Das Gleiche gilt für Christen, die aus irgendwelchen anderen Gründen von ihren Schwestern und Brüdern getrennt sind. Und doch: Auf uns selber gestellt, werden wir leichter schwach. Wir sind wie Kohlen, die man aus dem Herd herausgenommen hat: Ohne den Kontakt zu ihren glühenden Schwestern gehen sie leicht aus. »Schüren« wir also unsere Gemeinschaft, damit es warm bei uns bleibt!

Bei Gott geborgen

Gott erkennen – ist das so ähnlich wie bei Gott seine Zuflucht suchen? Es kann der Anfang und es kann die Frucht davon sein; gewöhnlich wird es ein Verhältnis auf Gegenseitigkeit sein. Wir haben gesehen, wie manche Umstände uns zu Gott treiben können; wir flüchten uns in unserer Hilflosigkeit oder Trauer zu ihm. Und wenn wir das tun, erkennen wir, wie gut es ist, mit ihm Gemeinschaft zu haben, ihn im Heiligtum der persönlichen Begegnung gleichsam mit unseren eigenen Augen zu sehen. Doch wir können auch einen allmählichen Wachstumsprozess des Glaubens und Vertrauens durchlaufen, der uns immer näher an Gottes Herz führt. Unter Gottes Flügeln meine Zuflucht suchen – das heißt, dass ich seine Nähe suche und alles von ihm erwarte, weil ich entdeckt habe, dass er der Einzige ist, der meinen inneren Durst stillen kann. Manche Menschen lernen diese Lektion erst in der harten Schule des Leidens, andere begreifen sie leichter.

Sich in Gott bergen – hört das jemals auf, ist das je »fertig«? Wenn wir darunter lediglich verstehen, dass wir in Gefahrenzeiten Gottes Nähe suchen, machen wir Gottes Zuflucht zu etwas Vorübergehendem, das nur dann und wann in unserem Leben Realität wird. Das ist so ähnlich, als wenn wir nur dann zu Gott beten, wenn es wieder einmal brennt. Solche Not-Gebete sind nicht grundsätzlich verkehrt, aber sie sollten nicht unser ganzes Gebetsleben ausmachen, sondern ein natürlicher Teil eines ganzen Lebensstils des Gebetes sein. Genauso sollte es uns zur ständigen Gewohnheit werden, Gottes Zuflucht zu suchen, und nicht nur gelegentlich, wenn es nicht mehr anders geht. Das Wunder wahrer Freundschaft mit Gott ist so viel mehr als ein gelegentliches warmes Gefühl, wenn wir beten.

Suchen wir Gott nur in der Not, werden wir vieles verpassen und machen ihm keine Ehre. Er will, dass wir ihm nachfolgen und nicht nur kleine Höflichkeitsbesuche abstatten. In einer Lebensbeziehung reicht es nicht, wenn man sich hin und wieder einmal

»Guten Tag« sagt; wir müssen ständig in Verbindung bleiben, unsere Kommunikation muss immer häufiger und tiefer werden. Es muss unser Herzenswunsch werden, in lebendiger Verbindung mit Christus zu leben und alles zu tun, dass nichts diese Verbindung trüben kann. Eine immer tiefere Liebe wird die Frucht sein. Freundschaft mit Gott ist ein dynamischer Prozess; ich werde immer abhängiger von Gott und suche ihn in allen Dingen immer mehr – weil ich ihn immer mehr liebe und nicht mehr ohne ihn leben kann und mag.

»Wenn ich nur dich habe, so frage ich nichts nach Himmel und Erde. Wenn mir gleich Leib und Seele verschmachtet, so bist du doch, Gott, allezeit meines Herzens Trost und mein Teil«, singt Asaf in Psalm 73,25-26. Und in Vers 28 fährt er fort: »Aber das ist meine Freude, dass ich mich zu Gott halte und meine Zuversicht setze auf Gott, den Herrn, dass ich verkündige all dein Tun.«

Es ist mein Wunsch, dass diese Worte Asafs ein immer stärkeres Echo in unseren Herzen finden mögen. Wenn dieses Buch unseren Wunsch, Gemeinschaft mit Gott zu lernen, anfacht, dann hat es seinen Zweck erfüllt.

Kay Warren

Freude, die mich trägt

Mit einem Vorwort von Elisabeth Mittelstädt

224 S., Gebunden
ISBN 978-3-7655-1513-2

»Als ich Kay vor Jahren kennenlernte, war ich beeindruckt – nicht nur von ihrer Ausstrahlung, sondern auch von ihrer tiefen Hingabe an benachteiligte Menschen. Ihr neues Buch möchte ich Ihnen unbedingt ans Herz legen. Es beschreibt Kays eigene Entdeckungsreise zur Freude und zeigt uns, wie wir trotz Leid die Freude umarmen können.«

Elisabeth Mittelstädt

Sheila Walsh

Lass los –
sei, wer du bist!

320 S., Taschenbuch,
ISBN 978-3-7655-4113-1

Überanstrengt? Überengagiert? Überwältigt von Schmerz? Überfordert von ungerechten Verhältnissen? Nicht wertgeschätzt?

Sheila Walsh weiß, wovon sie redet. Sie erzählt ihre eigene Geschichte. Eine Geschichte von Verletzung und Unsicherheit, Enttäuschung und Bitterkeit, auch eine Geschichte von Unversöhnlichkeit, Depression und Scham über sich selbst.

Sie hat neue Schritte gewagt – und überwältigend Gutes erlebt. In ihrem neuen Buch erzählt Sheila Walsh von ihrer Reise in ein freieres und froheres Leben: wie sie gelernt hat, mit Bitterkeit umzugehen, mit geringem Selbstwertgefühl, Selbsthass, Zerbrochenheit, falscher Scham und einem großen Mangel an Vertrauen.

Lesen Sie und erfahren Sie

- wie Sie unguten Lebensgefühlen auf die Spur kommen
- was Sie von falschen Vorstellungen und Erwartungen befreit
- wie Sie die Kämpfe gewinnen, die jede Frau kennt.

Kerstin Wendel

Was heißt hier »schön«?

Eine Frau findet ihre Lebensspur

144 S., Taschenbuch,
ISBN 978-3-7655-4073-8

Kennen Sie das? Sie stehen vor dem Spiegel und fragen sich: Wer bin ich eigentlich? Was bin ich wert? Kerstin Wendel weiß noch genau, wie sie sich früher fühlte, wenn sie in den Spiegel sah. Sie mied ihn, sooft es ging. In diesem Buch erzählt sie von ihrer Reise zu sich selbst, die für sie mit 37 begonnen hat. Nach und nach entdeckte sie Verstecktes, Unentdecktes, Krummes, Schlummerndes und auch viel Schönes.

Heute ist sie bei sich angekommen, ist freier und froher denn je, lacht inzwischen in den Spiegel: »Ja, das bin ich!«

»Ein schönes und echt hilfreiches Buch – inmitten vieler Frauenbücher. Es trifft ins Herz. Kerstin Wendel bringt sich persönlich ein, das ist Gold wert und sehr ansprechend.«

Gisela Stübner, Leiterin der Beratungsstelle »Neue Hoffnung«

BRUNNEN VERLAG GIESSEN
www.brunnen-verlag.de